제3판

일반경비원교육 이론과 실무

김형중

GENERAL SECURITY GUARD
EDUCATION
THEORY AND PRACTICE

박영사

제3판 머리말

　일반경비원 신임교육 교재인 일반경비원 현장실무론을 출간한 지 3년이 지났지만, 아직까지 이론적으로나 실무적으로 미흡한 점은 여전하다. 이런 이유 등으로 보다 체계적인 이론정립과 생동감 있는 현장실무기법 등이 개발되어야 한다는 인식 하에 기존의 책 명 「일반경비원 현장실무론」을 「일반경비원교육 이론과 실무」로 책명을 바꾸는 한편, 그동안 일련의 과정을 통하여 경비업법 일부가 개정되거나 신설되었기 때문에 교재 전반에 대한 수정·보완은 필수적인 사안이고, 이에 따라 제3판을 출간하게 되었다.

　개정된 현행 경비업법 내용 중 일반경비원과 관련된 핵심내용은 일반경비원 교육과목의 시간변경과 혼잡·교통유도경비원 제도의 도입이다.

　개정된 일반경비원 신임교육은 종전과 같이 10개 과목에 24시간 교육시간을 고수하면서, 일부 과목에 대해서는 시간배정을 조정하였다. 즉, 시설경비 실무시간은 2시간에서 4시간으로(+2) 증폭하였고, 반면, 3시간 교육과목이었던 「직업윤리 및 서비스」와 「체포호신술」은 각각 1시간씩(−1) 줄어들었다.

　한편, 지금까지는 도로 및 공사장 등에서 차량 및 보행자의 안전을 위해 작업인부 및 신호수(통제수)를 차량유도 등 교통관리업무에 종사하도록 일부 허용하는 불안전한 법체계였지만, 이를 탈피하여 혼잡·교통유도 경비업무를 일반경비원의 업무에 포함시켜 민간인의 참여폭을 확대시키는 혼잡·경비유도경비제도가 신설되었다. 이에 따라 공사현장, 도로를 점유한 행사장 등에서의 교통사고 그 밖의 혼잡 등으로 인한 위험발생이 현저히 줄어들어 국민의 생명과 안전을 지키는 데 일조를 하게 되었다.

따라서 이러한 경비업법의 일부개정·신설에 따라 일반경비원 교육전반에 대한 편제와 내용이 다시 한번 검토되고 수정·보완되어야 함은 당연한 조치이다. 수정·보완된 중요내용들은 다음과 같다.

첫째, 일반경비원 신임교육과정의 목차는 변함이 없으나, 제1장의 「직업윤리 및 서비스」 과목을 이론과 실무 중 어느 쪽에 편제할 것인가 하는 점이었다. 현재 시중에 나와 있는 기본서에는 대부분 맨 마지막 부분에 편제하고 있으나, 본서(本書)에서는 이론편 제일 앞장에 편제하였다. 경비원의 「직업윤리 및 서비스」는 경비업무를 수행하는 사람들에게 요구되는 행동규범을 의미한다. 즉, 경비원 직업에 종사하고 있을 때에 그 직업에서 특별히 요구되는 기본적인 도리와 질서가 직업윤리이기 때문에, 무엇보다 직업윤리관 정립이 선행되어야 한다는 점을 우선시하였다. 그 결과 본서(本書)에서는 제1장 직업윤리 및 서비스 → 제2장 범죄예방론 → 제3장 경비업법 → 제4장 시설경비 실무 → 제5장 신변보호 실무 → 제6장 호송경비 실무 → 제7장 장비사용법 → 제8장 체포·호신술 → 제9장 기계경비 실무 → 제10장 사고예방 대책 순으로 목차를 정하여, 이론 3과목(제1장~제3장)과 실무 7과목(제4장~제10장)으로 내용을 기술하였다.

둘째, 초판 발간 이후 미흡한 부분이 많았던 「장비사용법」과 「사고예방 대책」 과목의 내용을 추가로 보완·수정하였다.

즉, 「장비사용법」에서는 무전기사용법 등, 그리고 「사고예방 대책」에서는 성폭행 관련 범죄와 경비원 자체사고 등의 사례를 삽입하였다.

책을 쓰고 나면 항상 후회가 남기 마련이고, 그것은 미진한 부분이 여전히 남아있다는 것을 의미한다. 그럼에도 불구하고 본서(本書)가 현장경비원들이 현장업무를 수행하는 데 조금이나마 도움이 되었으면 하는 바람이다.

　끝으로 이 책이 나오기까지 수작업으로 마무리한 내용을 불평 한마디 없이 컴퓨터 작업화해 준 아들 도훈 군, 그리고 박영사 안상준 대표님, 박세기 부장님, 윤혜경 대리님에게 다시 한번 깊은 감사를 드린다.

2024. 3.

해송정에서

김 형 중

머리말

　일반경비원 신임교육과 관련된 신임교육교재는 그 역사가 짧고 학문공동체가 합의하고 공유하는 상위이론체계로서의 Paradigm이 결여되어 있기 때문에, 정상과학으로서의 학문성을 확보하기 위해서는 이론적·실무적으로 많은 연구개발이 필요하다고 보여진다.

　따라서 민간경비원에 대한 신임교육과목에 대한 편제와 내용 등은 앞으로 많은 피드백(feedback)현상이 수반될 것이고, 그 과정에서 편집순서나 내용에서도 변동의 폭이 클 수밖에 없다.

　현행 경비업법 등 관련 법령은 일반경비원 신임교육에 대하여 총 10개 과목에 24시간의 교육을 이수하도록 하고, 이러한 교육과정을 이수한 자에게 경비원 직무수행을 허용하도록 규정하고 있다.

　문제는 일반경비원 신임교육내용을 어떤 식으로 체계화하여 기능별로 편제할 것인가 하는 것이 그 귀결점으로 남는다. 일반적으로 이론적, 실무적으로 편제나 내용 등에 대한 충분한 논의의 장이 마련되지 않은 상태에서는 각기 필자들의 생각에 의해 편제나 내용 등이 전개될 수밖에 없는 한계점을 가지게 된다. 그러나 통상적으로 편제(목차)를 정할 때에는 인간중심의 분야를 기본 틀로 하고 그 다음 실무, 그리고 여타 순으로 전개하는 것이 일반적인 경향이다.

　따라서 본서에서는 이러한 기조를 바탕으로 하여 인간중심의 이론분야 → 인적경비 → 기계경비 → 이론과 실무를 종합한 사고예방 대책 순으로 편제화하여 내용을 기술하였다.

　　위의 목차에 따라 본서(本書)에서는 제1장 직업윤리 및 서비스 → 제2장 범죄예방론 → 제3장 경비업법 → 제4장 시설경비 실무 → 제5장 신변보호 실무 → 제6장 장비 사용법 → 제7장 체포·호신술 → 제8장 호송경비 → 제9장 기계경비 실무 → 제10장 사고예방 대책 순으로 기술하였다. 아울러 초판 발간 후 환자진료 중 발생한 의료사고와 관련한 의료법(보안인력배치)이 개정·시행되었고, 이에 따라 신임경비원 대응방안을 추가로 보완하였음을 밝혀 둔다.

　　책을 쓰고 나면 후회가 남기 마련이다. 보다 더 잘 쓸 수 있었을 텐데라는...., 앞으로 미진된 부분에 대하여는 지속적으로 보완할 것을 약속드리면서....,

2020. 1.

해송정에서

대표저자 **김 형 중**

차 례

제 1 장 직업윤리 및 서비스

제3장　경비업법

제 4 장   시설경비 실무

제 5 장   신변보호 실무

제6장 호송경비 실무

제 7 장 　장비사용법

제 8 장   체포·호신술

제 9 장 기계경비 실무

제10장 사고예방 대책

01

직업윤리 및 서비스

Theories of Field Business for private Security

스스로 껍질을 깨고 나온 계란은 병아리가 되지만,
타인의 힘을 빌려서 깨어진 계란은 프라이가 된다.

제 1 장
직업윤리 및 서비스

제1절 직업과 직업윤리

Ⅰ. 직업의 의미와 가치

1. 의의

사전적 의미에서 직업이라 함은 생계를 유지하기 위하여 자신의 적성과 능력에 따라 일정한 기간 동안 계속하여 종사하는 일을 말한다.[1] 따라서 사전적 정의로서의 직업은 돈을 벌기 위한 활동이라고 정의할 수 있지만, 돈을 버는 것 이외에 직업은 일자리·직종·경력·업종·노동 등으로 다양하게 그 의미가 이해되기도 한다.[2]

---

[1] 이희승 편저, 「국어대사전」, 서울: 민중서림, 1999, p.3625.

[2] 미국의 사회학자 로버트 벨라(Robert Bellah)는 직업에 의해 한 개인의 정체성이 결정된다고 하였다. 예컨대, '당신의 직업은 무엇입니까'라는 질문에 "저는 공무원입니다", "저는 대학교수입니다", "저는 작은 사업을 합니다" 등과 같이 직업을 밝힘으로써 자신이 누군인지를 타인에게 알려준다. 이것은 자신의 직업을 통해 자신의 정체성을 설명하는 것으로서, 직업은 그만큼 중요한 것이다(강보현, 「기업윤리」, 서울: 박영사, 2018, pp.287－290).

2. 직업의 가치

1) 직업은 개인 및 가족의 생계유지, 2) 사회생활을 통한 공동체 일원으로서의 활동, 3) 자신의 꿈을 실현하기 위한 수단, 4) 봉사를 위한 수단 등과 같이 다양한 가치를 가지고 있다. 이처럼 직업은 일 그 자체가 목적이 아니라, 다른 목적을 달성하기 위한 수단 또는 도구로서의 역할을 의미한다.[3]

Ⅱ. 직업윤리

1. 윤리와 법

1) 사회 규범으로서의 윤리(도덕)

사회규범이란 사회공동체에서 지켜야 할 행동의 기준을 말하며, 사회규범으로는 도덕 또는 윤리(어른공경·효도 등)·법 등을 들 수 있다.

사회규범은 절대적이고 고정불변하는 것이 아니라 시대적 상황과 공간적 장소에 따라 변할 수 있다.[4] 오늘날 사회규범 중 법으로 규정되어 있는 것도 있으나, 법으로 규정되어 있지 않은 것도 허다하다. 따라서 윤리와 도덕, 그 밖의 비공식적 사회규범(관혼상제 등)은 비강제적 성격을 지니고 그 위반에 대해서는 양심의 가책이나 구성원들의 비난으로 그치게 된다.[5]

---

3) 강보현, 앞의 책, p.291. 우리는 직업을 가지고 일을 함으로써 우리가 살아가기 위해 필요한 재화를 얻을 수 있다. 따라서 직업이 가지는 도구적 가치는 모든 사람에게 매우 중요하다.

4) 우리나라에서는 동성연애와 문신을 새기는 것은 불법은 아니지만 아직까지 일반적으로 옳지 않은 일로 받아들여지고 있다. 그러나 말레이시아에는 동성애가 불법이며 유지인 경우 최대 20년 형을 받게 된다(중앙일보, 안와르, 동생애 혐의 벗었다, 국제면, 2012.1.11.).

5) 이성용, 「경찰윤리」, 서울: 박영사, 2015, p.39.

2) 사회규범으로서의 법

공식적 권위(국민의 대표기관인 국회)에 의해서 탄생하게 되는 법의 효력은 국가의 강제력에 의해 보장된다. 따라서 사회규범을 어긴 행위라 하더라도 비공식적 사회규범(도덕 또는 윤리)은 법에 명문의 규정이 없기 때문에, 처벌하지 못한다. 이것이 바로 죄형법정주의다.

2. 직업윤리

1) 정의

(1) 직업윤리란 어떤 직업을 수행하는 사람들에게 요구되는 행동규범을 의미한다. 즉, 어떤 직업에 종사하고 있을 때에 그 직업에서 특별히 요구되는 기본적인 도리와 질서를 직업윤리라고 한다.

직업윤리라는 말은 전문적인 용어로서 시작된 것이 아니라 상식적인 일반용어로 시작되었고, 이와 같은 일반적 윤리의 원칙(도덕 또는 윤리 등)을 구체적인 대상에 적용할 때 다양한 측면의 윤리(기업윤리·상업윤리·공무원윤리·경비원윤리 등)가 발생하게 되는 것이다.

(2) 모든 사람은 직업의 특수성에 따라서 각각 다른 직업윤리를 가져야 한다. 그러나 이러한 직업윤리들은 일반적인 윤리의 원칙을 바탕으로 삼고, 그 바탕 위에 각자의 특수성에 맞는 직업윤리가 정립된다.[6]

---

6) 김순석·김양현 외, 「일반경비원신임교육」, 인천: 진영사, 2017, p.365.

2) 직업윤리의 필요성과 직업관

(1) 직업윤리의 필요성

직업이라는 것은 생존을 위한 수단만이 아니라 인간의 자아를 실현하는 장(場)으로 이해된다. 이러한 맥락에서 본다면 경비원은 경비업무를 수행함에 있어 '나'를 안다는 것이 중요하다.

① 직업윤리는 직업을 가진 사람이라면 누구나 지켜야 할 공통적인 윤리규범을 말하는 것으로, 어느 직장에 다니느냐를 구분하지 않는다. 직업윤리는 직업생활에서 나타내는 행동이나 태도의 옳고 그름을 판단할 수 있는 기준의 역할을 한다.[7] 개인윤리가 대부분 행위의 주체를 개인의 양심이나 개인의 덕목[8]에 중점을 두는 반면, 직업윤리는 개인윤리를 바탕으로 각자가 직업에 종사하는 과정에서 요구되는 특수한 윤리규범이다. 즉, 개인윤리는 인간행복을 위한 기본적 가치를 중시하는 데 반해, 직업윤리는 직업인에게 요구하는 사회적 규범이나 직업적 양심을 중요시한다.

② 직업윤리는 개인윤리를 기반으로 하여 성립되기는 하지만, 상황에 따라 양자는 서로 충돌하는 경우도 발생한다. 업무 수행상에서 양자가 충돌할 경우에는 직업윤리가 우선한다.[9]

③ 직업생활은 다른 사람들과 끊임없는 상호작용으로 이루어진다. 따라서 경비업무를 수행하는 경비원도 직업생활을 원만히 하기 위해서는 직업인으로서 반드시 지켜야 할 직업윤리가 선행조건으로 확립되어 있어야 한다.

④ 직업윤리는 개인적 차원에서도 중요하다. 어느 개인이 직업을 통

---

7) 이재희·김경진 외, 「직업윤리」, 서울: 양성원, 2017, p.57.
8) 개인윤리의 덕목으로는 존중·사랑·자비 등을 들 수 있는데, 이는 당연히 인간으로서 지켜야 하는 도리를 말한다.
9) 이재희·김경진 외, 앞의 책, pp.57-58.

해 부와 권세 그리고 명예를 획득했다 하더라도 도덕성이 결여된 부와 명예·권세는 진정한 직업적 성공을 의미하는 것도 아니며, 그 생명 역시 길지 않다. 따라서 직업적 성공을 하기 위해서는 무슨 일을 하든 직업의식이 투철하여야한다. 즉, 직업의식이란 개인이 자신의 직업에 대해 가지고 있는 기본적인 태도 및 가치관을 의미하는데, 이를 흔히 「직업관」이라고도 한다.

(2) 직업관

① 소명의식과 천직의식

소명은 단순한 직업이 아니고, 하늘이 그 사람에게 맡긴 신성한 일이라는 의미를 가진다. 즉, 소명의식은 '부여된 어떤 명령을 꼭 수행해야 한다는 책임 있는 태도'를 말한다.[10] 예컨대, 일본에 가면 수백 년의 역사를 가진 작은 식당을 많이 볼 수 있다. 비록 보잘 것 없는 작은 식당이지만, 할아버지 대부터 손자까지 집안 대대로 철저한 직업관을 가지고 자신들의 역할을 묵묵히 다하고 있다. 이것이 바로 소명의식이다. 그러기 때문에 직업이 좋든, 불만족스럽든, 그 직업을 자신의 소명이라고 인식할수록 삶에 대해 더욱 만족하고, 일과 삶에 대한 열정을 가질 수 있을 것이다.

한편, 천직의식이란 자신의 직업에 긍지를 느끼고 그 일에 열정을 가지고 성실하게 임하는 직업을 말한다. 조직 내에서도 소명의식과 천직의식은 긍정적인 업무태도와 성과를 가져올 수 있는 개인의 중요한 마음가짐이라 볼 수 있다.[11] 따라서 개인의 자신의 일에 대해 어떻게 생각하고, 어떤 의미를 부여하느냐에 따라 그 일을 할 때의 감정, 일의 성과가 달라질 수 있다.

---

10) 강보현, 앞의 책, pp.289-290.
11) 최애경, 「직업윤리와 기업윤리」, 서울: 청람, 2018, pp.110-110.

② 전문가 의식

전문가란 어떤 분야를 연구하거나 그 일에 종사하여 그 분야에 상당한 지식과 경험을 가진 사람을 말한다. 그러기 때문에 흔히 의사나 변호사처럼 전문직 종사자들만 전문적 지식이 필요하다고 생각하기 쉽지만, 사회복지사·영업직·서비스직 등 모든 직종에서 나름대로의 전문지식을 필요로 하고 있다.12) 따라서 서비스직에 종사하는 경비원들도 경비업무를 전문화 시키고 체계화시켜 직업의 긍지를 높일 필요가 있다.

③ 봉사정신과 협동정신

자신의 하는 일이 다른 사람에게 도움을 주고 봉사한다는 마음자세가 필요하며, 직무 수행과정에서 관련된 사람과 상호존중하고 원만한 관계를 유지해야 한다.

④ 공평무사한 자세

모든 일은 사회적 공공성을 갖기 때문에 법규를 준수하고 직무상 요구되는 윤리기준을 준수해야 한다. 또한 공정하고 투명하게 업무를 처리해야 한다.13)

(3) 경비원의 직업윤리

① 근로윤리와 공동체윤리

직장인(경비원)의 직업윤리는 다시 근로윤리와 공동체윤리로 나누어 볼 수 있다.14)

㈎ 근로윤리

근로윤리는 일에 대한 존중을 바탕으로 근면하고, 성실하고, 정직하게 업무에 임하는 자세를 말한다. 따라서 근로윤리는 구성하는 세부요소로는,

---

12) 최애경, 앞의 책, p.112.
13) 이재희·김진경 외, 앞의 책, pp.46－47.
14) 최애경, 앞의 책, pp.113－116.

㉠ 근면성, ㉡ 정직성, ㉢ 성실성 등을 들 수 있다.

(나) 공동체윤리

공동체윤리는 인간존중을 바탕으로 봉사하며, 책임감 있게 규칙을 준수하고 예의 바른 태도로 업무에 임하는 자세를 말한다. 따라서 공동체 윤리를 구성하는 세부요인으로는 ㉠ 봉사정신, ㉡ 책임의식, ㉢ 준법의식(준법성), ㉣ 직장예절 등을 들 수 있다.

(4) 경비원윤리 강령

경비원은 경비업법에 따른 법적 전문 직업인으로서 그 어떤 직업보다 높은 윤리를 요구하고 있다. 이에 따라 경찰청에서는 경비원 윤리강령을 제정하여 시행하고 있다. 경비원의 윤리강령은 경비원이 업무수행시에 지켜야 할 도덕적 지표이다. 즉, 경비원의 윤리강령은 고객(주민)의 생명과 재산을 지키는 경비근무자로서 갖추어야 할 기본 정신과 실천하여야 할 윤리적인 행동지침이다. 따라서 경비원은 경비원 윤리 강령을 준수하여 보다 높은 경비 서비스를 제공하여야 한다.

경비원윤리 강령(경찰청 제정)

법과 윤리에 따라 범죄로부터 고객의 생명과 재산을 보호하고 각종 규정을 준수하고 투철한 직업의식으로 경비원으로써의 직업 능력을 함양하며 신의성실과 책임을 신념으로 직업윤리를 이행할 것을 다음과 같이 다짐한다.

1. 법과 원칙을 준수하고 범죄와 사고로부터 고객을 보호하는데 최선을 다한다.
2. 직무를 수행함에 있어 고객의 보호와 편의에 대해 확실하게 인식하고 그 책임을 다한다.
3. 민간경비의 발전과 효율성 제고를 위하여 교육과 훈련을 통해 직무능력을 함양하는데 부단한 노력을 경주한다.

4. 어떠한 경우에도 전문인으로서 긍지와 책임감을 잊지 않고 주어진 업무 이외의 행위를 하지 않는다.

5. 언제나 회사를 대표한다는 신념으로 고객으로부터 신뢰감을 얻고, 범죄 및 사고 예방에 최선을 다한다.

6. 예방수칙을 숙지하고 고객의 위험상황 및 재산상 손해가 예상되는 순간에 투철한 사명감으로 피해를 최소화한다.

7. 복장과 장비는 규정에 따라 단정하게 착용하고 근무지를 이탈하지 않으며 근무지 청결을 유지한다.

8. 근무수칙을 준수하고 소속 상사의 명령에 복종하며 동료와 친화관계를 유지한다.

9. 업무상 지득한 고객의 정보를 소중하게 여기고 철저하게 보호한다.

10. 민간경비의 최일선을 담당한다는 자부심으로 공경비와 협조하며 고객안전과 나아가 지역사회 안정을 도모한다.

제2절 고객만족을 위한 경비원의 기본 소양 (고객만족 서비스)

I. 서비스와 친절의 의미

우리나라의 경비산업은 짧은 기간에 양적으로 급성장하였으나, 반면 질적인 측면에서는 경비원의 열악한 직무환경, 인사관리에서의 불합리한 처우, 인권침해 등 다양한 요인들에 의해서 사회적으로 부당하게 대우를 받고 있는 것이 현실이다. 따라서 이러한 외적요인들을 상쇄시키기 위해서는 내적 요인, 즉 경비원 스스로의 존재 가치와 경비활동의 중요성을 인식시킬 수 있는 이미지 개혁이 무엇보다 중요하다.

1. 서비스의 개념

1) 고객과 서비스의 관계

고객과 서비스의 관계는 대개 양방향으로 이루어진다. 고객과 서비스의 내용이 양호하다면 비례관계로, 그 반대이면 반비례관계가 형성된다.

(1) 고객

고객이란 제품이나 서비스를 구매하는 사람을 말한다. 고객의 한자 자체의 뜻은 높은 고(高)가 아니라 돌아볼 고(顧)를 쓴다는 점에서 '(상품)을 사러온 손님'을 말하는 것이지, '귀한 손님'과 같은 뜻을 의미하는 것은 아니다. 그러나 인간관계가 중시되는 현대 경영영역에서의 고객이라는 개념은 물리적 실체가 있는 물건(상품)에 국한되지 않고, 서비스 등의 부가 가치를 구입하는 사람도 모두 고객이 되는 것이다. 즉, '내게 기대를 갖는 나 이외의 모든 사람'이라는 뜻을 포함하고 있는 유·무형적인 개념이라고 볼 수 있다. 여기서 '내게 기대를 갖는 나 이외의 모든 사람'이라는 뜻은 「서비스를 제공하고 봉사할 수 있도록 기회를 주는 사람」·「필요한 자원을 투입하고 산출된 결과를 받아가는 사람」·「경제적 가치를 창출하는 데 도움을 주는 사람」·「일과 관련된 모든 사람 등」을 의미한다. 이런 맥락에서 본다면 전통적인 고객 개념과는 달리 현대적 고객개념은 내부고객(상사·회사의 동료·후배 등)과 외부고객을 모두 포함하는 확대된 개념으로 보아야 한다. 오늘날 '갑질'이라는 용어도 현대적 고객 개념에서 탄생된 새로운 신조어라고 할 수 있다.

(2) 서비스

① 의의

서비스란 다른 사람을 위해 도움을 주거나 배려를 해주는 행위 또는 기술을 말하며, 서비스업은 물건을 생산하는 대신에 서비스를 제공하는 산업을 말한다. 이러한 맥락에서 볼 때 서비스는 경비 업무를 수행하는 경비원에게도 상당히 중요한 의미를 지닌다.

② 서비스의 7가지 의미[15]

현대 사회에 있어서 「서비스」라는 용어는 고객의 가치를 최우선으로 하는 개념이다. 서비스(service)라는 단어 속에는 7가지의 의미가 함축되어 정의되어 지고 있다.

㉠ 서비스의 'S'는 미소와 함께 신속하게 하는 것(Smile & Speed).

㉡ 서비스의 'E'는 감동을 주는 것(Emotion).

㉢ 서비스의 'R'은 고객을 존중 하는 것(Respect).

㉣ 서비스의 'V'는 고객에게 가치를 제공하는 것(Value).

㉤ 서비스의 'I'는 고객에게 좋은 이미지를 심어주는 것(Image).

㉥ 서비스의 'C'는 예의를 갖추고 정중하게 하는 것(Courtesy).

㉦ 서비스의 'E'는 고객에게 탁월한 서비스를 제공하는 것이다 (Excellence).

2. 친절

1) 사전적 의미

친절은 베푼다는 마음가짐, 상대를 배려하는 마음 등으로 정의할 수 있다. 친절이란 저절로 생기는 것이 아니며, 훈련하고 연습하고 노력함으로 인해 얻어지는 후천적인 것이다. 친절한 말은 아무런 비용도 들지 않지만 그것이 가져다주는 것은 무척 많다. 이러한 친절은 소극적인 행동이 아니라

---

15) 이재희·김경진 외, 앞의 책, p.119.

적극적인 행동이다.

2) 친절과 미소

(1) 친절

톨스토이는 "이 세상을 아름답게 하고 모든 비난을 해결하고 얽힌 것을 풀어 헤치며, 어려운 일을 수월하게 만들고 암담한 것을 즐거움으로 바꾸는 것이 있다면 그것은 바로 친절이다"[16]라고 말했다. 친절은 경제적으로 유리한 행위이며 투자 대비 효과가 매우 크다고 볼 수 있다.

(2) 미소

미소의 사전적 의미는 "소리 없이 빙긋이 웃는 웃음"으로 정의되고 있다. 친절에 있어서 빼놓을 수 없는 항목이 바로 '미소'이다. 친절하면서 웃지 않는 사람은 없다. 21세기는 나를 상품화하는 시대이다. 그러기 때문에 첫인상이 무엇보다 중요하다. 아파트 경비업무를 수행하면서 아파트 주민들이 출퇴근시 살짝 웃으면서 '오늘도 수고하셨습니다'라는 말 한마디는 자신이 할 수 있는 가장 저렴하면서도 효과 있는 방법 중의 하나가 될 것이다.

Ⅱ. 직장에서의 예절

1. 예절의 의미와 직장예절

1) 예절의 의의

예절(manner)은 인간의 사회생활하는 과정에서 행동의 기본이 되는 바

---

16) http://terms.naver.com/entry.nhn?docId=1394762&cid(검색일 2019.4.28.)

른 몸가짐과 바른 마음가짐을 의미하는 예의범절의 준말이다. 즉, 예절은 예의에 관한 모든 절차나 질서를 말하며, 매너·에티켓 등 다양한 용어로 혼용되어 사용되고 있다. 예절은 법에 의해서 강제되거나 집단에 의해 강제되는 행동규범이 아니다. 그러기 때문에 예절은 강제되지는 않지만, 이를 어길 경우 다른 구성원들로부터 소외를 당하게 된다. 문제는 예절의 형식이 통일되고 규격화된 것이 아니기 때문에 동·서양권에서 쓰는 예절의 개념은 그 의미가 다를 수밖에 없고, 심지어 각 개인의 속한 생활권에 따른 생활사고방식·사회풍습에 따라 예절의 형식이 다를 수밖에 없다. 그럼에도 불구하고 예절은 인간의 사회생활하는 과정에서 마땅히 행해야 할 도리이다. 아울러 예절은 타고나는 것이 아니라 인간이 사회화되어 가는 과정에서 사람다운 삶을 살기 위해서, 그리고 원만한 대인관계를 유지하기 위하여 후천적으로 배워야 할 일종의 사회적 약속이다. 이러한 사회적 약속은 상호간 암묵적·명시적인 약속이기 때문에 약속한 방식으로 이루어지지 않으면 안된다. 따라서 예절은 각 개개인의 마땅히 배우고 실천해야 할 일종의 행동준칙이라고 볼 수 있다.

2) 직장 예절

예절은 기본적으로 타인과 더불어 생활하기 위해 일상에서 요구되는 행동방식으로 타인에 대한 배려와 존중을 바탕으로 한다. 따라서 직장에서 자신의 업무를 잘 처리하고 원만한 대인관계를 유지하기 위해서는 업무 능력과 더불어 직장에서 요구되는 행동방식인 직장 예절을 갖추어야 한다.

2. 경비원의 직장예절

1) 인사 예절

인사는 예의범절의 처음과 끝이다. 인사는 대인관계의 기본이며 상대방에 대한 존경의 표시이다. 인사를 할 때는 표정을 밝게하고 환한 미소와 함께 즐거운 마음으로 해야 한다.

(1) 인사의 종류

① 목례

목례는 다른 인사법과는 달리 고개와 상체를 약간만 굽혀서 하는 가벼운 인사 방법이다. 목례는 ㉠ 친한 사람에게 인사를 하는 경우, ㉡ 실내나 복도 및 좁은 장소에서 마주치거나 자주 만날 때, ㉢ 목욕탕이나 화장실 등과 같은 곳에서, 주로 행한다. 목례는 선 자세, 앉은 자세, 걷는 자세에서도 할 수 있는 자연스러운 방법이다.

② 반경례(가벼운 인사)

간단한 인사, 실내 등 좁은 장소, 상사를 두 번 이상 만나는 경우 등의 인사법으로 상체를 15도 정도 숙인다.

③ 보통례(보통인사, 평경례)

보통례(평경례)는 일상생활에서 가장 많이 행하는 방법으로 윗사람에게나 직장 상사에게 아침 저녁으로 하는 인사방법이다. 대인관계에서도 상대방에게 정식으로 하는 경우 등도 이에 해당하며, 상체를 30도 정도 숙인다.

④ 큰경례(정중한 인사)

큰경례(정중례)는 ㉠ 아주 정중하게 예의를 갖추어야 하는 상황, ㉡ 고객맞이와 배웅, 고객에게 사죄의 뜻을 표현하는 경우, ㉢ 감사의 뜻을 전할 때 등의 인사법으로, 상체를 45도 이상 굽히고 머리는 숙이지 않는다.

⑤ 악수

악수는 서로 손을 마주잡고 반가움과 감사 등을 나타내는 인사법으로서, 전 세계적으로 사용된다. 악수는 ㉠ 손윗사람이 손아랫사람에게, ㉡ 악수는 오른손으로, ㉢ 악수는 너무 세게 쥐거나 약하게 잡아서는 안 되며 손을 깊숙이 잡고 힘을 주어 두세 번 흔드는 것이 좋고, ㉣ 이성 간의 악수는 남성 쪽에서 여성에게 먼저 손을 내밀지 않아야 하고, 여성의 요청에 따르는 것이 예의이다(여성 쪽에서 먼저 손을 내밀지 않은 경우 가벼운 목례 정도면 무방함). ㉤ 악수는 손을 잡은 채로 오래 말을 해서는 안 되며 인사만 끝나면 곧 손을 놓는 것이 원칙이고, ㉥ 예식용 장갑은 벗지 않아도 되지만 방한용 장갑은 벗고 악수를 하여야 하고, ㉦ 악수를 하면서 머리 숙여 절을 하지 않고, 상대의 눈을 보면서 하는 것이 예의이다.

(2) 상황별 바른 인사법

인사는 상대가 "나의 인사를 받아 줄 것인가"라는 생각은 금물이며, 상대방(상사·동료·주민 등)이 누구인지 따지지 말고 내가 먼저 '안녕하세요'라는 한마디면 충분하다.

① 작업 중일 경우

작업 중인 일이 인사할 정도의 여유가 있는 경우에는 가벼운 목례로, 도저히 인사할 수 없는 경우에는 하지 않아도 무방하다.

② 엘리베이터에서 마주치는 경우

상대방이 누구이든지 간에 큰 소리로 인사하는 것보다는 가벼운 목례로 하는 것이 좋다.

③ 화장실, 목욕탕에서 마주치는 경우

화장실에서는 인사를 하지 않고, 다만 눈이 마주친 경우 가볍게 목례로 대신한다.

④ 복도·계단에서 마주치는 경우

복도·계단에서 지나칠 때는 적당한 거리에서 자연스럽게 목례로 대신한다.

⑤ 앉아서 근무 중 고객을 맞이하는 경우

"어서오십시오"라고 인사말을 사용하며, 허리를 30도 정도 굽혀 인사를 하되 꼭 의자에서 일어서서 인사를 해야 한다. 고객을 전송할 시에도 마찬가지로 공손하고 밝은 미소를 잃지 않아야 한다.

(3) 바람직하지 못한 인사법

① 영혼없이 말로만 하는 인사, ② 고개만 까딱하는 인사, ③ 귀찮아하며 건네는 성의없는 인사, ④ 무표정한 인사, ⑤ 눈을 마주치지 않고 하는 인사, ⑥ 받는 둥 마는 둥 하는 인사 등은 상대방에게 불쾌한 인상을 준다는 점을 명심하여야 한다.

2) 대화 예절

대화는 밝고 쉽게 표현하고 명확하게 하는 것이 대화의 기본원칙이다.

(1) 대화의 3요소[17]

상대방과 대화를 하는 경우 태도·음성·말씨를 중요하게 여기는데, 이를 대화의 3요소라고 한다.

① 태도: 윗사람 앞에서는 공손하고, 올바른 자세, 그리고 웃는 얼굴을 유지한다.

② 음성: 발음은 정확하게 하고 최대한 상냥하면서도 경쾌하게 한다.

③ 말씨: 때와 장소에 따라 그에 걸맞은 어법을 적절히 사용한다. 예컨대, 존경하는 윗사람에게는 「존경어」, 자신을 낮추고 상대를 존중하는 경우

---

17) 동국대학교 경찰사법대학 민간경비교육센터, 일반경비원 신임교육, 2016, p.326.

에는 「겸양어」, 여러 사람들이 있는 경우 정중한 응대가 필요할 때는 「정중어」를 사용하는 것 등이다.

(2) 바람직한 대화의 방법

'바람직한 대화법이 있는가'라는 명제와 관련하여서는 통설적으로 인정되고 있는 일반적인 원칙은 존재하지 않는다. 일반적으로 상대방과 대화는 상대방을 납득시키거나 지식을 전달하기 위하여, 또는 감동시킬 목적 등을 달성하기 위한 일종의 기술적인 방법이다. 따라서 최소한 아래와 같은 화법으로 대화를 진행하는 것이 바람직스럽다.

① 부정어나 거절어는 가급적 사용하지 말아야 한다.

대화는 각자 자기의 생각을 표현하는 것을 전제로 한다. 따라서 상대방을 생각하여 어둡거나 부정적인 표현은 가급적이면 삼가야 하며, 특히 상대방이 요구하는 내용을 거절할 때에는 보다 완화된 화법 기술이 필요하다.

　ㄱ "죄송합니다"라고 먼저 서두를 꺼낸 뒤, 상대방이 기분 나빠하지 않도록 분위기를 조성한다.

　ㄴ 상대방이 요구에 대하여 응해줄 수 없는 이유를 명확히 설명하여야 한다. 따라서 상대방에게 무턱대고 '안 된다', '못한다'라는 부정어는 가급적 사용하지 않아야 한다.

▶예시

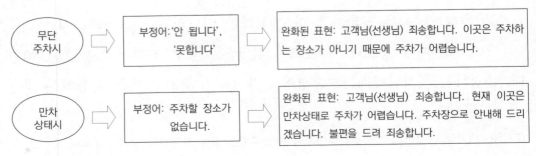

② 대화의 대상과 상황에 따라 존경어·겸양어·정중어 등을 적절히 선택하여 사용한다.

③ 불편함을 주는 용어의 사용은 되도록 삼가야 하고, 대화 상대가 불편해하는 주제는 사용하지 않는다.[18]

④ 대화상대의 수준에 따라 적합한 단어를 사용해야 하며, 마지막 말은 애매하게 하지 않는다.

⑤ 은어나 비속어는 가급적 사용하지 않아야 하며, 외국어 또한 무분별하게 사용하는 것은 바람직스럽지 않는 대화 방법이다.

3) 통화예절

(1) 전화통화시 기본 응대화법

① 감사합니다(안녕하십니까). ㅇㅇㅇ회사 ㅇㅇㅇ입니다.
② 죄송합니다. 잠시만 기다려 주시겠습니까(주시기 바랍니다) 등의 용어 사용은 전화 응대시 기본적인 원칙이라고 할 수 있다.

(2) 전화 걸기 예절

전화 요소의 기본요소는 정확·정성·간결이다.
① 전화를 걸 때 항상 자신의 소속과 이름을 정확히 밝히고,
② 통화를 원하는 상대와 통화할 수 없는 경우, 다른 사람에게 메시지를 남겨 전달할 수 있도록 하고,
③ 통화를 하다 끊긴 경우 전화를 건 사람이 다시 거는 것이 원칙이다. 다만 상급자나 고객인 경우 본인이 먼저 전화를 거는 것이 바람직스럽다.

---

18) 동국대학교 경찰사법대학 민간경비교육센터, 앞의 책, p.326.

(3) 전화(인터폰)받기 예절

전화를 받을 때는 ① 3번 이상 전화벨이 울리기 전에 받기, ② 본인이 누구인지 소속과 이름을 밝히기, ③ 밝고 활기찬 목소리로 명확한 예의 갖추기, ④ 내 기분이 나쁘다고 전화를 받을 때 먼저 내려놓지 않기, ⑤ 불만 전화를 받을 때는 내 잘못이 아니더라도 먼저 사과하기, ⑥ 화가 난 고객의 말을 중간에서 자르지 않고 끝까지 경청하기, ⑦ 언제나 펜과 메모지를 곁에 두어 메모 준비를 해 두기, ⑧ 마지막에는 전화를 건 상대방에게 감사 표시하기, ⑨ 상대방이 전화를 끊은 후 수화기를 내려놓는 등의 예절을 갖추어야 한다.

(4) 조심해야 할 통화 예절

전화응대는 기본적인 원칙 등을 지키는 것도 중요하지만, 아래와 같은 사항등은 조심해서 지켜져야 할 통화 예절이다.

① 실수로 걸려온 전화인 경우에는 무뚝뚝하게 "전화 잘못 걸었습니다" 라고 전화를 바로 끊지 말고 예의바르게 대응한다.

② 업무와 관련이 없는 전화인 경우에는 용건만 간단히 전한다.

③ 수화기는 민감하여 주위 소음이 그대로 대화 상대에게 전해지기 때문에 조심해야 한다.

④ 전화는 보안성이 약하기 때문에, 보안이 필요한 내용이나 해결에 시간이 걸리는 문제는 만나서 해결하는 것이 가장 좋은 방법이라고 할 수 있다.

4) 안내 예절

안내라 함은 사정을 잘 모르는 어떤 사람을 가고자 하는 곳까지 데려다 주거나 그에게 여러 가지 사정을 알려주는 것을 말하며, 동행 안내시 다음과 같은 예의를 갖추어야 한다.

(1) 복도(통로)로 동행 안내시[19]

① 고객을 통로의 중앙으로 걷도록 하고 경비원은 고객과 비스듬하게 두세 발 앞에서 걷는다.

② 안내 도중에 위치나 장소가 바뀔 때마다 목적지 방향을 손으로 가리키며 "이쪽입니다"라고 미리 말하는 것이 좋다.

③ 방향을 가리킬 때 손가락을 모아 손바닥 전체로 하며, 목적하는 방향으로 손바닥을 가리킨다.

④ 시선은 상대방의 눈 → 가리키는 방향 → 상대의 눈 순으로 하며, 상대방의 눈이 시선이 가리키는 곳으로 따라 오도록 한 후 그쪽 방향을 보며 위치를 설명한다.

(2) 계단으로 동행 안내시

계단을 이용할 경우에는 고객보다 높은 위치에 서지 않는 것이 예의이고, 여성에게 동행 안내시 상당한 주의를 기울여야 한다.

① "3층입니다. 가시지요"라고 행선지를 알리면서 고객이 앞서도록 한다.

② 계단을 오를 시 에는 고객이 손잡이 쪽으로 걷도록 안내한다.

③ 올라갈 때도 내려올 때도 고객을 내려다보는 것은 결례이기 때문에, 고객보다 높은 위치에 서지 않는 것이 예의다.

④ 좁은 계단을 올라갈 때는 남성이 여성보다 앞서야 하고, 내려갈 때는 반대로 여성이 앞서는 것이 예의이다.

(3) 엘리베이터를 탈 경우

① 엘리베이터에 사람이 없는 경우에는 먼저 탄 뒤 열림 버튼과 층을

---

19) 김순석·김양현 외, 앞의 책, p.359.

누르고 타도록 권한다.

② 엘리베이터에 이미 사람이 있을 때에는 엘리베이터 문을 한 손으로 잡고 고객이 먼저 타도록 하고, 목적지 층에 도착하면 열림 버튼을 누른 채 고객이 먼저 내리도록 한다.

(4) 목적지에 도착한 경우[20]

① 목적지까지 도착하면 "여기입니다" 하고 알린다.

② 들어설 때는 안에 아무도 없더라도 반드시 노크한 후 문을 열도록 한다.

③ 당기는 문이면 손잡이를 잡아 충분히 열고 문 옆에 서서 방문객을 먼저 들어가게 한 후 문을 닫는다.

④ 미는 문이면 문을 충분히 열고 먼저 들어가 문을 돌아 손잡이를 잡은 후 방문객을 맞이하며, 완전히 들어온 것을 확인하고 나서 문을 닫는다.

5) 명함 주고받기 예절

명함은 초대면인 상대방에게 소속과 성명을 알리고 증명하는 자신의 소개서이자 분신과도 같다.

(1) 명함은 방문한 사람이나 아랫사람이 먼저 건네는 것이 예의이며, 명함은 서서 주고받는다.

(2) 명함은 왼손으로 받쳐서 오른손으로 건네되 자기의 성명이 상대방 쪽에서 보아 바르게 보이게끔 한다.

(3) 명함을 내밀 때는 정중하게 인사를 하고 자신의 소속과 이름을 밝힌다.

---

20) 김순석·김양현 외, 앞의 책, p.359.

(4) 상대가 두 사람이 이상일 때는 윗사람에게 먼저 드리는 것이 예의이다.

(5) 한쪽 손으로는 자기의 명함을 주면서 동시에 다른 한쪽 손으로 상대의 명함을 받는 것은 부득이한 경우가 아니면 결례가 된다.

(6) 상대의 명함을 받으면 자기의 명함을 주는 것이 원칙이나, 명함이 없는 경우에는 정중히 양해를 구하는 것이 예의이다. 만약 상대방의 연락처 등을 원하면 자신의 이름과 연락처를 메모지에 적어 건네도록 한다.

(7) 상대방에게 명함을 받으면 상대방의 소속과 이름을 확인하고, 대화 중에 실수가 없도록 하여야 한다.

02

범죄예방론

Theories of Field Business for private Security

착한 사람보단 강한 사람이 되시고 강한 사람보다는
지혜로운 사람, 지혜로운 사람보다는 큰 덕이 있는
사람이 되어서 이 험난한 세상 잘 헤쳐 나가시길…

범죄예방론

제1절 범죄예방의 기초개념

Ⅰ. 법의 개념과 범죄의 개념

1. 사회규범

법은 사회 규범 중의 하나이다. 사회규범은 사회공동체에서 지켜야 할 행동의 기준을 말하며, 사회규범으로는 관습·도덕 법 등을 들 수 있다. 사회규범은 절대적이고 고정불변하는 것이 아니라 시대적 상황과 공간적 장소에 따라 변할 수 있다.[1] 그러기 때문에 사회규범 중 법으로 규정된 것 이외에는 관습이나 도덕 등 사회규범을 어겼더라도 비난의 대상이 될지언정 처벌하지 못했다.

2. 법

법은 국가가 지키도록 요구하는 권리를 규범으로, 사회규범 중 대부분은 법으로 규정되어 있다. 예컨대, 살인·강도·절도·사기 등은 사회규범을

---

[1] 김형중, 「범죄학」, 서울: 그린출판사, 2015, p.1.

어긴 행위인 동시에 「법」을 어긴 행위이기도 하다.[2] 따라서 법을 지키지 않은 경우에는 국가에 의해 일정한 제재를 받게 된다. 즉, 죄와벌은 법에 정해진 경우에만 처벌할 수 있는데, 이를 죄형법정주의라 한다.

Ⅱ. 범죄의 개념

1. 형식적 의미의 범죄와 실질적 의미의 범죄

범죄는 법에 의해 보호되는 이익인 법익(法益)을 침해하고, 사회의 안전과 질서를 분란하게 만드는 반사회적 행위 중 이를 처벌하기 위해 법에 규정되어 있는 행위를 말한다. 따라서 아무리 반사회적 행위(사회의 규범이나 질서 또는 이익에 반대되는 행위)라고 하더라도 이것이 법에 규정되어 있지 않으면 죄형법정주의 원칙상 범죄가 성립할 수 없다.

범죄는 일정한 국가의 법질서와 관련하여 성립되는 것이다. 범죄의 의미에는 형식적 의미의 범죄와 실질적 의미의 범죄로 나누어 볼 수 있다.

1) 형식적 의미의 범죄(법률적 의미의 범죄)

형식적 의미의 범죄는 국회가 제정한 형벌법규(형법 등)에 의하여 형벌이 부과되는 행위를 범죄로 보는 견해로서, 법률적 의미의 범죄를 말한다. 즉, 어떠한 행위가 범죄로써 처벌되기 위해서는 법률의 규정에 의하여 그 행위가 처벌될 것이 규정되어야 한다. 오늘날 일반적으로 사회전반에 걸쳐 사용되는 '범죄'라는 용어는 대체적으로 법률적으로 규정되어 있는 형식적 의미의 범죄(법률적 의미의 범죄)개념을 보편적인 것으로 보고 있다.

---

2) 전돈수, 「범죄학개론」, 서울: 21세기사, 2005, p.17.

(1) 구성요건 해당성

형식적 의미의 범죄란 구성요건해당성·위법성·책임성의 3가지 요건을 모두 갖추어야 범죄가 성립된다는 것을 의미한다.

구성요건은 형벌법규상 금지 또는 요구(명령)되는 행위가 무엇인가를 추상적으로 규정해놓은 것을 말한다. 예컨대, 형법 제250조 제1항의 살인죄에서 "사람을 살해한 자"와 같은 막연한 개념이 이에 해당한다. 반면, 구성요건해당성은 인간의 구체적인 행위가 그 형벌조항이 규정하는 추상적인 구성요건에 해당되어야 한다. 따라서 구성요건과 구성요건해당성은 구별된다. 예컨대, 형법 제250조의 "사람을 살해하는 ......"에 해당하려면 법률상의 추상적인 개념규정(구성요건)에 맞는 구체적인 살인 사실이 있어야 한다. 따라서 아무리 반사회적, 반도덕적 행위로 비난을 받더라도 법률상 구성요건에 해당하지 않을 때에는 범죄라고 할 수 없다.[3]

(2) 위법성

위법성이란 구성요건에 해당하는 행위(구성요건해당성)가 법률상 허용되지 않는 성질을 말한다.[4] 위법한 행위라고 하는 것은 구성요건에 해당하는 인간의 행위가 전체 법질서에 위배되는 것을 의미한다. 따라서 사람을 구체적으로 살인한 자는 구성요건에 해당되고(구성요건해당성), 그러한 행위는 법률상 허용되지 않는다. 즉, 위법한 행위이다.

그러나 구체적 행위가 국회에서 제정된 형식적(법률적) 구성요건에 해당하더라도 사회상규 등을 포함한 전체법 질서의 입장에서 위험하지 않은 것으로 평가될 때에는 범죄로 되지 않는다. 이처럼 위법성을 면제하여 범죄를

---

[3] 진계호·이존걸 공저, 「형법총론」, 서울: 대왕사, 2007, pp.158-159.
[4] 전체 법질서라 함은 형법·민법 등 국회에서 제정한 성문법과 불문법(관습법·사회상규·조리)을 모두 포함하는 개념이다(임웅, 「형법총론」, 서울: 법문사, 1999, p.158).

성립하지 않도록 하는 일련의 사유들을 위법성조각사유라고 한다.

위법성조각사유로는 정당행위(형법 제20조), 정당방위(동법 제21조), 긴급행위(동법 제22조), 자구행위(동법 제23조), 피해자의 승낙(동법 제24조) 등이 있다.

(3) 책임성(책임능력)

책임능력은 범죄 성립의 3단계로서, 어떠한 행위가 구성요건에 해당하고 위법하다는 평가를 받는 경우라 하더라도 행위자에게 그 행위에 대한 책임을 물을 수 있는 것을 말한다. 즉, 위법행위로 인한 민사책임이나 형사책임을 질 수 있는 능력을 말한다.

우리 형법은 책임능력에 관한 규정을 두지 않고, 그 사람의 행위에 대한 책임을 물을 수 없는 경우에 한하여 책임을 조각(阻却)함으로써 범죄를 성립하지 않도록 하는 구조를 취하고 있는데, 이를 책임조각사유라고 한다. 즉, 형법상 기본적으로 누구나 구성요건에 해당하고, 위법한 행위에 대하여는 책임이 존재하지만, 행위자에게 책임조각사유가 존재하면 책임능력이 없다고 보아 처벌을 면제하거나(형사미성년자·심신상실자), 그 형을 반드시 감경하도록(심신미약자·농아자) 규정하고 있다.

2. 실질적 의미의 범죄

실질적 의미의 범죄는 형식적 의미의 범죄(법률적 의미의 범죄)뿐만 아니라 사회규범을 어기는 반사회적 행위(예컨대, 비행행위)까지 범죄로 보는 관점이다. 그러나 이러한 실질적 의미의 범죄개념은 범죄의 범위와 대상을 확대하는 장점이 있는 반면, 지나치게 애매모호하다는 비판을 받고 있다.

제2절   범죄예방과 통제

Ⅰ. 범죄예방의 개념

1. 범죄 발생 책임문제

범죄예방을 협의로 해석하면 범죄를 미연에 방지하는 사전적 대책이라고 할 수 있으며, 광의로 해석하면 사전적 대책과 범인 검거 등의 사후적 대책을 모두 포함하는 개념이라고 할 수 있다.

범죄예방은 개인의 책임인가, 국가의 책임인가? 역사적으로 볼 때 동·서양을 막론하고 국가형성 초기에는 공공의 안녕을 유지하는 책임, 즉 범죄에 대한 1차적 책임은 각각의 마을과 마을주민의 몫이었으나, 점차적으로 국가가 발전하면서 범죄 예방에 대한 일차적 책임은 전적으로 국가가 담당하게 되었다.

그러나 문제는 경찰 등 국가기관들이 범죄를 예방하고 통제를 전담했음에도 불구하고 그 기능을 제대로 수행하지 못하는 한계에 봉착하였다는 점이다. 그 이유는 범죄란 사회문제이며, 단지 형사사법체계만의 문제는 아니기 때문이었다.[5]

---

[5] 고대 영국에서는 공공의 안녕을 유지하는 제1차적 책임은 각각의 마을에 있었다. 앵글로색슨 시대에는 별도의 경찰이 없었던 대신 지역마다 10가구씩 하나의 집단을 이루어 치안을 유지하였는데, 이들 10인 조합의 구성원들은 순찰을 돌면서 도적을 발견하면 고함을 질러 추적하고 체포해야 할 의무를 지고 있었으며, 실패하면 국왕에 대하여 연대책임을 지고 처벌되었다. 그 후 13세기 말(1285년) 에드워드 1세 때 지방도시를 위하여 윈체스터 법령을 제정하였다. 이 법령은 고대의 전통인 "도둑 잡아라"라고 외칠 의무가 법적으로 모든 국민에게 부과되었고, 15~60세의 모든 남자들은 일정량의 무기와 장비 등을 보유하도록 하였다. 이처럼 초기 영국의 범죄예방 및 범인 검거 등은 개인 내지 집단 책임이었다(치안본부, 「서구 경찰」, 서울: 정양사, pp.116-117). 우리나라 삼국시대의 경우에도 집집마다 자체적으로 갑옷과 무기를 보유하고 있었고(무기 자담의 원칙), 범죄예방과 검거에는 사회원 전원이 동원되었다. 이처럼 범죄에 대한 1차적 책임은 각각의 마을에 있었던 것이 세계적인 공통현상이었다(김형중, 「한국 경찰사」, 서울: 박영사, 2020, p.57).

2. 범죄예방의 중요성

범죄 예방이 우선인가, 범인검거 등 사후처벌이 중요한가?

범죄가 이미 발생한 경우 그 범죄에 대한 피해는 거의 회복이 불가능하고(특히 생명피해), 범죄자의 검거·교정 등에 많은 비용이 들며 실질적으로 교정 또한 어렵다. 범죄의 증가는 범죄자 및 피해자가 증가한다는 것을 의미한다. 이러한 현상은 사회적 관계에서의 불신과 불안·두려움·법의 권위 추락 등 부정적인 환경을 조성하여 결국 사회해체 현상을 불러오게 된다.[6] 따라서 범죄는 미연에 방지하는 것이 최상의 대응방법이라는 인식이 확산되면서, 현대에 이르러서는 범죄원인보다는 범죄예방론이 보다 중요시되는 경향을 보이고 있다.[7]

Ⅱ. 범죄통제방법의 변천

범죄통제 방법이라 함은 범죄를 일정한 수준 또는 현재의 수준으로 유지·관리하기 위하여 범죄발생을 제한하거나 억제하는 방법을 말한다.

역사적으로 볼 때 범죄에 대한 통제이론(대응이론)은 범죄가 발생 후 범인을 검거하여 처벌하는 사후대책에 집중해 왔으나, 오늘날에는 사전적 대책인 범죄 예방 영역이 그 중요도를 더해 가고 있다.

범죄통제는 다음의 도표처럼 변천과정을 거치면서 범죄 문제를 해결하려고 하였다. 그러나 이러한 범죄원인과 통제수단들은 시간적·체계적으로 순서를 따라 전개된 것은 아니며, 같은 시대에서도 서로 존속하고 병행하며

6) 김형중 외, 「경찰학각론」, 서울: 청목출판사, 2020, p.16.
7) 김형중, "행정관찰 기능에 관한 법·제도사적 연구", 동의대학교 대학원 법학과 박사학위 논문, 2004, pp.17−18.

상호보완적 관계를 갖고 진행되어 오면서 지금에 이르고 있다.

원시·고대		중세		근대				현대
범죄원인발생	악마의 소행	범죄발생원인	마귀의 소행	고전주의11)	실증주의12)			• 범죄원인 보다는「범죄예방」이 더욱 중요시 되는 경향임 -환경설계를 통한 범죄예방 -깨진유리창 이론
				범죄발생원인	개인의자유의사에의한범죄	• 생물학적 요인(신체결함·유전 등) • 심리학적요인(어릴 때의 학대 등의 심각한 장애) • 사회학적요인(사회환경의 범죄유발)13)		
범죄통제	• 주술을 통한 악마퇴치(천두술)8) • 응보와 복수	범죄통제	• 종교 재판 -결투 재판9) -마녀 재판10)	범죄통제	범죄자에 대한 형벌과 제재	• 생물학적, 심리학적 요인 -범죄자의 치료 및 갱생 • 사회학적 요인 -사회발전을 통하여 범죄의 근본적 원인 제거		

8) 천두술은 범죄자의 두개골에 구멍을 내어 혼을 빼내는 처벌의 일종으로 악마를 쫓는 하나의 수단이었다.

9) 결투 재판은 신의 뜻을 확인하는 방식으로 재판한다는 이른바 신명재판(神明裁判)의 하나로써, 중세 이후 재판의 한 방법으로 결투를 사용하였다. 당시 사람들은 증인이나 증거가 없어 입증하기 어려운 범죄사건에 대해 당사자들이 결투를 벌여 신의 뜻을 확인할 수 있다고 생각하였다. 이와 같은 결투는 재판과 처벌까지를 겸하고 있었기 때문에, 결투에서 이기면 무죄, 패한자는 유죄가 되었다. 이것은 신이 옳은 사람을 승리하게 한다는 신본주의 사상에 기인한 것이다.

10) 종교재판의 대표적인 것이 악마론의 극단을 보여주는「마녀재판」이다. 마녀재판에는 여러 가지 시험을 사용했지만, 그중 물시험이라는 것이 있었다. 형리들은 혐의자를 단단히 묶고 물에 빠뜨린다. 물은 깨끗한 속성을 가지고 있기 때문에 마녀가 들어올 경우에는 물 밖으로 내친다고 믿었다. 만약 혐의자가 익사하면 그는 혐의를 벗게 되겠지만, 물에서 떠오르면 마녀로 간주되어 화형되었다. 결국 마녀든 아니든 죽는 것은 마찬가지였다.

11) 17세기 중엽에 탄생한 고전학파는 '고전주의'시대라는 개념에서 유래하고 있으며, 현대 범죄학의 뿌리는 고전학파에서부터 출발했다고 볼 수 있다. 고전주의 학파는 개인 스스로가 자유의사에 의하여 범죄를 선택하고 행동하기 때문에 그 책임은 개인에게 있는 것이며, 결코 사회의 책임이 아니다. 따라서 국가는 개인이 범죄를 저지르지 않도록 그에 상응하는 처벌을 해야

제3절 현대적 범죄예방이론

Ⅰ. 범죄예방의 개념

「범죄예방」의 개념을 어떻게 정의할 것인가라는 명제에 대해서는 다수의 견해들이 제시되고 있으나, 여기에서는 일반적인 견해라고 받아들여지는 2가지 정의에 한정하여 기술하였다.

1. 범죄의 두려움을 줄이는 사전활동

범죄예방이란 「실제의 범죄발생과 범죄에 대한 공중의 두려움을 줄이는 사전활동」이다.[14) 범죄예방에서는 실제상의 범죄를 줄이는 것도 중요하지만, 공중(시민)이 갖고 있는 범죄에 대한 불안과 공포를 제거하는 것도 매우 중요한 부분 중의 하나이다.[15) 따라서 이 정의는 범죄에 대한 두려움을 제

범죄를 억제시킬 수 있다고 주장하였다.

12) 19세기에 접어들면서 과학적인 방법에 입각한 분석을 거쳐 범죄원인을 창출해야 한다는 실증주의가 탄생하였다. 생물학적·심리학적 요인을 범죄원인으로 보는 실증학자들은 범죄는 개인의 선택이 아닌 통제 불가능한 생물학적 결함(신체적·체형·유전 등)이나 심리학적 요인(어린 시절의 경험이 심각한 장애를 유발시키는 것 등)에 의해서 결정된다고 보았다. 따라서 범죄는 개인의 책임이 아니라 사회적 책임이기 때문에, 처벌보다는 이들을 치료하고 갱생하도록 도와주어야 한다고 강조한다.

13) 사회적원인론은 사회적 구조(빈곤·실업·낮은 교육수준·인종차별 등)와 사회과정(범죄행위는 학습과정을 통해서 습득된다)이 범죄행위의 중요한 결정요인이 된다고 보았다. 즉, 사회적 범죄원인론은 사회환경(사회구조와 사회과정)의 범죄발생요인이며, 이러한 악조건 환경 속에서 생활하는 개인들이 범죄를 저지를 가능성이 높다고 강조한다. 따라서 범죄를 예방하기 위해서는 「사회발전」을 통해서 범죄의 근본적 원인을 제거해야 한다고 주장한다.

14) 이 정의는 랩(S.P. Lab)이 제시한 것이다. 랩은 범죄예방을 '실질적으로 범죄발생을 줄이려는 사전 노력이기도 하고, 심리적인 측면에서는 안전성의 확보·범죄에 대한 두려움의 제거를 위한 노력이기도 하다'고 정의하고 있다(S. P. Lab, Crime Prevention: Approaches, Practices and Evaluations 3rd(ed), Cincinnati:Anderson Publishing Co., 1977, pp.12−13)

15) 김형중, "행정경찰기능에 관한 법·제도사적 연구", 법학박사논문, 2004, p.18.

거하는 활동, 즉 심리적 측면까지도 포함하는 광의의 범죄예방활동이라고 해석할 수 있다.

2. 범죄예방구조 모델론

범죄예방을 질병 예방의 처리과정과 유사하게 보는 관점이다. 질병이 발생하면 국가가 국민의 건강을 보전·증진시키기 위하여 개입하게 되는데, 이러한 국가보건 활동을 공중보건(public health)이라 한다. 대표적인 예로 코로나 질병에 대한 국가의 대응책을 들 수 있다. 이 이론은 공중보건모델을「범죄예방」개념에 접목시켜 1차적·2차적·3차적 범죄예방 유형으로 구분하여 설명하고 있다.[16]

1) 1차적 범죄예방

1차적 범죄예방은 범죄행동의 기회를 제공하거나 범죄행동을 촉진하는 물리적·사회적 조건들을 제거하여 범죄를 예방하고 두려움을 낮추는데 초점을 두고 있다.[17] 1차적 범죄예방은 마치 질병예방을 위해서 보건소 등에서 주변 환경의 청결·소독과 같은 위생상태를 개선하는 것과 같은 것이다. 1차적 범죄예방의 대상은 일반대중이다.

1차적 범죄예방 대책의 유형으로는「경찰의 순찰활동」·「시민순찰활동」·「민간경비」[18]·「범죄예방교육 및 캠페인」·「이웃감시」·「문단속잘하기」·「차량문잠그기」·「CCTV 설치」등은 모두 1차적 범죄예방 수단의 하나라고 볼

---

16) 브랜팅햄(P.J. Brantingham)과 파우스트(F.L. Faust)는 범죄를 질병으로 비유하여, 질병예방의 공중보건모델과 유사한 세가지 범죄예방 유형을 제시하였다.
17) 김형중, 위의 논문, pp.19－20.
18) 은행에 경비원을 배치하여 절도 등 범죄를 방지하고 고객의 안전을 확보하는 것도 1차적 범죄예방활동의 한 수단이다.

수 있다.

2) 2차적 범죄예방

2차적 범죄예방은 잠재적 범죄자를 초기에 판별하고 이들이 불법행위를 저지르기 전에 개입하는 대처 방안이다.

이는 질병에 걸린 사람들을 격리하고 주변사람들에게 예방접종을 하는 것과 같다. 2차적 범죄예방은 우범자나 우범집단을 대상으로 한다.[19]

제2차적 범죄예방대책으로는 「비행청소년 관리」·「약물 남용자관리」·「교정기관 학습프로그램」 등을 통해 청소년들이 범죄발생을 미연에 방지하는 활동 등을 대표적인 예로 들 수 있다.

3) 3차적 범죄예방

3차적 범죄예방은 실제 범죄를 저지른 사람들을 다루며, 그들이 더 이상 다른 범죄를 저지르지 않도록 하기 위한 예방대책이다. 3차적 범죄예방의 대상은 범죄자로써, 마치 중병에 걸린 사람을 입원시켜 치료하는 것과 유사하다. 3차 예방의 대부분은 경찰·검찰·법원·교도소 등 형사사법체계의 활동영역에서 이루어진다. 즉, 구속·수감·교도소 재활훈련·보호관찰 등이 대표적인 예방책이다.

Ⅱ. 현대적 범죄예방이론

1910년대까지의 초기 생태학적 이론들은 범죄의 원인을 인간과 환경과

---

19) 예컨대, 범죄발생율이 높은 지역을 가려내고, 이 지역이 무엇 때문에 범죄가 발생하는 가에 초점을 맞춰 이미 존재하는 요인들(위험환경 등)을 제거하고, 비행청소년의 범죄예방에 필요한 절차를 모색하는 것들이 대표적인 예이다.

제 2 장 범죄예방론 37

의 상호작용에서 찾고자 하였고, 20세기에 들어서면서부터는 범죄의 원인을 지역사회의 구조 또는 환경적 특성에서 찾고자 하는 다양한 이론들이 제시되었다. 이러한 생태학적 이론의 대표적인 유형으로는「환경설계를 통한 범죄예방(CPTED)」,「상황적 범죄예방이론」등을 들 수 있다.

1. 환경설계를 통한 범죄예방(CPTED): Crime Prevention Through Environmental Design

1) 의의

환경설계를 통한 범죄예방이론은 적절한 건축설계나 도시계획 등 물리적 환경설계를 통해 대상지역의 방어적 공간특성을 높여 범죄피해를 당할 잠재적 피해자를 보호하고, 범죄자의 범행기회를 감소시키는 종합적인 범죄예방전략이다. 약칭하여 '셉테드(CPTED)'[20]라고도 한다.

2) 셉테드(CPTED)의 기본원리[21]

셉테드를 구성하는 원리이자 전략은 연구자에 따라 다소의 차이는 있으나, 대체로 3가지 원리인「자연적 감시」,「자연적 접근통제」,「영역성 강화」와 두 가지 부가원리인「주민에 의한 방범운동의 활성화」,「유지와 관리로 구성된다.[22]

---

20) '셉테드(CPTED)'라는 미국의 도시설계학자 레이 제퍼리(Ray Jeffery)가 "환경설계를 통한 범죄예방"이라는 논문에서(1971년) 도시설계와 범죄와의 관계를 설명하면서 처음 소개된 용어이다.

21) 김형중 외,「경찰학 각론」, 서울: 청목출판사, 2017, pp.47-49; 김형중 외,「범죄학」, 서울: 그린출판사, 2000, pp. 428-432.

22) 신의기 외, "범죄예방을 위한 환경설계 (CPTED)의 제도화 방안", 한국형사정책연구원, 2008, pp.69-71.

(1) 자연적 감시

잠재적 범죄인에게는 발각과 체포의 두려움을 높여주고 적법한 사용자에게는 안정감을 들여 긍정적 상호작용을 증대시켜 주는 기법이다. 즉, 일반인들에 의한 가시권을 최대화 시킬 수 있도록 건물 설계나 시설물을 배치하는 것 등을 말한다. 예컨대, 주차장이나 현관에 CCTV 설치, 건물이나 시설을 배치시에 시야를 가리는 담벽 및 시야장애물 제거, 방문이나 창문에서 주변도로가 잘보이도록 설계하는 것 등을 통하여 침입자에 대한 감시를 강화하는 것을 말한다.

(2) 자연적 접근통제

이는 지역 및 지역 내의 주택이나 건물에 수상한 사람이 침입하기 어렵게 설계하는 원리이다. 예컨대, 차단기, 방범창 및 방범경보장치, 특수잠금장치, 경비원 등을 배치하여 범죄자가 범죄 목표물에 대한 접근을 어렵게 만들고, 범죄행위에 최대한 노출위험을 줄일 수 있도록 하는 전략이다.

(3) 영역성강화

영역성은 지역주민이 자유롭게 사용하거나 점유함으로써 그들의 권리를 주장할 수 있는 가상의 영역을 설정하고 관리하는 것을 말한다. 즉, 주거지의 영역확보를 위하여 공적 영역(도로 등 공공의 공간)을 보다 사적 영역화시키고, 이렇게 가상으로 확장된 사적 영역을 주민들 스스로 소속감을 가지고 지켜 나가고자 하는 범죄예방전략이다. 예컨대, 경계선을 나타내는 울타리·표지판·조명·조경·도로경계석 등을 설정하여, 이 지역은 자신들의 소유물이라는 것을 외적으로 알리는 일종의 물리적인 방법이다.

(4) 주민에 의한 방범운동의 활성화

「주민 활동이 활성화」는 주민이 함께 어울릴 환경을 조성하여 일반주민들의 눈에 의한 감시 기능을 적극적으로 활용하는 설계전략이다. 예컨대, 주거공원 내의 체육시설, 공동주택 단지안에 농구장·테니스장, 산책길 주변에 벤치 등을 설치하여「거리의 눈」, 즉 시민의 눈에 의한 자연스러운 감시 영역활동을 강화하는 기법이다.

(5) 유지와 관리

유지와 관리 원리는 시설물을 처음 설계된 대로 혹은 개선한 의도대로 기능을 정상적으로 유지하도록 관리함으로써, 범죄예방을 위한 환경설계가 장기적이고 지속적인 효과를 내도록 하는 기법이다. 예컨대, 어떤 공간이 황폐화되거나 버려지면(폐가 등의 방치) 범죄자들이 모이고, 그 결과 무질서와 범죄가 발생하게 되고 그 공간에는 범죄에 대한 두려움으로 주민들이 접근하기를 꺼리게 된다. 이런 악순환을 줄이기 위해서는 황폐화되고 버려진 공간을 축소시키고, 낙서로 얼룩진 담과 깨진 가로등이나 유리창 등은 신속히 보수하여 밝고 깨끗한 거리를 유지하고 관리해야 한다는 것이다. 이러한 원리는 후술하는 깨진 유리창 이론과 맥락을 같이한다.

3) 적용사례와 관련정책

(1) 적용사례

① 미국

1996년 플로리다주의 케인즈빌시에서는 편의점 유리창을 가리는 게시물 부착을 금지시키고 계산대도 외부에서 잘보이는 위치에 설치하는 한편, 주차장에 CCTV와 밝은 조명을 설치하도록 하였다. 그 결과 인구 10만 명당 6,441건의 재산범죄가 2005년에는 인구 10만 명당 3.874인으로 약 39%가 감소하였다.[23]

---

23) 김형중 외, 앞의 책, p.435.

② 영국

1980년대 후반 런던의 에드먼턴, 타워 륄리츠, 해머스미스 세 지역에 가로 조명을 평균 5럭스(LUX)에서 10럭스로 높이자, 세 곳 모두에서 무질서와 범죄에 대한 두려움이 줄고, 보행자의 도로사용률도 50% 이상으로 급격히 증가했다.

③ 한국

2014년 9월 초 서울 동작구에서는 건물 30곳의 현관문에 성인 여성의 키와 비슷한 160센치 높이에 30센치 넓이를 가진 거울 같은 효과가 나는 '미러시트(반사필름)[24]'를 부착한 '환경설계를 통한 범죄예방전략' 즉 셉테드 기법을 활용한 사례도 있다.

(2) 관련정책

근래에 영국·프랑스·독일·네덜란드·일본 등에서는 범죄통제를 위한 종합적인 전략의 한 부분으로 셉테드(CPTED) 프로그램이 시행되고 있고, 이와 관련하여 법령·규칙·조례 등에서 셉테드 계획수립과 적용 의무화를 규정하고 있는 것이 세계 각국의 일반적인 경향이다. 우리나라의 경우도 범죄예방을 위하여 셉테드 기법을 반영하는 건축법개정[25]과 세종특별시·부산광역시 등의 전국 자치체에서도 셉테드 관련 조례를 제정하여 이를 의무화시

---

24) '미러시트(인사 필름)'는 실제로 범죄심리가 작용하지 않도록 하는 범죄예방기법인 셉테드를 도용한 방식이다. 미러 시트를 각 출입구의 현관문에 눈높이로 붙여 놓으면 본인이 뒤를 따라오는 사람이 누군지 그 사람을 바로 확인할 수 있다. 만약 뒤에서 쫓아온 사람이 범죄 목적을 갖고 있는 사람이라면 바로 범죄 욕구가 줄어들 수밖에 없는데, 이것은 자기의 모습이 미러시트에 반사되기 때문이다.

25) 국토교통부는 2014년 건축법을 개정하여 건축물·건축설비 및 대지에 관한 범죄예방기준을 정해 고시할 수 있도록 하였고(건축법 제53조의2), 이에 따라 건축법 시행령 제61조의3(건축물의 범죄예방)에 의하면 공동주택(500가구 이상)·근린생활시설(소매점·다중생활시설)·문화 및 집회시설·교육연구시설 등은 국토교통부장관이 고시하는 건축물별 범죄예방 기준에 따라 건물을 설계·건축하도록 의무 규정화하고 있다.

키고 있다.

2. 상황적 범죄예방이론

1) 개념

상황적 범죄예방이란 범죄가 발생하는 상황을 변화시킴으로써 범죄를 예방하려는 전략이다. 즉, 지역사회 환경이나 범죄발생 요인을 개선함으로써 범죄가 발생할 수 있는 기회를 감소시키거나 제거하려는 범죄예방이론이다.

상황적 범죄예방의 기본이념은 범죄의 기회가 주어진다면 누구라도 잠재적 범죄자가 될 수 있기 때문에, 잠재적 범죄자에게 그러한 환경, 즉「기회」를 주지 않도록 환경에 변화를 주어야 하는 것을 강조한다. 따라서 상황적 접근방식에서「기회」는 핵심적인 개념인데, 이는 범죄라는 행위에「기회」를 제공하는 상황적 요소에 대한「잠재적 범죄자의 판단」을 통제하는 것이다.

상황적 범죄예방은 다양한 이론적 입장을 기초로 하고 있는데(예컨대, 합리적 선택이론, 일상활동이론), 최근 영국·호주·미국 등 선진국에서는 상황적 범죄예방 접근방법에 많은 관심과 투자를 아끼지 않는 경향을 보이고 있다.

2) 깨진 유리창 이론(Broken Window Theory)

깨진 유리창 이론은 순수한 상황적 범죄예방이론이 아니라「환경설계를 통한 범죄예방이론」을 접목한 혼합형 범죄예방이라고 할 수 있다.

(1) 의의

깨진 유리창 이론은 무질서와 심각한 범죄를 최초로 연결시킨 이론이다. 즉, 자동차의 작은 깨진 유리창과 같은 사소한 무질서가 더 큰 범죄와 무질서한 상태를 가져올 수 있다는 점을 강조한 이론이다.

(2) 무질서와 범죄의 관계

깨진 유리창 이론은 깨진 유리창을 비유로 무질서한 환경과 범죄와의 관련성에 중점을 두고 있다.

이 이론에서 제시하는 '깨진 유리창은 버려진 차량과 낡은 건물, 쓰레기 등과 같이 물리적 징후를 대표하는 용어이고, 반면 무질서는 가벼운 사회적 무질서(담배투기, 노상방뇨 등)를 모두 포함하는 개념이다.

무질서는 범죄를 유발하는 시발점이자 핵심요소로서 범죄를 잇는 연결 고리이다. 무질서한 행위(구걸·음주소란 등)와 열악한 환경(쓰레기·낙서·비거나 낡은 집들) 등이 방치되면 주민들은 그 장소를 회피하게 되고, 그 장소는 잠재적 범죄자들과 십대 청소년들의 무대가 된다. 따라서 이 지역은 비공식적 사회통제[26])가 약화될 수밖에 없고, 이에따라 주민들이 느끼는 범죄에 대한 두려움은 더욱 커지게 되고, 심지어 이사를 하게 되는 경우가 발생한다. 그 결과 지역은 다른 지역의 범죄자들까지 해당 지역으로 이동하게 되면서, 강도·절도·폭력 등 심각한 범죄가 증가하게 된다.

즉, 무질서 → 범죄피해에 대한 두려움 → 비공식적 사회통제의 약화 → 주거지 이주에 대한 고려와 결심 → 도심 공동화 → 지역사회의 혼란과 해체 → 범죄 증가 등의 연쇄작용을 겪게 된다는 것이다. 깨진 유리창 이론은 이에 대한 해결책으로, 피해자가 없는 사소한 무질서 행위에 대하여도 경찰이 무관용 원칙으로 강경하게 대응하여야 한다고 주장하고 있다.

3) 실험의 시작

깨진 유리창 이론은 1969년 미국 스탠포드 대학의 심리학자인 필립 짐

---

26) 비공식적 사회통제는 국가적이나 사회적으로 인정된 공적인 방식으로 이루어지지 않은 통제를 말한다. 즉, 경찰이나 검찰 등의 공적기관이 아닌 지역사회자·교육자·어른 등에 의한 지도와 교화 활동 등이 이에 해당한다.

바르도의 자동차 실험에서 유래한다.

필립 짐바르도는 두 대의 중고차를 구매하여, 한 대는 뉴욕시의 브롱스 (서민거주지)거리에 번호판 없이 보닛을 열어 놓은 차 한 대를 세워 두고, 한 대는 캘리포니아의 소도시인 펠로엘토의 스탠포드 대학 인근 지역(상류층 거 주지)거리에는 동일 차종으로 보닛을 닫은 상태로 세워 두었다. 브롱스에 세 워둔 차는 10분이 채 지나지 않아 차량의 냉각장치와 배터리가 해체되어 털 렸고, 24시간 이내에 사용 가능한 모든 부품이 거의 사라졌다. 반면, 펠로엘 토에 둔 차는 1주일이 지나도록 아무런 이상이 없자 실험자가 그 차의 일부 분을 망치로 깨기 시작하니까, 그제서야 사람들이 달려들어 함께 차를 부수 기 시작했다. 즉, 유리창을 조금 깨어 놓은 것이 걷잡을 수 없는 파괴로 이 어진 것이다. 이러한 짐바르도의 자동차 실험에 착안하여 이론화시킨 것이 그 유명한 '깨진 유리창 이론'이다.

4) 뉴욕을 변화시킨 '깨진 유리창 이론'

1980년대 세계에서 가장 범죄율이 높고 치안이 불안한 도시가 뉴욕이었 는데, 당시 여행객들 사이에서 뉴욕 지하철은 절대 타지 말라는 말이 공공 연하게 나올 정도였다. 처음 이 '깨진 유리창 이론'을 원용한 것은 뉴욕시 교통국장 데이비드 건(David Gunn)이었다. 그는 뉴욕의 지하철 흉악범죄를 줄이기 위해 지하철 치안붕괴의 상징이라고 할 수 있는 낙서를 철저하게 청 소하는 방침을 세웠다.

1984년부터 지하철 차량기지에 교통국의 직원이 투입되어 무려 6,000여 대의 차량의 낙서를 지우는 작업이 시작되었는데, 5년이 지난 뒤에야 낙서 지우기가 완료되었다. 그러자 그때까지 계속해서 증가하던 지하철에서의 흉 악범죄 발생율이 처음에는 완만하게 감소하다가 94년에는 75%나 줄어들 었다.

　　그 후, 1994년에 뉴욕시장 취임한 루돌프 줄리아니와 브래튼 경찰국장이 지하철에서 성과를 올린 범죄억제 대책을 뉴욕경찰에 도입하였다.

　　길거리 낙서를 지우고, 신호위반, 쓰레기 투기(빈 캔을 아무데나 버리는 행위)등 사소한 질서위반 행위 등을 경범죄를 철저하게 단속하였다. 이때 뉴욕경찰이 사용한 전략이 무관용 원칙이었다. 처음에 시민들은 강력범죄 소탕에 힘쓰지 않고 사소한 경범죄를 단속하는 줄리아니 시장과 브랜트 경찰국장의 행보에 비판을 가하기도 하였다.[27] 그러나 시간이 지나면서 범죄발생 건수가 급격히 감소하였고, 마침내 연간 살인사건이 50% 줄어들면서 범죄도시의 오명을 불식시키는 데 성공하였다.

┌─ 제4절 민간경비에 의한 범죄예방

Ⅰ. 서설

　　전통적으로 범죄예방과 통제는 국가공권력인 경찰이 담당하는 것으로 인식되어 왔다. 그러나 경찰만으로는 범죄예방에 한계가 있기 때문에 민간경비 분야의 인적·물적 자원을 어떻게 효과적으로 이용하느냐 하는 것이 중요한 문제로 대두되고 있다.

　　오늘날 미국이나 일본의 민간경비업은 국민 개인에게 전문화된 방범 서비스를 제공하는 역할을 수행함으로써, 치안영역의 일정 부분을 보완하고 대체하는 수준까지 도달해 있다.

　　따라서 양자는 그 활동과 기능(범죄예방·질서유지) 등을 서로 공유하는 영역이 점차 증가하고 있고, 이에 따라 민간경비는 범죄예방 쪽으로, 반면,

---

27) 김형중외, 「경찰학각론」, 서울: 청목출판사, 2020, p.55.

경찰은 범인검거 및 범죄대응 측면에 더욱 치중할 수 있는 방향으로 그 흐름이 변화하고 있다.[28]

　한편, 우리나라의 민간경비와 경찰조직 간의 범죄예방을 위한 협조체계는 아직 바람직한 단계까지는 이르지 못하고 있고, 여전히 국가적인 차원에서의 경찰력에 의존하려는 경향이 상존하고 있다. 그러나 최근 민간경비의 활동영역이 더욱 전문화·다원화되어 가면서 다방면으로 범죄예방영역에서 그 기능이 더 중요시되어 가고 있다.

II. 민간경비의 개념과 범죄예방의 필요성

1. 민간경비의 개념

　협의의 민간경비는 특정 고객의 생명·신체·재산을 보호하고, 질서유지를 위한 모든 범죄예방활동을 말한다. 반면 광의의 민간경비는 협의의 민간경비 이외에 방범·방재·방화·사이버보안 등 모든 민간경비활동을 포함하는 개념이다.

2. 형식적 의미의 민간경비와 실질적 의미의 민간경비

1) 형식적 의미의 민간경비

　형식적 의미의 민간경비는 실정법인 경비업법에 규정된 업무에 대하여, 동법에 의해 허가받은 법인(민간경비업체)에 의해 수행되는 활동만을 말한다. 따라서 형식적 의미의 민간경비의 개념은 경찰의 업무영역과는 명확히 구분

---

28) 김형중, 「경찰학개론」, 서울: 청목출판사, 2010, p.486.

되어진다.

2) 실질적 의미의 민간경비

실질적 의미의 민간경비는 실정법인 경비업법에 규정된 업무 이외에도 특정고객의 생명·신체·재산의 보호와 사회적 손실감소 및 질서유지를 위한 일체의 활동을 의미한다. 실질적 의미의 민간경비활동은 경찰이 수행하는 경비활동과 본질적으로 같지만, 경비활동의 주체가 민간과 국가라는 측면에서는 확연한 차이가 있다.

3. 민간경비에 의한 범죄예방의 필요성

1) 오늘날 범죄 예방적 측면에서 볼 때 현실적으로 경찰력만으로는 그 한계가 있기 때문에, 치안 영역을 보완하거나 대체할 대안적 생산자로서의 존재가 요구되고 있다. 이러한 대안적 생산자로서 주목받고 있는 것이 민간경비이다.

2) 민간경비에 의한 범죄예방활동의 필요성이 증가하는 요인으로는 아래와 같은 것들을 들 수 있다.

① 범죄경향의 다변화와 증가, ② 경찰력의 일정한 한계, ③ 시민의 안전의식 증대(안전욕구에 대한 개개인의 자경주의 강화), ④ 민간영역에서의 치안활동(예컨대, 다중이용시설의 사업주가 질서유지 및 범죄예방 등 치안 서비스를 제공하기 위하여 자체적으로 민간경비원 고용) 등을 들 수 있는데, 이러한 요인들은 민간영역의 성장을 촉진시키는 계기가 되고 있다.

Ⅲ. 민간인의 지역사회 경찰활동

1. 경찰활동의 변화

과거 전통적인 경찰개념은 범인을 체포하고 수사를 전개하는 것에만 중점을 두기 때문에, 주민들의 참여를 장려한다거나 양질의 치안 서비스를 제공한다는 철학자체는 거의 없었다.[29] 반면, 오늘날의 지역사회 경찰활동은 경찰의 전통적인 개념과는 달리 주민참여와 협력을 필수적인 개념으로 한다.[30] 이는 종전의 경찰활동과는 달리 지역사회를 중심으로 범죄와 범죄문제를 해결하고, 주민의 삶을 향상시키기 위한 방향으로 경찰활동이 전환되고 있음을 의미한다.

2. 지역사회 경찰활동으로서의 전환과 민간인의 참여

지역사회 범죄예방활동이란 개인, 가정, 직장, 기관 또는 지역사회 단체가 스스로 범죄의 발생을 방지하기 위하여 경찰 및 치안관련기관과 협조하는 다양한 형태의 사전예방활동을 말한다.

지역사회 경찰활동의 가장 중심적인 개념 중의 하나는 경찰과 지역사회의 동반자 관계유지 또는 다른 구성원들과의 협조관계를 필수적인 전제조건으로 하고 있다.

경찰활동과 관련된 민간참여 범죄예방활동으로는 다음과 같은 것들을

---

29) 김형중, "행정경찰기능에 관한 법, 제도사적 연구", 동의대학교 법학박사논문, 2004, p.30.
30) 지역사회 경찰활동이란 경찰과 시민이 상호동등하게 노력·협력하여 범죄와 범죄에 대한 두려움, 무질서, 지역사회의 생활환경의 악화 등의 문제를 발견하고 이를 해결하고, 지역사회 주민의 삶을 향상시키기 위한 새로운 경찰활동의 철학이다. 이러한 지역 경찰활동의 단초가 된 것은 미국의 경우 1950-1970년대에 들어서면서 범죄와 무질서의 문제가 급증하면서 전통적 경찰활동의 효율성에 관한 비판의식에서부터 시작되었다(김형중, 위의 논문, p.30).

들 수 있다.

1) 자율방범대

자율방범대에는 자원봉사자들을 중심으로 지역주민이 마을 단위로 조직하여 관할지구대·파출소와 상호 협력관계를 갖고 방범활동을 하는 자율방범조직이다. 자율방범대는 범죄현장의 신고·부녀자 안전귀가·청소년 선도보호활동 등 지역의 치안유지에 상당한 기여를 하고 있다.

2) 이웃지켜주기 프로그램(이웃공동감시)

이웃지켜주기 프로그램은 지역사회 범죄예방의 하나이다. 이웃지켜주기 프로그램(이웃감시)은 주거지역 내에서 아파트 동별 혹은 가까운 이웃끼리 상호공동경계 및 감시체계를 구축하여 범죄로부터 사전에 피해를 줄이고자 하는 목적으로 조직화된 프로그램이다. 예컨대, 미국의 경우 아파트에 거주하는 노년층을 중심으로 '민간창변경찰대'를 조직하여 운영된 사례는 「이웃공동감시프로그램」의 일종이라고 할 수 있다.

3) 시민경보체제구축(민간신고망구축)

지역주민 각자가 각종 정보를 제보할 수 있도록 신고망을 조직하여 활동하는 것을 말한다. 이러한 시민경보체제는 공동감시체계를 보다 구체화한 것으로, 범죄가 발생하거나 범죄목격시 거동수상자 출현·범인의 도주경로·기타 수사의 단서 등을 수사기관에 신고하거나 제보하는 민간신고망 구축체계라 할 수 있다.

4) 시민순찰활동

시민순찰활동은 지역주민들이 그들의 거주지역 내를 도보 또는 자동차를 이용하여 계획적으로 순찰함으로써, 경찰활동을 보완하고 지역사회의 감

시기능을 증가시키려는 범죄예방 활동 중의 하나이다.31)

5) 지역경찰활동의 홍보와 시민협조체제 구축

「시민경찰학교」 운영은 경찰관들이 현장경험을 토대로 강의·112신고센터·지구대 및 파출소 등의 경찰시설견학 등 현장을 직접 체험할 수 있는 기회를 제공한다. 이러한 「시민경찰학교」 운영은 지역주민들의 치안협조를 이끌어 낼 수 있는 한 방안이기도 하다.

Ⅳ. 경비원 등의 범죄예방활동

지역사회 경찰활동을 활성화하기 위해서는 사회 각 계층의 다양한 경비수요를 충족시켜 줄 수 있는 제도가 필요하다. 이러한 제도 중의 하나가 민간경비업이고, 이러한 업무를 현장에서 수행하는 것이 바로 경비원이다.

1. 일반경비원의 범죄예방활동

일반경비원은 시설경비·호송경비·신변보호·기계경비 등의 업무를 수행하는 감시직 근로자로서, 일정부분 경찰력의 한계를 보완해 주는 기능을 수행하고 있다. 그러나 일반경비원은 각각 개인이 근무하고 있는 경비업무의 특성과 근무형태에 따라 범죄예방활동 영역 또한 다를 수밖에 없기 때문에, 일률적으로 범죄예방활동을 논할 수는 없다. 따라서 본서(本書)에서는 해당 경비업무특성(예컨대, 시설경비와 기계경비)에 따라 범죄예방과 대책을 해당 업무영역에서 별도로 기술하였다.

---

31) 최인섭, "지역사회 범죄예방을 위한 민간인의 참여", 형사정책연구 19, 1994, p.116.

2. 청원경찰의 경비활동

1973년 청원경찰법이 제정되었고, 이 법에 의해서 국가기관·국영업체·언론사·방송사·항공사·방위산업체 등과 같은 국가중요시설물 경비는 청원경찰이 경찰업무를 대신하게 되었다. 청원경찰은 유급이기는 하나 전문경비용역업체에 속하는 것이 아니고, 이들을 고용한 국가중요시설물의 청원주와 경찰의 감독하에 제한된 경찰활동을 수행하는 준경찰력이라고 할수 있다.

따라서 청원경찰법에 의한 청원경찰의 경비활동은 경찰력의 한계를 보완해주는 민간경비업무의 일종이라고 할 수 있다.

V. 경비원과 범죄예방 활동의 한계

1. 서설

일반경비원은 대부분 경비업체에 고용되어 시설·호송·신변보호 등의 경비업무에 투입되고 있다. 치안적 측면에서 볼 때 일반경비원은 상당부분 치안영역의 보완재로써 역할을 수행하고 있으나, 경비원은 경찰과는 달리 범죄예방활동에 일정한 제약과 한계가 있다.

2. 제약과 한계

공경비(경찰 등의 활동)와 민간경비(사경비)는 다소간 차이는 있지만, 범죄예방 및 억제, 질서유지라는 기능적 역할에서는 공통된 목표를 갖고 있다. 그러나 권한·대상·권한·업무 등에서는 현격한 차이가 있다.

1) 권한의 차이

일반적으로 권한이라는 것은 '타인에게 명령 또는 강제할 수 있는 합법적인 힘'을 말한다. 경찰은 범죄예방업무를 수행하는 경우에도 타인에게 명령·강제할 수 있는 일정한 권한이 주어져 있다.

반면, 민간경비원은 경비업법상 근무 중에 한하여 경적·경봉 및 분사기 등을 휴대하고 관련 업무를 수행하기도 하나(경비업법 시행규칙 제 20조), 그 권한은 극히 한정되어 있거나 각종 제한을 받고 있다. 따라서 권한적 측면에서 볼 때 민간경비원은 일반시민과 동일한 권한을 가지고 있을 뿐이고, 다른 특정한 권한이 주어지는 것은 아니다. 다만, 민간경비원은 일반시민으로서 갖는 권한 외에 자신을 고용한 사용자의 신체 및 재산을 보호하기 위하여 종업원으로서 일정한 권한을 추가적으로 행사할 수 있다. 예컨대, 기업이나 공동주택단지 등에서의 출입자 관리·물품의 반출입·차량의 출입관리 등은 경비원의 권한 내에서 이러한 업무들을 수행할 수 있다.

2) 대상과 역할

경찰의 범죄예방은 일반 국민전체를 대상으로 공공의 안녕과 질서를 유지하기 위한 일련의 활동 과정에서 이루어지고 있다.

반면, 민간경비업무는 일반국민이 아닌 특정한 의뢰인을 상대로 그 대가 내지 보수를 받고 범죄예방 및 손실예방 등의 위험방지를 주업무로 한다. 따라서 공경비(경찰 등)활동은 일반국민의 공익과 사익 양자 모두를 보호하지만, 반면 민간경비는 특정인을 대상으로 사익보호만을 주 업무로 한다. 다만 양자의 역할 중 '위험방지에 관한 사무'는 공적기관인 경찰 등에 의해서만 수행되는 것이 아니라 사인(私人)인 민간경비원에 의해서도 이루어진다는 점에서 공통적인 영역을 가지고 있다.

3) 범죄예방과 사후대응

공경비와 민간경비는 범죄예방과 사후대응 측면에서도 상당한 차이가 있다. 예컨대, 경찰은 범죄예방의 주요 수단 중의 하나인 순찰시 자신들의 맡은 지역전체를 순찰구역으로 정하고 다양한 순찰방법으로 외근 활동을 하는 반면, 경비원은 자신들이 근무하는 시설과 시설 내의 사람들을 중심으로 활동하기 때문에 공간적 규모와 대상도 협소하고 한정되어 있다.

한편, 경찰과 민경경비의 본질적인 차이는 범죄발생전후의 대응활동에서 찾아볼 수 있다. 거동수상자에 대한 불심검문, 범죄발생 후의 범인체포·수사는 경찰 등 공적 수사기관만이 할 수 있고, 이러한 역할 수행과 관련하여 각종 강제권을 포함한 권한이 부여되어 있다.[32]

반면, 사인(私人)에 불과한 경비원은 일반시민과 동일한 권한을 가질 뿐이고, 수사관련 법적 권한은 전혀 없다. 다만, 현행범인 경우에는 누구든지 영장 없이 체포할 수 있지만, 이 경우 즉시 '검사 또는 사법경찰관리'에게 인도하여야 한다.

---

32) 최선우, 「민간경비론」, 인천: 진영사, 2008, pp.169-170.

03

경비업법

Theories of Field Business for private Security

짧은 말 한마디가 긴 인생을 만듭니다. 무심코 들은
비난의 말 한마디가 잠 못 이루게 하고 정 담아 들려주는
칭찬의 말 한마디가 하루를 기쁘게 합니다.

제3장
경비업법

제1절 총설

Ⅰ. 계약경비의 의의와 용어의 정의

1. 자체경비와 계약경비

1) 자체경비

민간경비는 일반적으로 자체경비와 계약경비(위탁경비)로 구분된다. 자체경비업무를 수행하는 데에는 어떠한 법적절차도 거치지 않아도 되고, 개인과 개인간의 고용계약 등에 의해 자유롭게 이루어질 수 있다. 그러기 때문에 기업들은 일정한 자체 경비 프로그램에 따라 경비조직을 관리·운영할 수 있으며, 경우에 따라서는 개인도 자신의 신체와 재산을 보호하기 위하여 타인의 권리를 침해하지 않는 범위 내에서 민간 경비원을 자체적으로 고용할 수 있다. 따라서 자경주의(自警主義) 전통에서 본다면 자체경비는 가장 전형적인 형태라고 볼 수 있으며, 이러한 자체경비는 자본주의가 발달함에 따라 계약경비 형태로 전환되면서 발전해 왔다고 볼 수 있다.

2) 계약경비

계약경비는 자체경비에 상대되는 개념이다. 계약경비란 경비의 주체인 시설의 소유주나 관리자가 직접 사람을 채용하지 않고, 전문경비업체와 일정한 계약을 통해 의뢰자의 시설 및 건물을 경비하는 방법이다. 경비업법에서 말하는 경비는 계약경비(위탁경비)를 말하는 것으로서, 경비업체에 소속된 경비원이 주로 이러한 업무를 수행한다.

2. 용어의 정의

1) "경비업"이라 함은 시설경비·호송경비·신변보호·기계경비·특수경비에 해당하는 업무의 전부 또는 일부를 도급받아 행하는 영업을 말한다.

여기서 '도급'이라 함은 경비서비스의 제공에 대하여 의뢰자인 도급인(고객)이 그 일의 결과에 대한 보수지급을 약정하는 것을 말한다. 전부도급은 경비업무를 모두 도급받는 것을 뜻하며, 일부도급은 부분도급을 받는 것을 말한다.

2) "경비지도사"라 함은 경비원을 지도·감독하는 자를 말하며, 일반경비지도사와 기계경비지도사로 구분한다.

3) "경비원"이라 함은 경비업의 허가를 받은 법인(경비업자)이 채용한 고용인으로써 경비업무를 수행하는 자를 말하며, 일반경비원과 특수경비원으로 구분된다. 일반경비원은 시설경비업무 내지 기계경비업무를 수행하는 자를 말하며, 특수경비원은 특수경비를 수행하는 자를 말한다.

4) "무기"라 함은 인명 또는 신체에 위해를 가할 수 있도록 제작된 권총·소총 등을 말한다.

5) "집단민원현장"이라 함은 ① 노동관계 당사자가 노동쟁의 조정신청을 한 사업장 또는 쟁의행위가 발생한 사업장(노동조합 및 노동관계조정법), ② 정비사업과 관련하여 이해대립이 있어 다툼이 있는 장소(도시 및 주거환경정비법), ③ 특정 시설물의 설치와 관련하여 민원이 있는 장소, ④ 주주총회와 관련하여 이해대립이 있어 다툼이 있는 장소, ⑤ 건물·토지 등 부동산 및 동산에 대한 소유권·운영권 등 법적 권리에 대한 이해 대립이 있어 다툼이 있는 장소, ⑥ 100명 이상의 사람이 모이는 국제·문화·예술·체육 행사장, ⑦ 대집행을 하는 장소(행정대집행법) 등을 말한다.

┌─ 제2절 경비업법의 주요내용

Ⅰ. 경비업법의 변천과정

1. 용역경비업법의 제정

1976년 12월 31일 용역경비업법이 제정·공포되었고, 1977년 11월에는 한국경비보장주식회사가 민간경비업 허가제1호로 설립되면서 경비업이 본격적으로 시작되었다.

2. 용역경비법을 「경비업법」으로 개칭

최초의 경비업법은 「용역경비업법」이라는 명칭으로 출발하였으나, '용역'이라는 용어가 주는 의미가 사회적으로 부정적인 의미를 갖는다 하여 1999년 제7차 개정에서 「경비업법」으로 개칭되었다. 그 후 수차례에 걸쳐 주요한 내용이 법률로 개정·보완되면서 오늘에 이르고 있다.

Ⅱ. 경비업법의 주요내용

1. 경비업

1) 경비업의 의의 및 허가 요건

(1) 경비업은 시설 경비·호송경비·신변보호·기계경비·특수경비업무의 전부 또는 일부를 도급받아 행하는 영업으로, 반드시 「법인」만이 영위할 수 있다.[1] 따라서 개인은 경비업 허가의 대상이 아니다.

(2) 경비업을 영위하고자 하는 법인은 경비업무를 특정하여 법인 주소지 관할 지방경찰청장의 허가를 받아야 한다.[2]

2) 경비업의 허가 대상 및 범위

허가를 받고자 하는 법인은 대통령령이 정하는 경비인력·자본금·시설 및 장비를 갖추어야 한다.[3] 이러한 경비업의 시설 등 기준은 일반경비원과 직접적인 업무관련성이 없으므로 여기서는 생략하였다.

2. 경비업자

1) 경비업자의 의의

경비업자란 경비업을 영위하도록 주사무소의 소재지를 관할하는 지방경찰청장의 허가를 받은 법인을 말한다.

---

1) 경비업법 제2조 제1항 및 제3조.
2) 경비업법 제4조.
3) 경비업법 제4조 제2항 및 경비업법 시행령 제3조 제2항 관련<별표1> 참조할 것.

2) 경비업자의 의무

경비업법상의 경비업자의 의무는 크게 「일반경비업자의 의무」, 「특수경비업자의 의무」, 「기계경비를 수행하는 경비업자 의무」로 구별해 볼 수 있다. 이를 도표화하면 다음과 같다.

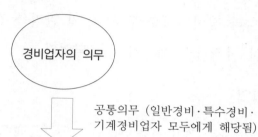

경비업자의 의무

공통의무 (일반경비·특수경비·기계경비업자 모두에게 해당됨)

「전체 경비업자의 공통의무」

■ 경비대상 시설의 소유자 또는 관리자의 관리권 범위 안에서 경비업무수행, 타인의 자유와 권리 침해 금지 등
■ 불공정한 계약으로 경비원의 권익 침해 금지
■ 직무상 지득한 비밀 누설 및 타인에게 비밀 제공 금지
■ 허가받은 경비업무 외의 업무에 경비원 종사 금지

개별 경비업자의 고유 의무

「일반경비업자」

• 집단민원현장에 경비원을 배치시 현장에 경비지도사를 선임·배치하여 현장배치경비원을 지도·감독시킬 의무

「특수경비업자」

• 국가중요시설에 대한 특수업무수행이 중단되는 경우, 다른 특수경비업자 중에서 경비 대행업자 지정 허가관청에 신고(경비업무 대행자 지정의무)
• 국가중요시설에 대한 특수업무수행이 중단되는 경우, 미리 경비업자에게 통보, 통보받은 경비대행업자는 즉시 그 경비업무 인수하여야 함(통보업무 및 인수의무)

「기계정비업자」

• 경비대상시설에 관한 정보수신시 필요한 대응조치 강구 및 대응체제 확립
  * 정보수신시 늦어도 25분 이내 현장 도착 가능토록 해야 함(대응체제 구축의무).
• 기계정비 계약 체결시 계약상대방에게 오경보 방지를 오작동 되지 않도록 관리(오경보방지를 위한 설명 및 관리의무).
• 대응조치 등 관련서류 작성 및 비치 의무

3. 경비지도사

경비업법 제정 초기와는 달리 점차 사회가 복잡·다변화되면서 경비업무 수요 증가와 더불어 경비원에 대한 경비업무 수행능력 및 전문화 필요성이 부각되면서 이를 보완할 기구가 요구되었다.

이에 따라 경비원의 지도 교육 및 관리를 전담하게 할 목적으로 1995년 경비지도사 국가자격 제도가 신설되었다.

1) 의의

경비지도사는 경비원을 지도·감독 및 교육하는 자를 말하는데, 경비지도사와 경비원은 불가분의 관계에 있다.

2) 경비지도사의 종류

경비지도사는 시설·호송·신변보호·특수경비업무를 관리(지도·감독·교육)하는 「일반경비지도사」와 기계경비업무를 관리하는 「기계경비지도사」로 구분된다.

3) 경비지도사의 직무

경비지도사의 직무는 크게 공통직무(일반경비지도사·기계경비지도사 모두 포함)와 경비지도사 고유직무로 크게 나누어 볼 수 있다.[4]

---

4) 경비업법 제12조. 동법 시행령 제10조 참조할 것.

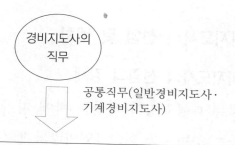

공통직무(일반경비지도사·
기계경비지도사)

■ 경비원의 관리(지도·감독·교육)에 관한 계획수립·실시 및 기록 유지(월 1회 이상)
■ 경비 현장에 배치된 경비원에 대한 순회점검 및 감독(월 1회 이상)
■ 경찰기관 및 소방기관과의 연락 방법에 대한 지도(수시)

경비지도사 전종 고유직무

「일반경비지도사」
■ 집단 민원 현장에 선임·배치된 경비지도사
  의 의무
• 경비원의 의무 위반행위의 예방 및 제지
• 경비원의 복장 착용 등에 대한 지도 및 감독
• 경비원의 장비 휴대 및 사용에 대한 지도 감독
• 집단 민원 현장에 비치된 경비원 명부의 관리

「기계경비지도사」
• 기계경비업무를 위한 기계장치의 운용·감독
• 오경보방지 등을 위한 기기 관리의 감독

4) 경비지도사의 결격사유

경비지도사의 결격사유는 일반경비원의 결격사유와 동일하다. 이에 대해서는 일반경비원 결격사유에서 구체적으로 기술하였다.

5) 경비지도사의 자격 취득 과정

경비지도사 자격 취득 과정은 응시원서 접수 → 1차시험 합격 → 2차시험 합격 → 최종합격 → 기본교육 이수(44시간) → 자격증 교부 순으로 이루어진다. 경비지도사 자격취득과정은 일반경비원의 업무와는 직접적인 관련성이 없으므로 여기서는 생략하였다.

6) 경비지도사의 선임 및 배치

(1) 경비지도사의 선임의 강제

경비업자는 대통령령이 정하는 바에 따라 경비지도사를 선임하여야 한다. 경비업자는 경비원을 최초 1인이라도 배치하는 경우 경비지도사를 반드시 선임해야 한다.

(2) 경비지도사의 선임·배치

① 경비업자는 일반경비지도사와 기계경비지도사로 구분하여 선임·배치하여야 한다. 즉, 일반경비지도사는 시설경비업·호송경비업·신변보호업 및 특수경비업에 한하여 선임·배치하고, 기계경비지도사는 기계경비업에 한하여 선임·배치하여야 한다.[5]

② 경비업자는 선임·배치된 경비지도사에 결원이 있거나 자격정지 등의 사유로 그 직무를 수행할 수 없을 때에는 15일 이내에 경비지도사를 새로이 충원하여야 한다.

3) 과태료

경비업자가 경비지도사를 선임하지 않은 경우 1회 위반 100만 원, 2회 위반 200만 원, 3회 이상 400만 원의 과태료가 부과된다.

---

5) 경비지도사의 선임·배치기준은 경비업법 시행령 제16조 제1항 <별표3>을 참조할 것.

4. 경비원

1) 경비원의 의의 및 결격사유

(1) 경비원의 의의

경비원은 일반경비원과 특수경비원으로 구분된다

① 일반경비원은 경비업자(법인)가 채용한 고용인으로 시설 경비·호송 경비·신변보호·기계경비업무를 수행하는 자를 말한다.

② 특수경비원은 경비업자(법인)가 채용한 고용인으로 특수경비업무를 수행하는 자를 말한다.

(2) 경비원의 결격사유

① 일반경비원의 결격사유

경비지도사와 일반경비원(특수경비원은 제외)은 결격사유가 동일하다.[6]

㉠ 만 18세 미만자 또는 피성년후견인[7]

㉡ 파산선고를 받아 복권되지 않은 자

㉢ 금고 이상의 실형선고를 받아 그 집행종료, 면제된 날로부터 5년이 경과 되지 않거나, 집행유예선고를 받고 그 유예기간 중인 자

㉣ 형법 및 폭력행위 등 처벌에 관한 법률상 범죄단체조직, 형법 및 성폭력특별법, 아동청소년성보호법상의 성범죄 및 이를 가중처벌하는 특별법상의 죄를 범하여 벌금형 선고를 받은 날로부터 10년이 경과되지 않은 자

㉤ 위 범죄로 금고 이상의 형을 선고받고 그 집행이 종료, 유예, 면제된

---

6) 경비업법 제10조 제1항.

7) 피성년후견인이란 질병, 장애, 노령 그 밖의 사유로 인한 정신적 제약으로 사무를 처리할 능력이 지속적으로 결여된 사람을 말한다(민법 제9조 제1항). 반면, 피한정후견인은 사무처리능력이 부족한 사람을 말하기 때문에, 이 점에서 양자는 구별된다.

날부터 10년 경과되지 않은 자

ⓑ 형법상 절도, 강도 및 자동차등불법사용죄로 벌금형 선고를 받거나 그 집행이 유예된 날부터 5년이 경과되지 않은 자

ⓢ 형법, 성폭력특별법 및 아동청소년성보호법상 성범죄로 치료감호를 선고 받고 집행종료, 면제된 날로부터 10년이 경과되지 않거나, 형법상 절도, 강도 및 자동차등불법사용죄로 치료감호를 선고받고 집행이 종료, 면제된 날부터 5년이 경과되지 않은 자

◎ 경비업법 및 그에 다른 명령에 위반하여 벌금형 선고를 받은 날부터 5년이 경과되지 않거나, 금고 이상 형을 선고받고 집행유예된 날부터 5년이 경과되지 않은 자

② 특수경비원 결격사유

근로자의 '고용'이라는 측면에서 볼 때 특수경비원과 일반경비원의 큰 차이는 연령과 신체조건에 제한이 있다는 점을 들 수 있다. 일반경비원은 만 18세이상이라는 연령 하한의 제한만이 있지만, 특수경비원은 만 60세까지만 할 수 있도록 제한하고 있다. 한편 신체조건은 일반경비원인 경우 신체적 제한이 없지만, 특수경비원은 일정한 신체조건에 미달하면 채용이 불가능하다. 특수경비원의 결격 사유는 다음과 같다.[8]

ㄱ 18세 미만 또는 60세 이상인 자

ㄴ 범죄경력과 관련하여 경비지도사 및 일반경비원 결격사유에 해당하는 자

ㄷ 금고이상 형의 선고유예를 받고 유예기간 중인 자

ㄹ 신체조건 미달자(두 눈의 맨눈 시력 각각 0.2 이상 또는 교정시력 각각 0.8 이상인 자, 팔과 다리가 완전한 자)

---

8) 경비업법 제10조 제2항.

2) 경비원의 교육

경비원(일반경비원·특수경비원)에 대한 교육은 신임 및 직무교육으로 구분한다.

(1) 일반경비원의 신임교육

① 일반경비원의 신임교육 이수

일반 경비원의 신임교육은 경비업자(법인)가 경비원을 채용한 경우의 신임 교육과 개인이 경비원을 희망하는 경우의 신임 교육으로 구분하여 운영되고 있다.

㉠ 경비업자(법인)가 일반경비원을 채용한 경우의 신임교육

경비업자(법인)가 일반경비원을 채용한 경우에는 대통령령으로 정하는 바에 따라 경비업자의 경비부담으로 경비원 신임교육 및 직무교육을 받게하여야 한다. 이 경우의 신임교육은 경비업자가 반드시 지켜야 될 의무규정이다. 다만, 경비업자는 대통령령으로 정하는 경력 또는 자격을 갖춘 일반경비원을 신임교육 대상에서 제외할 수 있다.

㉡ 개인이 경비원을 희망하는 경우의 신임교육

개인이 경비원을 희망하는 경우에는 대통령령으로 정하는 「교육기관」에서 개인 자비로 미리 일반경비원 신임교육을 받을 수 있다.9)

② 신임교육 제외 대상자

경비업자는 대통령령으로 정하는 다음의 경력 또는 자격을 갖춘 일반경비원을 신임교육대상에서 제외할 수 있다.10)

㉠ 일반경비원 또는 특수경비원 신임교육을 받은 사람으로서 채용 전 3
    년 이내에 경비업무에 종사한 경력이 있는 사람

---

9) 경비업법 제13조(경비원의 교육 등) 제2항.
10) 경비업법 시행령 제18조(일반경비원에 대한 교육) 제2항 제1·2·3·4·5·6호.

   ⓛ 「경찰공무원법」에 의한 경찰공무원 경력자

   ⓒ 경호공무원·별정직공무원 경력자

   ⓔ 부사관 이상의 경력자

   ⓜ 경비지도사 자격이 있는 사람

   ⓗ 채용 당시 일반경비원 신임교육을 받은 지 3년이 지나지 아니한 사람 등이다.

   ③ 일반경비원의 신임교육기관·단체

   일반경비원 교육은 경비협회, 경찰교육기관, 경비업무 관련 학과가 개설된 대학 등 경비원에 대한 교육을 전문적으로 수행할 수 있는 인력과 시설을 갖춘 기관 또는 단체 중 경찰청장이 지정하여 고시하는 기관 또는 단체가 실시한다(경비업법 시행령 제18조 제3항).

   ④ 일반경비원의 신임교육과정

   일반경비원은 3일(24시간) 동안 10개 과목에 대한 신임교육을 이수하여야 한다.

▶ **일반경비원 신임교육 과목 및 시간**
  (경비업법 시행규칙 제12조 제1항 관련 별표2)

구분	과목	시간	비고
이론교육 (4시간)	경비업법	2	
	범죄예방론	2	
실무교육 (19시간)	시설경비실무	4	* 경비업자는 경비원을 배치하는 경우에는 신임교육을 이수한 자를 배치하여야 한다(경비업법 제18조 제7항).
	호송경비실무	2	
	신변보호실무	2	
	기계경비실무	2	
	사고예방대책	3	
	체포·호신술	2	

	장비사용법	2	
	직업윤리 및 서비스	2	
기타(1시간)	입교식, 평가 및 수료식	1	

⑤ 교육이수증 교부 및 경비원 명부에 기재

㉠ 일반경비원 신임교육 실시 기관·단체의 장은 신임교육의 과정을 마친 사람에게 신임교육 이수증을 교부하고, 그 사실을 일반경비원 신임교육이수증 교부대장에 기재하여야 한다.

㉡ 경비업자는 일반경비원이 신임교육을 받은 때에는 경비원의 명부에 그 사실을 기재하여야 한다.

(2) 특수경비원의 교육

① 특수경비원 신임교육

특수경비업자는 특수경비원을 채용한 경우, 특수경비원 신임교육과 정기적인 직무교육을 받게 하여야 하고, 특수경비원 신임교육을 받지 아니한 자를 특수경비 업무에 종사하게 하여서는 아니 된다.

② 특수경비원 신임교육 제외 대상자

특수경비업자는 채용 전 3년 이내에 특수경비업무에 종사하였던 경력이 있는 사람을 특수경비원으로 채용한 경우에는 해당 특수경비원을 특수경비원 신임교육 대상에서 제외할 수 있다.

③ 특수경비원 신임교육기관

특수경비업자는 특수경비원을 채용한 경우, 특수경비업자의 부담으로 해당 특수경비원에게 경찰교육기관, 행정안전부령으로 정하는 기준에 적합한 기관 또는 단체 중 경찰청장이 지정하여 고시하는 기관 또는 단체에서 실시하는 특수경비원 신임교육을 받도록 하여야 한다.

④ 특수경비원 신임교육과목과 교육시간

특수경비업자는 특수경비원을 채용한 경우 해당 특수경비원에게 특수업자 경비부담으로 총 88시간으로 20개 과목에 대한 특수경비원 신임교육을 받도록 하여야 한다.[11]

⑤ 교육 이수증 교부 및 이수사항 기재

㉠ 특수경비원 신임교육 기관 또는 단체의 장은 특수경비원 신임교육과정을 마친 사람에게 특수경비원 신임교육이수증을 교부하고 그 사실을 신임교육이수증 교부대장에 기록하여야 한다.

㉡ 경비업자는 특수경비원이 신임교육을 받은 때에는 경비원의 명부에 그 사실을 기재하여야 한다.

(3) 경비원의 직무교육

① 일반경비원의 직무교육

경비업자는 소속 일반경비원에게 경비지도사가 수립한 교육계획에 따라 매월 2시간 이상 직무교육을 받도록 하여야 한다. 직무교육의 과목은 일반경비원의 직무수행에 필요한 이론, 실무과목, 그 밖에 정신교양 등으로 한다.

② 특수경비원에 대한 직무교육

특수경비업자는 소속 특수경비원에게 매월 3시간 이상의 직무교육을 받도록 하여야 한다.

특수경비원에 대한 직무교육의 과목은 특수경비원의 직무수행한 필요한 이론·실무과목, 그밖에 정신교양 등으로 한다(경비업법 시행규칙 제16조 제3항).

---

11) 특수경비원 신임교육의 과목 및 시간은 경비업법시행규칙 제15조 제1항 관련 <별표 나>를 참조할 것.

3) 경비원의 의무

경비원의 의무는 「일반경비원의무」와 「특수경비원의무」로 구분할 수 있다.

(1) 경비원이란 경비업의 허가를 받은 경비업자(법인)가 채용한 고용인으로써 일반경비원과 특수경비원의 업무를 수행하는 자를 말한다.

경비원의 의무는 모든 경비원에게 적용되는 「공통의무」와 특수경비원에게만 적용되는 의무가 있다.

(2) 일반경비원·특수경비원의 공통의무

① 경비원은 직무수행 시 타인에게 위력과시나 물리력 행사, 경비업무 외의 행위를 하여서는 안 된다. 이를 위반한 경비원은 1년 이하의 징역 또는 1천만 원 이하의 벌금에 처한다.

② 누구든지 경비원으로 하여금 경비업무의 범위를 벗어난 행위를 하게 하여서는 아니 된다. 이를 위반한 자는 3년 이하의 징역 또는 3천만 원 이하의 벌금에 처한다.

(2) 특수경비원에게만 적용되는 의무

경비업법 제15조는 특수경비원의 의무사항을 규정하고 있다.

특수경비원은 일반경비원과는 달리 ① 직무상 복종의무, ② 경비구역 이탈금지의무, ③ 쟁의행위 금지의무,[12] ④ 무기 안전사용 수칙 준수 의무 등을 지켜야 한다. 이러한 의무규정들은 특수경비원이 국가의 중요시설 경비라는 중대 임무를 수행하고 또 무기를 소지할 수 있다는 점을 감안한 조치라고 할 수 있다.

---

12) 특수경비원은 파업·태업 그 밖에 경비업무의 정상적인 운영을 저해하는 일체의 쟁의행위를 하여서는 안 된다(경비업법 제15조 제3항).

4) 경비원의 복장·장비·출동차량

경비원의 복장·장비·출동차량 등에 관한 필요한 사항은 행정안전부령으로 정하고 있으며, 이는 신고사항이다.

(1) 경비원 복장의 신고

① 경비업자는 경찰공무원 또는 군인의 제복과 색상 및 디자인 등이 명확히 구별되는 소속 경비원의 복장을 정하고 이를 확인할 수 있는 사진을 첨부하여 주된 사무소를 관할하는 지방경찰청장에게 행정안전부령으로 정하는 바에 따라 신고하여야 한다.

② 시정명령 및 경비업자의 이행보고

㉠ 경비업자는 소속 경비원에게 복장을 착용하도록 하기 전에 경비원 복장 등 신고서(전자문서로 된 신고서를 포함한다)를 경비업자의 주된 사무소를 관할하는 지방경찰청장에게 제출하여야 한다.[13]

㉡ 지방경찰청장은 제출받은 사진을 검토한 후 경비업자에게 복장 변경 등에 대한 시정명령을 할 수 있다.

㉢ 시정명령을 받은 경비업자는 이를 이행하여야 하고, 시정명령 이행보고서에 이행 사실을 입증할 수 있는 사진 등의 서류를 첨부하여 시정명령을 한 지방경찰청장에게 제출하여 이행보고를 하여야 한다.

③ 이름표 부착 및 신고된 동일 복장 착용

㉠ 경비업자는 경비업무 수행시 경비원에게 소속 경비업체를 표시한 이름표를 부착하도록 하고, 신고된 동일한 복장을 착용하게 하여야 하며, 복장에 소속 회사를 오인할 수 있는 표시를 하거나 다른 회사의

---

13) 경비업법 시행규칙 제19조 제1항.

복장을 착용하게 하여서는 아니 된다. 다만, 집단민원현장이 아닌 곳에서 신변보호업무를 수행하는 경우 또는 경비업무의 성격상 부득이한 사유가 있어 관할 경찰관서장이 허용하는 경우에는 그러하지 아니하다.[14]

ⓛ 경비원은 경비업무 수행시 이름표를 경비원 복장의 상의 가슴부위에 부착하여 경비원의 이름을 외부에서 알아볼 수 있도록 하여야 한다.

(2) 경비원의 장비

① 휴대장비 및 안전장비

㉠ 경비원이 휴대할 수 있는 장비의 종류는 경적·단봉·분사기 등 행정안전부령으로 정하되, 근무 중에만 이를 휴대할 수 있다.

㉡ 경비원은 근무 중 경적, 단봉, 분사기, 안전방패, 무전기 및 그 밖에 경비 업무 수행에 필요한 것으로서 공격적인 용도로 제작되지 아니하는 장비를 휴대할 수 있으며, 안전모 및 방검복 등 안전장비를 착용할 수 있다.

㉢ 경비업자가 경비원으로 하여금 분사기를 휴대하여 직무를 수행하게 하는 경우에는 「총포·도검·화약류 등 안전관리에 관한 법」에 따라 미리 분사기의 소지허가를 받아야 한다.

㉣ 누구든지 장비를 임의로 개조하여 통상의 용법과 달리 사용함으로써 다른 사람의 생명·신체에 위해를 가하여서는 아니 된다.

㉤ 경비원은 경비업무를 위하여 필요하다고 인정되는 상당한 이유가 있을 때에는 필요한 최소한도에서 장비를 사용할 수 있다.

---

14) 경비업법 제16조 제2항.

▶ **경비원 휴대장비의 구체적인 기준[15]**

장비	장비 기준
경적	금속이나 플라스틱 재질의 호루라기
단봉	금속(합금 포함)이나 플라스틱 재질의 전장 700mm 이하의 호신용 봉
분사기	「총포·도검·화약류 등 안전관리에 관한 법」에 따른 분사기
안전방패	플라스틱 재질의 폭 500mm 이하, 길이 1,000mm 이하의 방패로 경찰 공무원이 사용하는 안전방패와 색상 및 디자인이 명확히 구분되어야 함
무전기	무전기 송신시 실시간으로 수신이 가능한 것
안전모	안면을 가리지 아니하면서, 머리를 보호하는 장비로 경찰공무원이 사용하는 방석모와 색상 및 디자인이 명확히 구분되어야 함
방검복	경찰공무원이 사용하는 방검복과 색상 및 디자인이 명확히 구분되어야 함

② 벌칙

규정된 장비 외에 흉기 또는 그 밖의 위험한 물건을 휴대하고 경비업무를 수행한 경비원 또는 경비원에게 이를 휴대하고 경비업무를 수행하게 한 자는 1년 이하의 징역 또는 1천만 원 이하의 벌금에 처한다.

(3) 출동차량

① 출동차량 등의 신고

㉠ 경비업자는 출동차량 등의 도색 및 표지를 경찰차량 및 군차량과 명확히 구별될 수 있게 하여야 한다.

㉡ 경비업자는 출동차량 등의 도색 및 표지를 정하고 이를 확인할 수 있는 사진을 첨부하여 주된 사무소를 관할하는 지방경찰청장에게 행정안전부령으로 정하는 바에 따라 신고하여야 한다.

② 시정명령 및 경비업자의 이행보고

㉠ 출동차량 등에 대한 신고(변경 신고를 포함한다)를 하려는 경비업자는

---

15) 경비업법 시행규칙 제20조 제2항 "경비원 장비의 구체적인 기준은 <별표 5>에 따른다."

출동차량 등을 운행하기 전에 출동차량 등 신고서(전자문서로 된 신고서를 포함한다)를 경비업자의 주된 사무소를 관할하는 지방경찰청장에게 제출하여야 한다.16)

ⓛ 지방경찰청장은 제출받은 사진을 검토한 후 경비업자에게 도색 및 표지 변경 등에 대한 시정명령을 할 수 있다.

ⓒ 시정명령을 받은 경비업자는 이를 이행하여야 하고, 시정명령 이행보고서에 이행 사실을 입증할 수 있는 사진 등의 서류를 첨부하여 시정명령을 한 지방경찰청장에게 제출하여 이행보고를 하여야 한다.

5) 경비원의 명부와 배치허가 등

(1) 경비원 명부 작성 및 배치

① 경비업자는 행정안전부령으로 정하는 바에 따라 경비원의 명부를 작성·비치하여야 한다. 다만, 집단민원현장에 배치되는 일반경비원의 명부는 그 경비원이 배치되는 장소에도 작성·비치하여야 한다.

② 경비업자는 경비원 명부에 없는 자를 경비업무에 종사하게 하여서는 아니 되고, 경비원을 배치하는 경우에는 신임교육을 이수한 자를 배치하여야 한다.

③ 경비업자는 경비원을 배치시 경비원의 인적사항·배치일시·배치장소 등 근무상황을 기록한 근무상황기록부(전자문서로 된 근무상황기록부 포함)를 작성하여 주된 사무소 및 출장소에 갖추어 두어야 하고, 근무상황 기록부는 1년 동안 보관하여야 한다.17)

---

16) 경비업자는 출동차량 등 신고서 및 시정명령 이행보고서를 경비업자의 주된 사무소를 관할하는 지방경찰청장 소속의 경찰서장을 거쳐 제출할 수 있다. 이 경우 신고서 또는 이행보고서를 받은 경찰서장은 지체없이 경비업자의 주된 사무소를 관할하는 지방경찰청장에게 해당 신고서 또는 이행보고서를 보내야 한다(경비업법 시행규칙 제21조 제3항).

17) 경비업법 시행규칙 제24조의 제3항(경비원근무상황기록부).

(2) 경비원의 배치신고

① 신고의무

경비업자는 경비원을 배치하거나 배치폐지시 관할 경찰서장에게 「신고」
하여야 한다.

㉠ 시설경비업무 또는 신변경호업무 중 「집단민원현장」[18]에 배치된 일
반경비원은 경비원을 배치하기 「48시간 전」까지 배치허가를 신청하고 경찰
관서장의 배치허가를 받은 후에 경비원을 배치하여야 한다. 이 경우 경찰서
장은 배치허가를 함에 있어 필요한 조건을 붙일 수 있다.

㉡ 집단민원현장이 아닌 곳에서 「신변경호업무」를 수행하는 일반경비
원, 그리고 특수경비원을 배치하거나 배치를 폐지한 경우에는, 관할 경찰서
장에게 신고하여야 한다.

② 경비원의 배치 불허 사유 및 방문조사

관할 경찰관서장은 배치「허가」신청을 받은 경우 다음의 사유에 해당하
는 때에는 배치허가를 하여서는 아니 된다. 이 경우 관할 경찰관서장은 그
사유를 확인하기 위하여 소속 경찰관으로 하여금 그 배치장소를 방문하여
조사하게 할 수 있다. 관할 경찰관서장은 다음의 사유에 해당하는 때에는
배치허가를 하여서는 아니 된다.

㉠ 경비 업무의 범위를 벗어난 행위를 할 우려가 있는 경우,

㉡ 경비원으로서 결격사유가 있거나 신임교육을 이수하지 않은 경비원
    이 대통령령으로 정하는 일정 수 이상(배치된 전체 경비원의 21% 이상)

---

18) 「집단민원현장」에 일반경비원을 배치시 「48시간 전까지」 신청 후 허가받고 배치하는 이유는
    그동안 노사분규 현장에 동원된 경비원의 연이은 폭력사건(2011년 충남 유성기업에 동원된
    경비원의 폭력과 2012년 경기안산 SJM자동차 부품공장에 동원된 경비원의 폭력사건) 등으로
    사회적 여론이 악화되자 제17차 경비업법(2013.6.7.)을 개정하면서 필요적 허가사항으로 입법
    화하였다. 그 대상은 시설경비업무 또는 신변보호업무 중 집단민원 현장에 배치하는 일반경
    비원에 한정된다.

이 포함되어 있는 경우,

ⓒ 경비원의 복장·장비 등에 대하여 내려진 필요한 명령을 이행하지 아
니하는 경우

③ 배치허가

경찰관서장은 배치되는 경비원 중 결격사유가 있는 경우에는 그자를 제
외하고 배치허가를 하여야 한다.

④ 배치금지

경비업자는 다음의 어느 하나에 해당하는 죄를 범하여 벌금형을 선고받
고 5년이 지나지 아니하거나 금고 이상의 형을 선거받고 그 집행이 유예된
날부터 5년이 지나지 아니한 자를 「집단민원현장」에 일반경비원으로 배치
하여서는 아니 된다.

ⓐ 형법상의 상해·존속상해, 중상해·존속중상해, 특수상해, 상해치사,
폭행·존속폭행, 특수폭행, 폭행치사상, 체포·감금, 존속체포·존속감금, 중
체포·중감금, 존속중체포·존속중감금, 특수협박, 특수주거침입, 인질강요,
특수공갈 등, ⓑ 폭력행위등 처벌에 관한 법률상의 폭행, 집단적 폭행 등

(3) 경비원의 배치폐지

관할 경찰관서장은 경비업자가 다음의 어느 하나에 해당하는 때에는
배치폐지를 명할 수 있다.

① 배치허가를 받지 않고 경비원을 배치하거나 경비원명단 및 배치일
시·배치장소 등 배치허가 신청의 내용을 거짓으로 한 때

② 결격사유에 해당하는 자를 집단민원현장에 일반경비원으로 배치한 때

③ 신임교육을 이수하지 아니한 자를 경비원으로 배치한 때

④ 경비업자 또는 경비원이 위력이나 흉기 또는 그 밖의 위험한 물건을
사용하여 집단적 폭력사태를 일으킨 때

⑤ 경비업자가 신고하지 아니하고 일반경비원을 배치한 때

6) 결격사유 확인을 위한 범죄경력조회 등

(1) 범죄경력조회 및 범죄경력조회요청

① 경찰청장, 시·도경찰청장 또는 관할경찰관서장은 직권으로 경비업자의 임원, 경비지도사 또는 경비원이 결격사유에 해당하는지를 확인하기 위하여 「형의 실효 등에 관한 법률」 제6조에 따른 범죄경력조회를 할 수 있다.

② 경비업자는 선출·선임·채용 또는 배치하려는 임원, 경비지도사 또는 경비원이 결격사유에 해당하는지를 확인하기 위하여 주된 사무소, 출장소 또는 배치장소를 관할하는 시·도경찰청장 또는 경찰관서장에게 범죄경력 조회를 요청할 수 있다.

(2) 결격사유자의 통보

① 범죄경력조회 요청을 받은 시·도경찰청장 또는 관할 경찰관서장은 경비업자에게 그 결과를 통보할 때에는 경비업자의 임원, 경비지도사 또는 경비원이 결격사유에 해당하는지 여부만을 통보하여야 한다.

② 시·도경찰청장 또는 관할 경찰관서장은 경비업자의 임원, 경비지도사 또는 경비원이 결격사유에 해당하는 사실을 알게 되거나 이 법 또는 이 법에 따른 명령을 위반한 때에는 경비업자에게 그 사실을 통보하여야 한다.

7) 행정처분

이하는 경비원업무와 직접 관련된 행정처분 내용들이다.

(1) 경비업 허가의 취소

허가관청은 경비업자가 다음의 어느 하나에 해당하는 때에는 그 허가를 취소하여야 한다.

① 허가받은 경비업무 외의 업무에 경비원을 종사하게 한 때

② 소속 경비원으로 하여금 경비업무의 범위를 벗어난 행위를 하게 한 때

③ 관할 경찰관서장의 배치폐지 명령에 따르지 아니한 때

(2) 허가취소 및 영업정지

허가관청은 경비업자가 다음의 어느 하나에 해당하는 때에는 그 허가를 취소하거나 6개월 이내의 기간을 정하여 영업의 전부 또는 일부에 대하여 영업정지를 명할 수 있다.

① 결격사유에 해당하는 경비원을 배치하거나 결격사유에 해당하는 경비지도사를 선임·배치한 때

② 경비원으로 하여금 교육을 받게 하지 아니한 때

③ 경비원의 복장 등에 관한 규정을 위반한 때

④ 경비원의 장비 등에 관한 규정을 위반한 때

⑤ 경비원의 출동차량 등에 관한 규정을 위반한 때

⑥ 집단민원현장에 일반경비원 명부를 작성·비치하지 아니한 때

⑦ 배치허가를 받지 아니하고 경비원을 배치하거나 경비원명단 및 배치일시·배치장소 등 배치허가 신청의 내용을 거짓으로 한 때

⑧ 결격사유에 해당하는 일반경비원을 집단민원현장에 배치한 때 등이다.

8) 벌칙

이하는 경비원업무와 직접 관련된 벌칙조항들이다.

(1) 국가중요시설의 정상적인 운영을 해치는 장해를 일으킨 특수경비원은 7년 이하의 징역 또는 5천만원 이하의 벌금에 처한다.

(2) 다음의 어느 하나에 해당하는 자는 3년 이하의 징역 또는 3천만원 이하의 벌금에 처한다.

① 과실로 인하여 국가중요시설의 정상적인 운영을 해치는 장해를 일으킨 특수경비원

② 특수경비원으로서 경비구역 안에서 시설물의 절도·손괴·위험물의 폭발 등의 사유로 인한 위급사태가 발생한 때에 직무상 명령에 복종하지 않거나 허가·정당한 사유 없이 경비구역을 벗어난 특수경비원

③ 경비원에게 경비업무의 범위를 벗어난 행위를 하게 한 자

(3) 정당한 사유 없이 무기를 소지하고 배치된 경비구역을 벗어난 특수경비원은 2년 이하의 징역 또는 2천만원 이하의 벌금에 처한다.

(4) 다음 각 호의 어느 하나에 해당하는 자는 1년 이하의 징역 또는 1천만원 이하의 벌금에 처한다.

① 쟁의행위를 한 특수경비원

② 경비업무의 범위를 벗어난 행위를 한 경비원

③ 경비원 휴대장비 외에 흉기 또는 그 밖의 위험한 물건을 휴대하고 경비업무를 수행한 경비원 또는 경비원에게 이를 휴대하고 경비업무를 수행하게 한 자

(5) 형의 가중처벌

① 특수경비원이 무기를 휴대하고 경비업무를 수행 중에 무기의 안전수칙을 위반하여 형법상의 상해·중상해·상해치사·폭행·폭행치사상·업무상과실중과실치사상·체포감금·중체포·체포감금 등의 치사상·협박·강요·공갈·재물손괴 등의 죄를 범한 때에는 그 죄에 정한 형의 2분의 1까지 가중처벌된다.

② 경비원의 경비업무 수행 중에 장비 외에 흉기 또는 그 밖의 위험한 물건을 휴대하고 위의 특수경비원의 형법상 범죄와 동일한 죄를 범한 때에는 그 죄에 정한 형의 2분의 1까지 가중 처벌된다.

(6) 과태료

① 다음의 어느 하나에 해당하는 경비업자에게는 3천만원 이하의 과태료를 부과한다.

　㉠ 경비원의 복장에 관한 신고를 하지 아니하고 집단민원현장에 경비원을 배치한 자

　㉡ 이름표를 부착하게 하지 아니하거나, 신고된 동일 복장을 착용하게 하지 아니하고 집단민원현장에 경비원을 배치한 자

　㉢ 집단민원현장에 일반경비원을 배치하면서 경비원의 명부를 배치장소에 작성·배치하지 아니한 자

　㉣ 배치허가를 받지 아니하고 경비원을 배치하거나 경비원 명단 및 배치일시·배치장소 등 배치허가 신청의 내용을 거짓으로 한 자

　㉤ 신임교육을 이수하지 아니한 자를 경비원으로 배치한 자

② 다음의 어느 하나에 해당하는 경비업자 또는 시설주에게는 500만 원 이하의 과태료를 부과한다.

　㉠ 결격사유에 해당하는 경비원을 배치하거나 결격사유에 해당하는 경비지도사를 선임·배치한 자

　㉡ 복장 등에 관한 신고규정을 위반하여 신고를 하지 아니한 자

　㉢ 이름표를 부착하게 하지 아니하거나, 신고된 동일 복장을 착용하게 하지 아니하고 경비원을 경비업무에 배치한 자

　㉣ 경비원의 명부와 배치허가 등을 위반하여 명부를 작성·비치하지 아니한 자

　㉤ 경비원의 근무상황을 기록하여 보관하지 아니한 자

제3절 경비관련법과 경비원의 법적지위

Ⅰ. 경비관련법상의 경비원의 위치

경비원과 관련된 경비관련법으로는 근로기준법, 경비업법, 공동주택관리법을 들 수 있다.

1. 근로기준법

1) 정의

근로자란 직업의 종류를 불문하고 사업 또는 사업장에서 임금을 목적으로 그 근로를 제공하는 자를 말하며(근로기준법 제2조 제1항), 이는 사용자와 근로자간의 사용종속관계를 의미한다. 근로자는 정규직과 비정규직으로 구분된다.

정규직은 정년보장이 되는 근로자로써 계약기간의 정해지지 않는 근로자를 말한다. 반면, 비정규직은 계약직·임시직·일용직·촉탁직·아르바이트·파견 등의 근로자로써 계약기간은 2년을 초과할 수 없다. 따라서 경비원은 비정규직 근로자에 해당한다.

2) 감시·단속적 근로자

감시적 근로자는 감시업무를 주업무로 하며 상대적으로 정신적·육체적 피로가 적은 업무에 종사하는 자를 가리킨다. 예컨대, 아파트나 건물의 경비원, 물품감시원, 회사나 학교 수위 등이 이에 해당한다.

반면, 단속적 근로자는 근로가 간헐적·단속적으로 이루어져 휴게시간이나 대기시간이 많은 업무에 종사하는 자를 말한다. 예컨대, 보일러 기사, 전기기사, 시설관리, 전용 운전원 등이 이에 해당한다(근로기준법 제63조). 통상적으로 감시·단속자 근로자를 줄여서 '감단 근로자' 또는 '감단직 근로자'라고도 한다.

〈근로기준법〉

제63조(적용의 제외)
제2장과 제5장에서 정한 근로시간, 휴게와 휴일에 관한 규정은 다음 각 호의 어느 하나에 해당하는 근로자에 대하여는 적용하지 아니한다.
1. 토지의 경작·개간, 식물의 식재(植栽)·재배·채취 사업 그 밖의 농림 사업
2. 동물의 사육, 수산 동식물의 채취·포획·양식사업, 그 밖의 축산,양잠, 수산 사업
3. 감시(監視) 또는 단속적(斷續的)으로 근로에 종사하는 사람으로서 사용자가 고용노동부장관의 승인을 받은 사람
4. 대통령령으로 정하는 업무에 종사하는 근로자

한편, 사용자 측에서는 감시·단속적 근로자를 고용하기 위해서는 고용노동부장관의 승인[19]을 받아야 한다. 근로기준법상 순수하게 '경비' 업무만을 수행하는 경우에는 전형적인 감시적 근로자이다. 근로기준법 제63조 제3호(근로기준법 적용의 제외) 고용노동부 장관(고용노동청)의 승인을 받은 근로자는 근로시간, 휴게, 휴일에 관한 규정적용이 배제된다. 이것은 근로시간의 제한에 따른 가산수당, 휴일근로 가산수당, 휴게시간 등의 보장과 같은 근로기준법 적용이 경비원에게는 제외된다는 것을 의미한다.

---

19) 고용노동부(고용노동부 장관)는 ① 평소의 업무는 한가하나 기계고장수리 등 돌발적인 사고 발생에 대비해 대기하는 시간이 많은 업무인 경우, ② 실근로시간이 대기시간의 반 정도 이하인 경우, ③ 사업주의 지배하에 있는 1일 근로시간이 12시간 이내인 경우, ④ 수면시간 또는 휴게시간이 8시간 이상 확보되어 있는 경우, ⑤ 당사자 간 합의가 있는 경우 등에 대해 감시·단속적 근로자로 승인하고 있다.

3) 아파트 경비원은 순수한 감시적 근로자인가?

현실적으로 아파트 경비원 등은 과연 순수하게 '경비' 업무만을 수행하는 전형적인 감시적 근로자로 볼 수 있는가 하는 점이다.

대법원은 감시적 근로자란 '근로자가 수행하는 업무가 감시를 본래의 내용으로 하는 것으로서 신체 또 정신적 긴장이 적은 것'이라고 판시한 바 있으나(대판 1999.5.28. 99다2881), 실무상 아파트 경비원은 하루종일 입주민에게 시달려 '신체적, 정신적 긴장'이 극심하고, 심지어 극단적 선택까지 하는 경우도 발생하고 있다. 따라서 근로기준법 제63조 제3호(근로기준법 적용의 제외)는 경비원 등을 포함한 감단직 근로자에게는 절대적으로 불리하게 작용하는 독소조항인 반면, 아파트 입주자 대표자들은 이를 악용하여 합법적으로 경비원을 부려 먹을 수 있는 조항이기도 하다.

2. 경비업법

경비원의 근거법률은 경비업법이다. 경비원은 '경비'가 본연의 목적이다. 그럼에도 불구하고 택배수령, 쓰레기 처리, 각 세대별 민원처리 등에 경비원을 부리는 것은 경비업법의 제정 취지에도 부합하지 않는다는 등 사회적 비판 여론이 일게되자, 경비업법 제15조의 제2호(경비원 등의 의무)가 제정되었다. 이 규정에 의하면 '누구든지 경비원으로 하여금 경비업무의 범위를 벗어난 행위를 하게 하여서는 안 되고, 경비원에게 경비 본연의 업무 외의 업무를 하게 하면 3년 이하의 징역까지 가능하도록 법개정이 되었다.

〈경비업법〉

제15조의2(경비원 등의 의무) ① 경비원은 직무를 수행함에 있어 타인에게 위력을 과시하거나 물리력을 행사하 는 등 경비업무의 범위를 벗어난 행위를 하여서는 아니된다.
② 누구든지 경비원으로 하여금 경비업무의 범위를 벗어난 행위를 하게 하여서는 아니된다.

제28조(벌칙) ① 제15조의2제2항의 규정을 위반하여 경비원에게 경비업무의 범위를 벗어난 행위를 하게 한 자는 3년 이하의 징역 또는 3천만원 이하의 벌금에 처한다.
② 제15조의2 제1항을 위반하여 경비업무의 범위를 벗어난 행위를 한 경비원은 1년 이하의 징역 또는 1천만원 이하의 벌금에 처한다.

3. 공동주택관리법

개정 경비업법(경비원의 잡무를 배제하는 조항)이 시행되자 당장 경비원을 대폭 줄이는 움직임이 일어났고, 그동안 경비원들에게 온갖 궂은 일을 시키던 아파트 주민들은 최소한 아파트 경비원에게 택배업무 등 기존의 업무는 수행하게 하자는 요구가 비등하기 시작하였다. 이에 따라 공동주택관리법 제65조 제2항의 규정을 신설하여 아파트 경비원은 기본경비업무 외에도 기존의 잡무업무를 수행할 수 있는 법적 근거를 마련하였다. 구체적인 공동주택관리법 개정 내용에 대해서는 「시설경비실무」에서 기술하였고, 여기서는 개정된 조항만을 소개하였다.

〈공동주택관리법〉

제65조의2(경비원 등 근로자의 업무 등) ① 공동주택에 경비원을 배치한 경비업자(「경비업법」 제4조제1항에 따라 허가를 받은 경비업자를 말한다)는 「경비업법」 제7조제5항에도 불구하고 대통령령으로 정하는 공동주택 관리에 필요한 업무에 경비원을 종사하게 할 수 있다.
② 입주자등, 입주자대표회의 및 관리주체 등은 경비원 등 근로자에게 적정한 보수를 지급하고, 처우개선과 인권존중을 위하여 노력하여야 한 다.
③ 입주자등, 입주자대표회의 및 관리주체 등은 경비원 등 근로자에게 다음 각 호의 어느 하

나에 해당하는 행위를 하여서는 아니 된다.

1. 이 법 또는 관계 법령에 위반되는 지시를 하거나 명령을 하는 행위
2. 업무 이외에 부당한 지시를 하거나 명령을 하는 행위
3. 경비원 등 근로자는 입주자등에게 수준 높은 근로 서비스를 제공하여야 한다.

Ⅱ. 교통유도경비원 관련 경비업법 일부개정

1. 교통유도경비원 관련 개정 배경

우리나라의 교통안전 및 군중의 혼잡안전과 관련된 민간인의 교통유도 경비제도는 미국·일본 등과 비교할 때 아직도 법·제도적 장치가 마련되지 않아 체계화되지 못한 상태에 있다. 미국과 일본에서는 명칭은 다르나 교통 유도원 및 교통유도경비원과 같은 이름으로 민간교통유도경비제도를 실시 하여 사회적 안전에 많은 기여를 하고 있다.[20] 우리나라 도로법·도로교통 법·산업안전보건법 등의 관계법령에서는 시설, 도로 및 공사장 등에서 차량 및 보행자의 안전을 위해 작업인부 및 신호수(통제수)를 차량유도 등 교통관 련 업무에 종사하도록 일부 허용하고 있을 뿐이다. 따라서 교통유도경비 및 대형이벤트 경비 등에 대한 개념조차 명확히 정립되어 있지 않고, 이들에 대한 규제 등도 법제화되어 있지 않다.[21] 이에 따라 일각에서는 각종 공사 장과 도로점유행사장 등에서 교육을 받지 않은 신호수(통제수)에 의한 교통 유도와 통제는 교통사고 및 안전사고 위험에 국민들이 지속적으로 노출되고 있다는 지적이 제기되고 있었다.

---

20) 김일곤, "혼잡경비제도의 도입방안에 관한 연구", 경기대학교 박사학위논문, 2010, p.134.
21) 김일곤, 앞의 논문, p.135.

2. 경비업법의 일부 개정내용

2024.1.9. 경비업무에 혼잡·교통유도경비를 추가하는 내용을 골자로 한 경비업법 일부가 개정되어 내년부터 혼잡·교통유도경비제도가 시행된다. 경비업법의 일부개정은 혼잡·교통유도 경비업무를 일반경비원의 업무에 포함시켜 교통경비업무에 민간인의 참여폭을 확대시켰다는데, 그 의미가 크다고 하겠다. 즉, 도로를 접속한 공사현장 및 차량의 통행에 위험한 장소 또는 도로를 점유한 행사장에서 교통사고 그 밖의 혼잡 등으로 인한 위험발생을 방지하기 위해서 전문적으로 교육을 받은 혼잡·교통유도경비원을 배치하여 국민의 생명과 안전을 지키겠다는 것이 이번 경비업법 일부 개정내용의 핵심이다.

Ⅲ. 경비업종의 현안 문제

1. 경비관련법과 현실과의 괴리

근로기준법·경비업법·공동주택관리법 등의 주요내용은 각각의 소관부처(노동부·경찰청·국토관리부)의 필요성에 따라 입법화되었기 때문에, 현실적으로 이해충돌부분이 상당수 존재하고 있다. 그 결과 경비원의 법적지위와 업무범위의 한계마저도 해당법률에 따라 상이할 수밖에 없는 한계성을 드러내고 있다.

한편, 현행 법률들은 경비원들의 권리와 인권 등을 보장하기 위하여 여러가지 제도적 장치를 마련하고 있으나, 현실적으로는 부당한 침해를 당해도 문제를 제기하기가 어려운 구조로 되어 있다. 이것은 그만큼 경비관련법과 현실과의 괴리가 존재한다는 것을 의미한다.

2. 경비원의 현실적 문제점

경비업종의 현실적 문제로는 1) 간접 고용, 2) 비정규직, 3) 단기 계약, 4) 최저임금 적용(임금 인상은 인원 감소요인으로 작용), 5) 휴게시간의 과다적용, 6) 정년 문제, 7) 위탁관리회사 또는 용역업체 변경으로 인한 고용 승계 문제 등을 들 수 있다. 따라서 이러한 경비원들의 현실적인 애로점을 어떻게 해소할 것인가 하는 정책적 대안책이나 제도 등이 시급히 보완되어야 할 것이다.

04

시설경비 실무

Theories of Field Business for private Security

지금 무엇을 하지 못하거나, 일이 안 되는 것은
그만큼 간절히 원하고 있지 않기 때문입니다.
간절히 원하십시오.

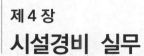

제 4 장
시설경비 실무

제1절 시설경비의 개관

Ⅰ. 시설경비의 의의와 시설의 분류

1. 시설경비의 의의

오늘날 시설경비활동은 계약을 통해서 이루어지는 민간경비산업 중 가장 많은 고객층을 형성하고 있는 민간경비의 한 분야이다.

시설경비란 경비가 필요한 시설 및 장소에서의 도난·화재 그 밖의 혼잡 등으로 인한 위험발생을 방지하는 업무를 말하며(경비업법 제2조), 이러한 업무를 수행하는 것이 시설경비원의 주요 임무이다. 법규상 규정된 시설경비 업무를 세분화하면 다음과 같다.

1) 도난·화재 예방

시설경비의 목표 중의 하나는 도난과 화재의 예방이다. 여기서 도난이라 함은 강·절도범 등의 외부침입에 대한 경비활동과 물품 등의 재산적 손실에 대한 예방을 말하는 것이고, 반면 화재예방이라는 단어는 대표적인 예를 적시한 것에 불과하고, 여기에는 모든 재해[1]에 대한 방지의무가 당연히 포함되어 있는 것으로 해석되어진다.

2) 혼잡경비

(1) 혼잡경비는 특정한 시설에 근무하는 시설경비원에게 해당되는 업무를 말한다. 혼잡경비는 공연장·경기장 등 대규모 행사장에 일시에 많은 군중이 모였을 경우에 발생할 수 있는 각종 사고 등을 신속히 조치하여 확대되는 것을 방지하는 경비활동을 말한다.

(2) 과거에 혼잡경비는 행사의 성격과 관계없이 경찰(공경비)에서 주로 그 역할을 담당하였다. 그러나 오늘날에는 민간업체가 주최하는 공연·체육행사 등의 경우에는 수익자 부담의 원칙에 의하여 행사를 주관하는 사람 또는 이익을 얻는 단체가 경비에 대한 비용 및 관련 책임을 지고 운영하도록 되어 있다.

(3) 대규모 행사(공연·행사등) 주최자는 수용능력·통제선·관중이동 동선·안전요원 교육 및 배치·화재 등 대형사고시 비상 대피로 등을 고려하여 계획을 수립하여야 한다. 특히, 1천 명 이상 모이는 대규모 행사주최자는 화재예방 및 인명피해 방지를 위한 조치사항 등의 포함된 재해대책 계획서를 관할 소방서·경찰서에 제출하여야 한다.[2]

3) 기타의 업무

시설경비원은 이외에도 내외 방문자의 편의 도모와 대상시설의 보안규칙 등을 준수해야 하는 것 등도 업무 중의 하나이다.

---

1) 재해는 자연적 재해(자연현상에 의한 지진·홍수·태풍 등), 인위적 재해(사람의 고의·과실에 의한 대형화재·폭발 등), 사회적 재해(사회현상에 의한 소요·폭동·테러·전쟁 등) 등으로 나눌 수 있다.
2) 김형중, 「경찰학각론」, 서울: 청목출판사, 2017, pp.262-263.

2. 시설의 분류

경비업법 제2조는 시설경비업무를 규정하고 있으나, 국가중요시설은 일반시설과는 별도로 항목을 규정하여 특수경비업무로 분류하고 있다. 따라서 양자는 대상·장소·업무 측면에서 현격한 차이가 있다

1) 일반시설(시설경비)

시설경비업무란 국가중요시설 이외의 산업시설·아파트·빌딩·캠퍼스·상가 등을 말한다. 일반시설경비업무는 통상적으로 경비업법상의 시설경비원에 의해서 수행된다.

2) 국가중요시설(특수경비)

(1) 의의

특수경비업무라함은 공항(항공기를 포함한다) 등 대통령령이 정하는 국가중요시설의 경비 및 도난·화재 그 밖의 위험발생을 방지하는 업무를 말한다.

(2) 중요시설 경비의 주체

평상시의 국가중요시설의 경비나 방호는 시설주가 책임을 지며, 경찰이나 군은 정기적으로 경비, 방호상태에 대한 지도및 감독을 한다.

국가중요시설 중 경찰이 상주하는 곳은 국회, 김포공항, 인천공항, 김해공항, 정부 세종로·과천·대전청사 등이며, 나머지 시설은 자체 고용된 청원경찰이 맡는다. 이외에도 경비업법에 따라 특수경비원도 국가중요시설의 경비책임자(관할 경찰서장)와 시설주의 감독을 받아 시설을 경비하고 도난, 화재 등의 위험발생을 방지하는 업무를 수행한다.

Ⅱ. 시설경비원의 기본임무와 경비자 근무수칙

시설경비원 직무의 대부분은 경비관련 서비스 제공으로 이루어져 있고, 때때로 직무의 일부가 범죄예방(주거침입·절도·폭행) 등의 업무와 관련되어 지기도 한다.

1. 기본임무

시설경비원의 주된 임무는 아래와 같다. 1) 시설물에 대한 접근 통제 및 감시, 2) 시설물 내의 교통통제 및 주차장 정리, 3) 시설물의 방범상 취약지역의 순회점검, 4) 시설물 내 범죄에 대한 대처, 5) 시설물 내의 화재예방 조치, 6) 비상시 경찰 및 소방관서와 경비책임자에게 경보전달, 7) 시설물 내에서 방문객을 목적지까지 안내하거나 수행하는 안내원 역할 등이 포함된다.

2. 경비업법 일부 개정(교육과목 시간변경)

개정된 현행 경비업법 내용 중 일반경비원과 관련된 핵심내용은 일반경비원 일부 교육과목의 시간변경과 혼잡·교통유도원 경비원제도의 도입이다. 개정된 일반경비원 신임 교육과목은 종전과 같이 변동이 없으나, 일부 과목에 대해서는 다음과 같이 시간배정이 조정되었다. 특히 변경된 시간배전 중 시설경비 교육시간이 대폭 증가한 것은 그만큼 시설경비업무가 중요하다는 것을 시사해 주는 대목이라고 할 수 있다.

시간배정

구분	과목	시간		비고
		종전	개정	
이론교육	직업윤리 및 서비스	3	2	-1
실무교육	시설경비실무	2	4	+2
	체포호신술	3	2	-1

3. 경비원 근무수칙

경비원근무수칙은 경비근무자가 배치된 시설에서 근무하면서 지켜야 할 규범을 말하는데, 여기에는 시설근무자의 기본자세까지 모두 포함된다. 경비원 근무수칙은 일반수칙과 특별수칙으로 나눌 수 있다.

1) 일반수칙

일반수칙은 모든 경비근무자가 배치된 시설에서 공통적으로 지켜야 할 일반적인 규범을 말한다. 그러나 이러한 일반수칙은 아직까지 일반화되거나 정형화되어 있지는 않다.

(1) 근무수칙(근무자세)

경비원은 복무규정에 의거 엄정한 근무자세로 책무를 성실히 수행하고 제반 관리 규정을 준수하여야 한다.

① 근무자의 복장은 규정에 따라 제복·명찰·모자·호각 등을 착용하여야 하며, 품위 있는 언행과 두발 등을 단정하게 하여 방문객에게 불쾌감을 주지 않도록 해야 한다.

② 예절을 준수하고 밝은 얼굴과 공손한 언행으로 방문객을 맞이한다.

③ 도난방지 등을 위하여 거동수상자·잡상인·방문객 등 외부출입자에

대한 감시 및 동태 파악을 철저히 한다.

④ 근무 중에는 특별한 사유가 없는 한 근무지를 무단이탈해서는 안되며, 근무지 이탈은 근무교대에 의해서만 이루어져야 한다.

⑤ 근무중 음주·도박·오락 등은 절대 금한다.

⑥ 야간 순찰시에는 비상등을 휴대하고 안전사고에 유의한다.

⑦ 야간 중 비순찰 시간에는 편안한 휴식을 취하면서도 항상 경계 업무를 게을리 하지 말아야 하며, 절대로 취침해서는 안된다.

⑧ 응급이나 비상사태 발생시 당황하지 말고 관리사무실 또는 119, 112에 연락을 취한다.

⑨ 보고는 빠르고 정확하게 한다.

⑩ 취급상황과 특이사항 유무를 다음 근무자에게 정확히 인수인계해야 한다.

(2) 경비원 근무수칙의 예시

경비원근무수칙은 일반화되거나 통일화된 양식이 없기 때문에, 각각의 특정시설의 여건에 따라 시설주나 관리책임자가 근무수칙을 제작하여 경비실에 게시할 수 있다.

경비원 근무수칙(예시1)

나는 회사의 취업규칙 및 관리사무소의 제반규정을 준수하며, 단지 내 재산을 보호하고 도난을 방지하며 쾌적한 주거환경조성에 최선을 다하기 위하여 다음의 근무수칙을 철저히 지킬 것을 다짐한다.

1. 경비실은 나의 직장이며 집이라는 신념 아래 주변을 항상 청결히 하고 주민에게 친절하며 경비근무수칙을 숙지하고 실천에 옮긴다.
2. 경비원은 지정된 근무장소를 무단 이탈해서는 아니 된다(정당한 사유로 근무지 이탈시는

사전에 상급자의 승인을 받아야 한다.

3. 경비원은 세대 방문객에 대하여 친절한 언행으로 안내하여야 하며 출입자를 미리 인터폰으로 확인한 후 방문토록 하여야 한다(방문기록 철저).

4. 관리소장의 허락 없이 행하는 잡상인의 영업행위·고성방가 등 소음행위는 즉각 중지시켜야 한다.

5. 근무 교대시는 비품 및 공기구와 근무상황에 관하여 상호 정확히 인수, 인계하여야 한다.

6. 근무 중 음주, 취침, 오락행위를 해서는 아니 된다.

7. 입주민 소유차량을 항상 파악 기록하고 부단한 야간 순찰은 실시하여 차량(부품) 등 도난방지에 주력하며 외부차량의 무단주차 제재 및 주차질서유지에 전력한다.

8. 관리소장의 허가 없이 게시판에 부착하는 유인물 및 세대 내 배포하는 불법유인물은 즉각 철거 후 관리소장에게 보고하여야 한다.

9. 입주민의 전·출입사항을 파악 기록하고 이사시에는 관리소장 발급의 전·출입허가증을 반드시 확인하여야 한다.

10. 지하시설 및 옥상출입문통행을 철저히 통제하여 수상한자의 은신 여부를 수시로 감시하여야 한다.

11. 입주민의 민원을 접수하였을 시에는 일지에 기록하고 즉시 관리소장에게 제출하여야 한다.

12. 경비원은 소관업무이외의 관리업무사항을 함부로 발설하여 관리소의 신용을 훼손하여서는 아니 된다.

13. 경비원은 단지 내 입주자 대표회를 비롯한 자생 단체 간의 위화감을 조성할 수 있는 언동을 하여 서는 아니 된다.

14. 경비원은 입주민에 대하여 항상 다정한 애정을 같고 "감사합니다! 무엇을 도와 드릴까요?" 하는 친절한 자세를 생활하여야 한다.

• 전 경비초소 부착, 근무 투입시 낭독
• 행동강령 강력히 이행(불이행 적발시 인사조치)

○○아파트 관리사무소

경비원 근무수칙(예시2)

　나는 '입주민의 안전한 생활과 재산보호'를 위하여 사명감과 책임감을 가지고 다음의 근무수칙을 철저하게 준수할 것을 다짐한다.

1. 입주민과 방문객에게 밝은 얼굴로 친절하게 대한다.
2. 입주민과 방문객의 불합리한 요구나 이상한 행동시 대응하지 말고 즉시 관리사무소에 보고한다.
3. 근무 복장을 준수하고 깔끔한 자기 관리를 한다.
4. 도난 방지에 최선을 다하여 외부 출입자 확인을 철저히 한다.
5. 응급이나 비상사태 발생시 당황하지 말고 관리사무실 또는 119, 112에 연락을 취한다.
6. 야간 순찰시 비상등을 휴대하고 안전사고에 유의한다.
7. 세대 민원 발생시 신속히 관리사무소에 연락하고 지체될 경우 해당 세대에 지체되는 이유를 설명하고 양해를 구한다.
8. 직원 상호간에는 서로를 위하고 격려하는 마음으로 밝고 활기찬 직장이 되도록 노력한다.

○○아파트 관리소장

---

2) 특별수칙

　일반수칙은 모든 경비근무자에게 적용되는 공통적인 규범이다. 반면, 특별수칙은 근무 장소에 따라 당해 근무자만이 지켜야하는 규범을 말한다. 즉, 특별수칙은 각각의 근무 장소의 특성에 따라 고유한 내용으로 정해져 개별적으로 적용되는 규칙이다.

제2절 시설경비 근무방법

Ⅰ. 서설

1. 시설경비의 수행형태

시설경비는 (1) 경비실을 설치하고 상주하면서 일정한 경비및 보호활동을 수행하는 형태(상주경비), (2) 일정한 구역을 순회하는 순찰형태, (3) 일정한 시설에 감지장치를 설치하고 경보시 경비원이 출동하여 조치하는 형태, (4) 경보장치의 설치를 통해 정보를 각 경찰관서로 전달하게 하는 정보서비스 형태 등으로 다양하게 수행되고 있다.

2. 상주 경비와 근무방법

1) 상주경비

상주경비는 공동주택(아파트)·빌딩·상가·캠퍼스 등의 시설내에 경비실이나 초소를 설치하고, 이를 기점으로 24시간 상주하면서 출입자 통제·순찰·방범활동·주차관리 등 다양한 업무를 수행하는 전형적인 인력경비[3]의 한 형태이다. 상주 경비는 근무시간의 정도에 따라서 일근제, 2부제(격일제), 3부제 등의 형태로 운영된다.

2) 근무방법의 다양성

시설경비는 경비대상에 따라 근무방법이 다양하기 때문에, 근무방법을

---

3) 민간경비는 기능상 인력경비와 기계경비로 분류된다. 인력경비는 말 그대로 사람에 의해 범죄 및 각종 위험요소를 예방하고 대응하는 제반 활동을 말하며, 기계경비에 대응되는 개념이다. 오늘날 기계경비가 매우 발달되고 있지만 모든 경비시스템은 근본적으로 인력경비에 기초를 둔다고 할 수 있다.

단일화하거나 정형화할 수는 없다. 이런 이유 등으로 본서(本書)에서는 공동주택(아파트)과 건물(빌딩) 등의 근무방법에 한정하여 기술하였다.

경비업법상의 시설경비는 "도난· 화재·그 밖의 혼잡 등으로 인한 위험발생을 방지하는 것"이라고 정의하고 있다. 그러나 이는 큰 틀만을 제시한 예시 규정에 불과하고, 이러한 기본 임무를 달성하기 위해서는 순찰 및 방범활동, 출입자 통제 및 관리, 차량관리, 시설 및 환경관리, 응급조치 요령, 비상체제 유지 등 다양한 사항 등을 숙지하고 업무를 수행하여야 한다.

Ⅱ. 시설경비 근무의 유형과 근무방법

1. 순찰

1) 의의

순찰은 시설경비원이 일정구역을 정기적으로 순회시찰하면서 범죄 및 위험으로부터 고객의 인적·물적 안전을 확보하는 경비활동을 말한다.[4] 경비원의 순찰활동은 시설물에 대한 점검과 범죄가 발생 가능한 장소나 대상에 대한 집중적인 확인절차를 의미한다. 따라서 순찰은 시설경비 근무에 있어 가장 중요한 업무 중의 하나이다.

2) 순찰의 종류

민간경비영역에서의 순찰활동은 경찰의 순찰활동방식을 모델로 하여 순찰노선과 순찰수단을 원용하고 있는 것이 일반적인 경향이다. 따라서 순찰노선과 순찰수단은 시설의 종류, 특이사항 등 상황에 따라 자체적 실정에

---

4) 최선우, 「민간경비론」, 인천: 진영사, 2011, p.288.

맞게 적절한 순찰방식을 선택하여 자율적으로 운영되고 있다.

순찰노선	
정선순찰	사전에 정해진 몇 개의 순찰노선에 따라 규칙적으로 순찰하는 방법이다. 정선순찰은 순찰자의 동선 파악이 쉬워 감독·연락이 용이하다는 장점이 있으나, 범죄자가 예측하여 순찰경비원을 피할 수 있다는 단점이 있다.
난선순찰	순찰자가 임의로 노선을 선택하여 불규칙적으로 순찰하는 방식이다. 난선순찰은 순찰자의 능력에 따라 효과가 크게 달라질 수 있다는 장점이 있으나, 관리·감독이 어렵다는 단점이 있다.
요점순찰	순찰구역 내의 중요지점을 지정하여 순찰자가 반드시 그곳을 통과하도록 하고, 요점과 요점 사이를 통과할 때에는 난선순찰 방식을 실시하는 방법이다. 이는 정선순찰과 난선순찰의 장점을 살리고 단점을 보완하는 절충적 방식이다.
구역순찰	순찰구역 내 소구역을 지정하여 집중적으로 난선순찰하는 방식으로 시설 내의 특별히 범죄의 우려가 있는 지역에 사용시 효과적인 방법이다.

3) 순찰 근무자의 순찰요령 및 근무자세

(1) 목적의식

순찰의 기능은 가시적 위력순찰을 통해 잠재적 범죄자의 범행심리를 위축시켜 범죄를 사전에 억제하고 방지하는 것이다. 따라서 순찰근무자는 목적의식을 가지고 범죄 및 안전사고 예방 등을 위해 적극적인 자세로 주변인물과 상황 등을 면밀히 관찰하여야 한다.

(2) 용모복장 및 단정

순찰근무자는 순찰 전 용모와 복장을 단정히 하여 외부인사에게 신뢰를 가질 수 있도록 해야 한다 .

(3) 중점 점검대상시설 위주순찰

불필요한 경비실 정착근무는 최소화하고, 출입구·엘리베이터 주변 등 다중 밀집지역 중심으로 가시적인 순찰과 거점근무를 실시한다.

(4) 장구점검 및 사용

순찰하기 전 순찰에 필요한 장구를 다 갖추었는지 점검하여야 한다. 특히 다중운집 지역 근무 중에는 단봉·분사기 등 장구를 착용하고 방검복 등 보호장비는 즉시 사용이 가능하도록 근거리에 비치하여야 한다. 그러나 장구사용은 방어에 필요한 최소한의 물리력만 사용하여야 하며, 공격용도로 사용해서는 안 된다.

(5) 거동수상자 및 흉기소지자

① 순찰 중 거동수상자 발견 시에는 일정한 거리를 유지하고 추적하는 등 조치를 하되, 경비원은 불심검문권이 없으므로 직접 대응하는 것은 자제하여야 한다. 특히 급박한 상황이 아님에도 오판하여 강압적인 대응을 하게 되는 경우, 인권침해 문제로 법적분쟁이 발생할 소지가 있다.

② 거동수상자가 흉기를 휴대하고 있는 것을 발견시에는 '적정 안전거리'[5]를 확보 후 방어적인 자세로 대응하면서 즉시 경찰에 신고하고, 신속히 주변 행인을 통제하는 등 안전조치를 취하여야 한다.

(6) 순찰 중 이상시 철저한 원인규명

순찰 중 이상한 소리나 냄새 등을 감지하면 그 원인을 끝까지 찾아 밝혀야 한다. 작은 이상의 원인을 규명하지 못하면 화재 등 대형사고로 번질 가능성을 배제할 수 없다.

(7) 보고 및 인계인수철저

순찰 시작전 감독자에게 보고한 후 순찰을 실시하고 종료 후 감독자에

---

5) '적정 안전거리'라 함은 대상자 심리상태, 장소적 특성(좁은 실내) 등을 종합하여 판단한다. 맨손의 경우 1~1.8m, 둔기를 든 경우(망치·쇠파이프) 3~3.7m, 흉기(칼·도끼)를 든 경우 6~7.6m 등 안전거리를 준수해야 한다(경찰청 범죄예방정책과, "민간경비원 이상동기범죄 대응강화 지침하달참조", 2023.8.24).

게 각 순찰지점(취약지역·의심지역)의 상태를 보고하고, 다음 순찰근무자에 게 일상 취급사항과 특이사항을 정확히 인계인수한다.

4) 시설(건물)순찰시 착안사항

건물 순찰 시 건물내부와 건물외부에 따라 그 착안사항이 다르기 때문에, 건물외부에 대한 통제만으로는 경비 목적을 달성할 수 없다. 따라서 건물 내부를 순찰하는 경우에는 최초 순찰 때의 실내상황을 잘 기억하였다가 다음 순찰시 변경된 것이 있나 없나를 주의 깊게 관찰하는 자세가 필요하다.

건물 내부 순찰시 착안사항	① 창문·셔터 등의 파손 및 시건 여부 점검 ② 계단·통로·화장실 등의 범인 잠복 가능 장소의 점검 ③ 중요시설 및 장비와 물품의 이상 유무·경비대상 시설의 기계류 작동 상태 ④ 흡연자가 담배꽁초 등을 유기할 수 있는 장소(화재예방)·전기스위치 등 점검 ⑤ 자물쇠가 잠긴 곳을 열었을 때는 순찰 후 다시 자물쇠를 채우고 확인 ⑥ 소화기 상태 확인 등
건물 외부 순찰시 착안사항	① 외부로부터 침입에 이용될 수 있는 전신주·담벽의 파손 유무·수목·부근 건축현장 기자재 하치장 등 잠복용이 장소 점검 ② 건물주변 상자 기타 침입에 사용될 우려가 있는 물건의 제거 ③ 출입문·셔터·창문 등의 시건 상태 점검 ④ 휴지소각장·쓰레기 하치장 점검 ⑤ 소화설비·경보장치·피난설비의 점검 ⑥ 옥외 등 조명상태 점검 등

Ⅲ. 출입자 통제 및 관리

1. 목적

출입자 통제 및 관리는 경비대상 시설의 안전을 위하여 출입자를 감시하고 반·출입 물건 등을 확인·점검하는 업무를 말한다. 이러한 출입자 통제 및 관리는 도난·화재 등을 미연에 방지하는 데 그 목적이 있다.

2. 출입자 통제와 관리 유형

출입자 통제와 관리 형태는 대상시설에 따라 통제와 관리 유형도 각기 다를 수밖에 없다. 예컨대, 경비원이 배치되어 있지 않은 일반건물인 경우에는 출입자의 제한이 없기 때문에, 어떠한 제약이나 통제도 받지 않는다. 그러나 경비가 행해지고 있는 건물의 경우에는 반드시 신분을 확인 후 표찰을 패용하고서야 출입이 가능한 곳도 있으며, 은행 등과 같이 업무시간 외에는 일체의 출입을 못하는 곳도 있다.

3. 시설경비원의 출입 관리 요령

출입자 통제와 관리는 시설경비업무 중 가장 중요한 근무 중의 하나이다. 공동 주택이나 빌딩(건물) 등에 근무하는 시설경비원은 경비실을 기점으로 하여 시설물 관리, 시설 내의 거주자들을 보호하기 위해 도난·화재·불법침입에 대비한 순찰 및 방범활동, 그리고 내방객 안내 등의 업무를 수행한다. 시설경비는 출입자 통제와 관리에서부터 시작되는데, 이것은 시설경비에 있어서 사람의 출입만 철저히 경비한다면 어떠한 범죄도 예방할 수 있다는 것을 의미한다. 출입관리 및 통제는 크게 인적 관리(사람의 출입관리)와 물적 관리(물품의 반출입)·차량관리로 나누어 볼 수 있다.

1) 인적관리(사람의 출입관리)

모든 범죄는 일단 사람의 출입에서 시작하지만, 범죄유무와 관련된 사람의 통제와 관리는 그리 쉬운 것만은 아니다. 출입관리 근무 중 유의해야 할 점은 출입이 허용된 자는 시설경비 근무자가 존재하지 않는 듯 출입할 수 있어야 하며, 출입이 허용되지 아니한 자에 대해서는 철저한 통제가 필요하다.

(1) 공동주택 및 기업(빌딩) 등의 방문자 관리

① 출입자 기록 유지

㉠ 공동주택(아파트) 경비원은 일시 방문하는 출입자에 대하여 기본적으로 신원 확인을 우선적으로 하고 출입시켜야 하며, 그 상황을 규정된 양식에 따라 기록하여야 한다. 공동주택의 경우 아파트 관리대장을 별도로 작성하여 기록하는 경우도 있고, 또는 경비원 근무일지에 방문자(방문차량) 출입통제 칸을 만들어 통제·관리하는 경우도 있다.

㉮ 아파트 관리대장이란 아파트 관리 사무소에서 외부인의 출입사항을 관리하기 위해 이를 일자별로 기록한 문서를 말하는데, 이 문서는 아파트 건물 내·외의 질서를 유지하며 각종 시설물과 재산을 보호하는 등의 차원에서 작성하는 것이다. 아파트 관리대장은 외부인의 출입내용을 일자별로 한눈에 파악하고 관리할 수 있다는 장점이 있다.

㉯ 경비원 근무일지를 활용하는 경우에는 일반적으로 경비원 근무일지 양식에 방문자 및 방문차량 등의 칸을 만들어 통제·관리하는 방식을 사용한다. 경비원 근무일지는 시설경비원이 당일에 수행할 수 있는 항목 등을 규정하고 있기 때문에 경비원의 그 규정에 따라 업무를 수행하는지 포괄적으로 확인할 수 있다는 장점이 있으나, 반면, 구체적이고 자세한 내용을 파악하는 데는 미흡한 점이 있다.

㉡ 기업(빌딩) 등의 시설에 외부인이 출입하는 경우 신원확인 후 출입증을 발부하고 이를 패용케하여 출입을 허용하는 시설도 있으나, 일반적으로 출입관리대장을 비치하여 집중적으로 관리하고 있다. 출입관리대장은 외부

방문자가 출입할 때 그 내역을 관리하기 위해 사용하는 서식을 말한다. 기업 등의 출입관리대장 서식은 공동주택·병원·학교 등의 대상시설보다 훨씬 세세한 내용까지 기재하도록 서식화되어 있다. 그러나 이러한 서식은 통일적으로 정형화되어 있는 것은 아니다. 아래는 아파트 외부인 출입관리대장, 기업 등 방문객 출입관리대장, 아파트경비원 근무일지 양식이다.

▶아파트 외부인 출입 관리대장(예시)

날짜	출입시간	퇴출시간	출입사유	출입자 성명	연락처

▶기업 등 방문객 출입관리대장(예시)

결재	근무자	과장	소장

No	출입시간		출입자					출입증		피방문자			비고
	일자	입	출	국적	주소(소속)	생년월일	성명	방문목적	번호	반납	부서	성명	장소	

▶ 아파트 경비원 근무일지(예시)

결재	근무자	조반장	과장	소장

일자	202 년 월 일	소속		성명	
출근시간 (교대시간)		퇴근시간		근무 시간	

중요 지시사항	인계·인수 근무자 전달사항

확인점검 사항	점검항목	점검 및 확인	조치사항	비고
	승강기의 작동 상태확인			
	공용시설물 인수인계			소화기· 소방호스 등
	피난계단 및 비상탈출장비 상태확인			
	위험지역 안전점검			옥상·지하실· 축대·난간 등
	등기·우편물·택배 등 배달물건 접수 인계인수			
	세대보관(열쇠· 물건) 및 반환			

순찰	도착시간	행선지 (동·호수)	성 명	용무목적	연락처	출발예정 시간	차량변호 및 차 종류

중요사건· 사고기록	
애로 및 건의사항	

② 방문자 관리 요령

㉠ 공동주택(아파트)근무자의 방문자 관리

㉮ 시설근무자(경비원)는 관리하는 시설의 얼굴이라는 점을 잊지 말고 절도 있는 행동과 친절한 자세를 견지하여 방문자에게 좋은 인상을 남기도록 하여야 한다. 예컨대, 아파트를 방문하는 외부인에게는 환영하는 표정으로 인사를 하여 친근감을 갖도록 하는 것도 하나의 방법이다.

㉯ 상대방이 묻기 전에 먼저 방문 목적을 묻는다.

㉰ 시설근무자(경비원)는 어떠한 경우라도 내방객과 언쟁을 하여서는 안되며, 마찰의 소지가 있을 때에는 즉시 보고하여 관리자의 지시에 따라야 한다.

㉱ 방문을 마치고 돌아가는 내방객에게는 인사를 하되 방문자의 입·출입 시간 및 방문 목적을 기록하고, 반출입 물건·행동 등을 세밀하게 주시하여야 한다.

㉲ 수상하거나 위험한 물건을 소지한 자가 있을 때에는 거동에 주의를 기울이는 한편, 즉시 관리사무소에 보고하고 그 지시에 따라야 한다.

㉡ 기업·기관 등의 출입자에 대한 통제

빌딩 내 기업이나 기관이 단독으로 운영되는 경우의 시설근무자는 기업이나 기관에서 제정한 출입통제 규정에 철저히 따라야 하고, 빌딩 내 여러 업체가 상주하는 경우에는 각 업체의 출입통제 규정에 따라 불순분자의 불법·위장 침입을 방지하고 시설 내의 재산이 부정·유출되지 않도록 하여야 한다.

㉮ 시설근무자는 출입자에게 출입통제에 관한 절차를 사전에 충분히 설명하여 출입절차를 밟도록 하고, 되도록 명령조의 언사를 사용하기보다는 경어로서 출입자의 인격을 존중하여야 한다.

　　㉯ 출입자(방문자)에 대한 검문은 철저히 이행하되 검문검색의 불가피성
　　　을 피검문자에게 사전 이해시킴으로서 출입자가 불쾌감 없이 검문검
　　　색에 응하도록 한다.

　　㉰ 빌딩 시설근무자 자신의 불쾌한 감정 등을 업무수행 상에 있어서 나
　　　타내지 않도록 절도 있게 행동하며, 또한 가능한 부드러운 언사를
　　　쓰도록 한다.

　　㉱ 면회자에 대하여는 각별히 친절하게 안내하도록 한다.

(2) 고정출입자의 관리

　　① 공동주택(아파트 단지)인 경우, 시설근무자나 상시 통행하는 사람 등
은 가급적 신속히 안면을 익혀 두는 것이 바람직하나, 쉽게 기억이 나지 않
은 사람일 때는 근무를 위하여 협조를 부탁하고 재확인하도록 한다. 시설관
리자(경비원)는 이러한 경우를 대비하여 명단 등을 작성하여 근무하는 것이
보다 효율적이다.

　　② 빌딩(기업·기관 등) 시설 내의 직원(근무자)인 경우, 직원에 대한 통제
는 시설 규모에 따라 차이가 다소 있지만, 대체적으로 직원 전체에 대한 신
원 확인에는 물리적인 한계가 있다. 그러나 표찰이나 신분증을 통해 출입을
시키는 시설의 경우에는 비록 얼굴을 아는 사람이라도 반드시 신분을 확인
하여야 한다.

2) 물적 관리(물품의 반출입)

　　시설경비원은 경비시설대상의 안전을 위하여 시설물 내부로의 위험물
반입과 시설물 외부로의 반출 물건 등을 점검하는 것 또한 기본임무이다.
즉, 시설경비원은 시설물 안으로 들어와서는 안 될 물품이 반입되거나, 시설
물 밖으로 나가서는 안 될 물품이 나가는 것을 점검하는 근무자세가 일상화
되어 있어야 한다. 따라서 시설경비원은 시설물 내외의 물건의 반출입되는

경우 반·출입증과 물품내용이 일치하는가, 포장을 푼 흔적이 있는지 여부 등을 꼼꼼히 살펴보아야 한다.

3) 차량출입관리

공동주택 시설경비원의 경우 인적·물적 관리뿐만 아니라 차량관리에도 상당한 주의를 기울여야 한다. 최근에는 주차관리와 관련된 사소한 이유로 경비원과 아파트 입주민 사이의 갈등이 증폭되고 있기도 하다. 차량관리는 주로 외부차량 출입통제, 불법주차 감시, 장애인 주차구역 주차감시, 차량의 안전한 통행유도, 위험발생을 방지하기 위한 이동 조치 등으로 세분화 볼 수 있다. 이하에서는 고정출입 차량과 외부 출입 차량의 관리요령에 한정하여 기술하였다.

(1) 차량관리의 기본적인 자세

① 시설경비원은 공동주택(아파트)이나 빌딩을 이용하는 입주민이나 고객의 출퇴근시 원활한 주차관리를 위하여 솔선하여 차량을 유도한다.

② 야간에는 주차된 차량을 수시로 확인하여 올바른 주차 여부, 차량의 파손 및 부품 도난 여부 등을 세심하게 관찰하여야 한다.

③ 주차금지 구역에는 주차를 통제하며, 이 경우 상대방이 불쾌하지 않도록 충분히 사정을 설명하여 불미스러운 일이 발생하지 않도록 하여야 한다.

(2) 고정출입차량과 외부출입차량의 관리

차량통제는 크게 고정출입차량과 외부출입차량으로 구별할 수 있다.

① 고정출입차량(등록된 차량)

고정출입차량(등록된 차량)은 경비대상시설(빌딩·종합경기장·주차장·아파트) 내에 설치된 차량 출입통제시스템·차량번호 인식 시스템을 통하여 자동통과시키는 방법이 주로 사용된다. 예컨대, 대형 아파트 내에 차량번호 인식 차단기를 설치하여, 등록된 차량 이외의 외부차량은 출입할 수 없도록 하는 시스템이다. 이 경우 경비실의 경비원은 차량의 방문이유 등을 확인한 후 차단기를 개폐한다.

② 외부차량관리

경비대상 시설에 일정한 목적을 가지고 출입하는 외부 차량에 대하여는 다음과 같이 요령에 의하여 관리하는 것이 바람직스럽다.

ㄱ 출입관리부에 차량의 출입시간·차종·행선지·용무 등을 기재하여야 한다.

ㄴ 화물의 적재 시에는 화물의 종류와 수량 등을 확인하여 물건의 반출입 유무를 확인하여야 한다.

ㄷ 특히 차량의 기사나 동승한 자가 있는 경우에는 인적(사람)출입 관리 요령에 따른 조치를 취하여야 한다.

Ⅳ. 비상체제 유지 및 조치

1. 경비실 또는 경비 초소에는 근무자외의 출입을 금지시키고 비상소집 연락망, 관계기관의 비상연락 전화번호, 그리고 각종 보고 계통도를 비치하여 비상시 신속하게 대처하여야 한다.

2. 인터폰·손전등·촛불 등 비상용품은 항상 사용이 가능하도록 보관·관리하여야 하고, 경비실 또는 경비초소 내에 인화물질 등을 보관해서는 안 된다.

3. 시설근무자는 평상시 소화기 및 소방시설의 사용법을 숙지하여 만일

의 사태에 대비하여야 한다. 화재사고 발생시에는 해당 관리시설의 가스밸브를 차단한 후 즉시 관할 소방서에 신고하는 한편, 주변 근무자와 합동으로 초기 진압을 실시함과 동시에 방송시설을 통하여 화재 발생 사실을 알리고 침착하게 비상대피를 유도하여야 한다.

4. 시설근무자는 각종 안전사고 및 강력사고 발생시는 인근 근무자와 주민에게 신속히 전파하는 등 긴급상황에 따른 비상조치를 우선적으로 하여야 한다.

5. 기타 비상사태가 발생하였을 때에는 즉시 필요한 응급조치를 한 후 관리사무소 등에 보고하고, 그 지시에 따라야 한다.

제3절 시설경비시 현장 대응 방법

Ⅰ. 개요

시설경비 중에는 침입·폭력사건·각종 안전사고 등 여러 가지 돌발 상황이 발생할 수 있기 때문에, 이에 대하여 즉각 대처할 수 있는 조치요령을 알아둘 필요가 있다. 사고가 발생하였거나 긴급한 상황이 발생했을 때는 전화 또는 무전기 등으로 상사에게 보고하고 각 사안에 따라 적절한 조치를 취하는 한편, 유관기관(경찰, 소방서)에 신고 및 현장보존 등에도 주의를 기울여야 한다.

II. 불심자의 발견 및 조치

1. 불심자(거동수상자)에 대한 불심검문

불심(不審)이란 확실하지 않아 수상스럽게 느껴지는 점이 있는 상황을 뜻한다. 따라서 불심자6)란 수상한 사람, 괴한이라는 의미로 이해되고 있으며, 일반적으로 방범분야에서는 거동수상자라는 용어로 쓰이고 있다. 거동수상자는 경찰이나 군대에서 주로 사용하는 용어로, 말 그대로 거동(움직임)이 수상한 사람을 뜻한다. 거동수상자는 수사상의 피의자와는 달리 아직 범법사항이 확인되지 않은 불심자에 불과하다. 따라서 범죄혐의가 판명되기까지에는 형사소송법상 법률적 보호를 받기 때문에 인권침해 문제가 발생하지 않도록 해야 한다.

1) 경찰관의 불심검문권

불심검문이란 경찰관의 범죄 예방이나 범인 검거를 위해 거동수상자를 정지시켜 질문하거나 조사하는 것을 말하는데, 이러한 권한을 「불심검문권」이라고 한다. 경찰관직무집행법 제3조(불심검문)는 ① 어떤 죄를 범하였거나 또는 범하려 하고 있다고 의심할 만한 상당한 이유가 있는 자, ② 이미 행해진 범죄 혹은 행하여 지려 하는 범죄에 관하여 그 사실을 안다고 인정되는 자를 불심검문의 대상자로 규정하고 있다. 그러나 경찰관직무집행법 제3

---

6) 2001년 일본 이케다 초등학교 사건(2001년 6월 8일 오전 10시 15분경 38세 살인자 타쿠마 마모루가 아무런 이유 없이 수업 중인 초등학교 교실에 침입하여 무방비 상태에 있는 학생 8명을 살해하고 13명의 학생과 2명의 교사에게 부상을 입힌 사건)이 일어나자, 2002년 여기에 대한 대응으로 문부과학성이 위기관리 매뉴얼을 발행했는데, 여기에서 '불심자'라는 표현이 처음으로 쓰여졌다고 한다. 본래 문부과학성에서 만들어진 위기관리 매뉴얼에서 '불심자'는 '침입자'를 뜻하는 말로 쓰였지만, 이후에는 잠재적 범죄자'를 뜻하는 말로 쓰여지는 경우가 많아지고 있다.

조(불심검문)의 정의에는 「거동수상자」, 「상당한 이유가 있는자」 등의 불확정 개념[7]의 용어를 사용하고 있기 때문에, 이에 따른 판단은 대법원의 판례를 토대로 하여 객관적, 합리적으로 판단할 수밖에 없다. 따라서 현재까지 수상한 거동 등에 대한 정형화된 판단기준은 존재하지 않는다.

2) 경비원의 질문·검색권 허용 여부

민간경비원에게는 경찰관과 같은 불심검문권이 인정되지는 않는다. 다만 관례상 경비원이 경비를 수행하는 구역 내에서 불심자를 검문하는 것은 업무상 권한의 범위 내에서 행사할 수 있는 것으로 인정되고 있다. 이를 경찰관의 불심 검문권과 구별하여 일부에서는 질문·검색권이라고 부르고 있기도 하다. 따라서 민간경비원의 질문·검색권은 시설물에 출입하는 불심자(거동수상자)에게 정지·질문하는 권한을 발동하는 것이므로, 부당하게 인권이 침해되지 않도록 노력해야 한다.

2. 불심검문대상자의 판단기준

1) 경찰관의 불심검문대상자의 판단

경찰관의 불심검문은 국민의 자유와 권리를 제한하는 전형적인 권력 작용이므로 엄격한 법률적 근거를 요한다. 그러나 경찰관직무집행법 제3조(불심검문)의 정의는 포괄적이고 불확정 개념의 용어(거동수상자, 상당한 이유가

---

7) 불확정 개념이란 그 개념자체로는 그 의미가 명확하지 않고, 해석의 여지가 있는 개념을 말한다. 예컨대, 「거동수상자」, 「상당한 이유」, 「위태롭게 할 우려」, 「치안상 위해」 등의 용어와 같이 그 의미내용이 하나가 아니고 여러 개의 뜻이어서, 진정한 의미의 내용이 구체적 상황에 따라 판단되는 개념을 말한다. 불확정 개념을 도입할 수밖에 없는 대표적인 이유는 입법기술상 복잡·다양하고 가변적인 모든 사회현실을 구체적으로 나열하는 것은 불가능하기 때문에, 추상적으로 규정할 수밖에 없다는 점을 들 수 있다. 원칙적으로 불확정 개념의 의미내용은 법원이 최종적으로 결정한다(김형중, 「perfect 행정법」, 서울: 박영사, 2017, pp.230－231).

있는자) 사용 등으로 인하여 불심검문대상자를 판단하는 기준 자체가 애매하다. 대법원은 "경찰관이 불심검문자 해당 여부를 판단할 때에는 불심검문 당시의 구체적인 상황은 물론 사전에 얻은 정보나 전문적 지식 등을 토대로 하여 불심검문 대상자인지 여부를 객관적·합리적인 기준에 따라 판단하여야 하나, 불심검문 대상자에게 형사소송법상 체포와 구속에 이를 정도의 혐의가 있을 것을 요한다고는 할 수 없다"고 판시하고 있다(대판 2014.2.27. 2011도13999). 따라서 경찰관은 현장이나 시간 및 주변상황에 비추어 자연스럽지 못한 특수한 당사자의 동작·언어·태도·착의·휴대물품 등에 의해서 객관적·합리적으로 거동수상자를 판단할 수밖에 없다.

2) 민간경비원의 질문·검색의 판단기준

시설경비원이 시설경비 근무 중 검문해야 할 불심자인가의 판단 여부는 경찰관들이 판단하고 있는 기준들을 모델로 하면서 합리적이고 융통성 있게 판단할 수밖에 없다. 수상한 거동의 구체적인 상황을 예시하면 다음과 같다.8)

(1) 태도·거동

① 걸음을 멈칫하거나 또는 경비실이나 경비원을 지나쳐 가면서 흘끔흘끔 살펴보는 자

② 시선을 다른 데로 돌리거나 경비원의 태도를 훔쳐보는 자

③ 경비실이나 경비원 앞을 통과할 때 타인이나 자동차 등을 배경으로 하여 숨듯이 지나가려 하는 자

④ 급히 숨거나 옆길로 빠지거나 되돌아가는 자

⑤ 불러도 못들은 척하거나 불안해하는 행동을 보이는 자

---

8) 동국대학교 경찰사법대학 민간정비교육센터, 위의 책, pp.79−80; 홍성삼, 「경찰생활안전실무」, 서울: 윤성사, 2021, p.112.

⑥ 소지품을 은폐하거나 인멸하려 하는 자

⑦ 얼굴을 가리며 빠른 걸음으로 지나가는 자 등

(2) 휴대품(소지품)

① 칼·열쇠·드라이버·망치 등 범행에 사용할 수 있는 도구를 소지하고 있는 자

②색안경·장갑·밧줄·노끈 등 범죄와 관련이 있는 것으로 보이는 휴대품을 가지고 있는 자

③ 연령, 성별에 어울리지 않는 물건을 가지고 있는 자 등

(3) 외모·착의

① 신체·착의·신발에 혈흔이 묻어 있는 자

② 옷이 찢어졌거나 현저하게 흐트러져 있는 자

③ 신발에 흙이 묻어 있거나 젖은 경우, 옷이 몸에 맞지 않거나 신발이 너무 작거나 커서 체형과 어울리지 않는 자

④ 더러운 옷 위에 다른 옷을 껴입거나 상의는 깨끗한데 하의가 더럽거나 구겨져 있는 자 등

(4) 언동

① 질문을 하지 않았는데 '나는 수상한 사람이 아니요'라고 변명을 하는 자

② 대답을 주저하거나 질문과 다른 답변을 하는 자

③ 주소·직업·성명·연령·방문처·용건 등 반복질문시 처음 대답과는 틀리게 답변을 하는 자

④ 출생지와는 다른 지방의 사투리를 쓰는 자

⑤ 휴대품이나 소지품의 설명이 애매하고 불분명하게 말하는 자 등

3. 질문·검색의 방법

1) 정지·제지

시설경비원은 어떤 자가 불심자(거동수상자)로 판단되는 경우에는 그를 정지시켜 질문할 수 있다. 정지는 움직이지 않도록 지시하고 제지하는 것을 말하며, 이에 응하지 않고 거부할 의사를 밝힌 상대방에 대하여는 체포 등 강제력을 사용할 수 없다(경찰관직무집행법 제3조 제1항). 따라서 경찰관이나 시설경비원은 불심자(거동수상자)가 정지지시나 제지에 따르지 않는다고 하여 강제적으로 정지시켜서는 안 된다. 이 경우에는 상대방에게 이유를 제시하거나 설득하여 지시에 따르도록 하는 것이 최선의 방법이다.

2) 질문

(1) 의의

질문은 시설경비원이 상대방의 거동 등에 대하여 품고 있는 의심을 해소시키기 위해 필요한 사항을 묻는 것이며, 이때 상대방에게 답변을 강요해서는 안 된다. 질문을 할 때에는 상대방의 명예를 존중해야 하며, 또한 불심자의 저항·도주 그리고 불심자에 의해 상해를 입는 일이 없도록 주의해야 한다.

(2) 질문 요령

시설경비원의 질문은 불심자가 꾸며대거나 회피할 시간적 여유를 주지 않도록 간단명료하고 핵심적인 내용의 것이어야 한다. 즉, 질문해야 할 핵심적인 내용은 행선지·용건·출발지·경유지·본적·주소·성명·연령·직업·휴대품 등이다.

3) 검색

경비원의 질문·검색권은 법률상(경비업법상) 보장되어 있는 권한이 아니므로, 법률로 보장된 경찰관의 불심검문 권한과는 현격한 차이가 있다. 경찰의 경우는 질문을 할 때에 흉기의 소지여부를 조사할 수 있는 검색 권한이 부여되고 있는 반면, 경비원에게는 이와 같은 권한 등의 행사가 허용되지 않는다. 따라서 경비원은 불심자의 소지품에 대해 개봉을 요구할 수는 있으나, 신체적 접촉이나 강제 개봉은 절대로 허용되지 않는다. 즉, 불심대상자의 승낙하에 본인이 개봉하는 것이 원칙이며, 흉기소지 여부도 시각적인 확인 정도만 가능하다.

4) 질문·검색의 준비

시설경비원이 시설경비구역 내에서 불심자를 발견한 경우 다음과 같은 사항에 유념하면서 질문·검색권을 행사하여야 한다.

(1) 마음 자세9)

① 어떤 상황에도 동요되거나 감정에 흐르지 않도록 냉정하고 침착하게 질문·검색에 임하여야 한다.

② 치밀하게 관찰하여 불심점을 놓치지 않도록 해야 한다.

③ 불심자로 판단되면 신속하게 질문·검색에 착수하고 소신과 자신있는 태도로 질문·검색 요령에 따라 필요한 조치를 취한다.

(2) 호신장구의 적정 휴대

경비원은 질문·검색을 할 경우 범죄의 혐의 등을 찾는데만 주력해서는 안 되고, 상대방의 불의의 공격으로부터 자신을 보호하기 위하여 반드시 단

---

9) 동국대학교 경찰사법대학 민간경비 교육센터, 위의 책, p.83.

봉·경적·가스총 등을 휴대하는 것을 생활화하여야 한다.

(3) 관련 법규 등의 숙지

경비원의 질문·검색은 인권침해 문제와 직접적인 관련성이 있기 때문에, 관련 법규 등을 평소에 충분히 숙지하여 불심자의 항의·반문 등에 명확히 대처할 수 있는 직무수행능력을 길러 두어야 한다.

4. 질문·검색 후의 조치

1) 불심점을 발견할 수 없을 경우

질문·검색이 종결되면 취지를 설명한 후 협력에 감사하다는 뜻을 표시하여, 상대방으로 하여금 불쾌감을 갖지 않도록 하는 것이 예의이다.

2) 보호대상자의 조치와 범죄 예방·제지

경비원이 외부인과 외부차량을 통제하고 순찰을 실시하는 것은 범죄예방과 각종 위험 발생 등을 사전에 방지하기 위한 조치이다. 따라서 순찰이나 질문·검색 중에 치매성 노인 등을 발견한 경우에는 보호조치할 수 있도록 경찰관서에 인계해야 하고, 범죄를 저지를 가능성이 있는 자에 대하여는 사전에 제지하는 등의 예방조치를 취하여야 한다.

3) 주민등록증의 제시 요구 여부 및 신원·거주 관계 확인

(1) 주민등록증의 제시 요구 여부

사법경찰관은 범인을 체포하는 등 그 직무를 수행할 때에 17세 이상인 주민의 신원이나 거주 관계를 확인할 필요가 있으면 주민등록증의 제시를 요구할 수 있다(주민등록법 제26조). 그러나 경비원은 사법경찰관리가 아니기 때문에, 타인에게 강제로 주민등록증의 제시 요구나 신원 및 거주 관계를 확인할 수 있는 권한은 없다.

(2) 신원·거주 관계의 확인

경비원은 불심자 등의 신원확인을 위해 시설경비구역 내에서 신원확인에 필요한 자료를 요구할 수는 있으나, 강제로 주민등록증 제시를 요구할 수는 없다. 그러나 신원이나 거주지가 명확하지 않는 등 경비원의 신원확인에 협조하지 않을 경우, 일단 수상한 자로 간주하여 경찰관서에 신고하여 확인하도록 하여야 한다.

4) 범죄사실 확인 및 조치

(1) 관할 경찰관서에 즉시 인계

경비원에게는 사법경찰권이 없기 때문에, 어떠한 경우에도 불심자의 범죄사실을 조사하는 등의 직무를 수행하는 것은 허용되지 않는다. 따라서 순찰중 또는 질문·검색을 하는 과정에서 범죄사실을 발견한 경우에는 관할경찰관서에 연락하여 인계하도록 해야 한다.

(2) 동행 요구 및 거절권

경비원은 관할 경찰서에 범죄혐의자를 인계하기 전까지 경비구역내의 경비사무실까지 동행을 요구할 수는 있으나, 이 경우 동행을 요구받은 사람은 그 요구를 거절할 수 있다. 따라서 불심대상자가 동행 요구를 거절하는 경우에는 현장에서 최단시간 내에 경찰관서에 인계할 수 있는 방안을 강구해야 한다.

Ⅲ. 현행범 체포

1. 현행범과 준현행범의 의의

현행범이란 "현재 범죄를 실행 중이거나 실행 직후인 자"를 말하며, 준현행범이란 1) 범인으로 호칭되어 추적되고 있는 때, 2) 장물이나 범죄에 사용되었다고 인정하기 충분한 흉기 기타의 물건을 소지하고 있는 때, 3) 신체 또는 의복류에 현저한 증적이 있을 때, 4) 누구냐고의 물음에 대하여 도망하는 자" 등을 말한다.

2. 현행범인과 준현행범인에 대한 조치

현행범인에 대한 전반적인 내용 등은 후술하는 「체포호신술」편에서 구체적으로 기술하였고, 여기서는 간략하게 체포시 유의사항과 조치에 대해서만 서술하였다.

1) 체포

(1) 현행범인과 준현행범은 누구든지 영장 없이 체포할 수 있으며, 이는 영장주의의 예외이기 때문에 경비근무자도 당연히 체포할 수 있다.

(2) 경비원에게는 범인이 소지한 흉기·장물 등에 대해서 압수·수색할 권한이 인정되지 않는다. 그러나 범인의 자살방지와 증거인멸 방지를 위하여 흉기·장물 등을 범인으로부터 분리해 두는 것을 잊지 말아야 한다.

(3) 현행범을 체포한 경우 폭력을 행사하거나 진술서 쓰기를 강요해서는 안 된다.

「관련판례」

★ 절도범이 경비원에 의하여 현행범인으로 체포되었으나, 아직 경찰관에게 인도되지 아니한
상태에서 체포상태를 면하기 위하여 경비원을 폭행하였다면 준강도죄에 해당한다.

대법원은, "피고인이 점유자 또는 소유자의 승낙없이 물건을 갖고 나오다 경비원에게 발각되
어 동인이 절도범인 체포사실을 파출소에 신고전화하려는데 피고인이 잘해보자며 대들면서 폭
행을 가한 경우에는, 설사 그 같은 행위가 피고인이 사장도 잘 안다하며 전화확인을 하자는
제의를 경비원이 거부하면서 내일이나 모래와서 확인한 후에 가져가라하자 피고인이 자기의
것이니 무조건 달라고 시비한 끝에 저질러진 것이라 하여도, 그곳이 체포현장이었고 주위 사
람에게 도주를 방지케 부탁한 상태 아래 일어난 것이라면 준 강도 행위에 해당한다"라고 판시
하고 있다(대판 1984.7.24. 84도1167, 84감도171).

---

2) 인도

경비근무자가 현행범인을 체포한 때에는 즉시 검사 또는 경찰관에게 인
도하여야 하며,[10] 인도시에는 경찰관의 물음에 따라 경비근무자의·성명·주
소·체포경위 등을 자세히 고지하여 차후 범죄사실의 확인에 도움이 되어야
한다.

Ⅳ. 현장보존

1. 의의

현장보존이라 함은 범죄현장의 상태를 범죄발생 또는 범죄발각 당시 그
대로의 상태로 일정기간 보존하는 것을 의미한다. 수사는 범죄현장에 증거

---

10) 형사소송법 제213조.

가 될 만한 유류된 물건들로부터 매우 중요한 정보들을 얻을 수 있기 때문에, 경비현장에서 발견된 유류물들은 어떤 방식으로든지 훼손되거나 변경되지 않도록 하여야 한다.[11]

2. 현장보존시 주의사항

범죄현장은 증거의 보고이다. 따라서 경비근무자는 현장을 감시할 경찰관이 현장에 나타나 인수할 때까지 아래와 같은 사항에 유의하면서 현장보존을 철저하게 하여야 한다.

1) 사체·흉기·현장의 물건 등에 절대로 손을 대서는 안 되며, 원상태로의 보존이 되도록 하여야 한다.

2) 종이조각·모발·담배꽁초 등을 현장에 떨어뜨리거나 침을 뱉지 말아야 한다.

3) 부주의로 족적을 남겼거나 현장을 변경할 때에는 분필이나 스프레이로 원위치를 표시하거나 사진촬영 등을 하여, 이와 같은 사실을 경찰관에게 그대로 신고하여야 한다.

3. 현장통제[12]

1) 부상자 처리

경비근무지역의 범죄현장에 부상자가 있는 경우 응급조치를 취해야 하

---

11) 김형중, 「수사학총론」, 서울: 청목출판사, 2012, pp.187－188.
12) 김형중, 위의 책, p.188.

고, 만약 부상자가 병원으로 이송된 경우에는 분필이나 스프레이로 원위치를 표시하거나 사진 촬영 등을 하여 범죄현장 변경으로 인한 범죄수사 추리에 혼선이 오지 않도록 하여야 한다.

2) 현장보존의 범위는 가능한 한 광범위하게 줄을 치거나 바리케이드를 설치하여 출입이 허가되지 않은 사람은 누구라도 접근하지 못하도록 하여야 한다.

4. 현장인계

경찰관이 현장에 도착하면 경비근무자는 현장 발견시간·발견경위·부상자 등의 조치와 원형보존(변경) 조치 등 현장과 관련된 사항을 여과없이 정확히 설명하고 사실대로 진술하여야 한다.

V. 유실물 발견과 처리

시설경비원은 경비근무 중 유실물을 발견할 경우 유실물법에 정한 절차적 규정에 따라 처리하여야 한다.

1. 유실물의 의의

유실물이란 점유자의 뜻에 의하지 않고, 또한 타인에게 절취된 것이 아니면서 어떤 우연한 사정으로 그 지배에서 벗어난 동산이나 준유실물[13]을 말한다. 따라서 점유자의 의사에 의하여 버린 물건이나 도품(절도한 물건)은

---

13) 준유실물이라 함은 착오로 인하여 점유한 물건, 타인이 놓고간 물건, 도망가서 잃어버린 가축 등을 말한다.

유실물이 아니다.14)

2. 유실물의 처리절차

경비원이 시설경비 내에서 유실물을 습득하였을 경우에는 7일 이내에 관할 경찰서에 신고하여야 한다. 이때 관할 경찰서에서는 습득물의 제출자에게 보관증을 교부하도록 되어 있으며, 보관증은 받은자(예컨대, 경비원)가 이를 분실하였을 때에는 즉시 그 일시·장소 및 경위를 보관증을 교부한 관할 경찰서에 신고하여야 한다.

3. 습득자의 권리취득과 상실

1) 권리취득

(1) 소유권 취득(습득물을 취득할 권리)

습득물을 공고한 후 6개월 내에 그 소유자가 권리를 주장하지 아니하면 습득자(예컨대, 경비원)가 그 물건의 소유권을 획득한다.

(2) 보상금을 받을 권리

물건을 반환받는 자(청구권자)는 물건가액(物件價額)의 100분의 5 이상 100분의 20 이하의 범위에서 보상금을 습득자(예컨대, 경비원)에게 지급하여야 한다.

2) 습득자의 권리 포기 등

(1) 습득자는 미리 신고하여 습득물에 관한 모든 권리를 포기하고 의무

---

14) 김형중, 「경찰학각론」, 서울: 청목출판사, 2015, p.97.

를 지지 아니할 수 있다.

(2) 법률에 따라 소유 또는 소지가 금지된 물건의 습득자는 소유권을 취득할 수 없다. 소지가 금지된 대표적인 물건으로는 총포·화약·마약등을 들 수 있다.

(3) 습득자가 권리를 포기하거나 소유권의 취득권리를 포기하고자 할 때는 권리포기서를 관할 경찰서장에게 제출하여야 한다.

3) 습득자의 권리 상실

습득자는 다음의 2가지 경우에 해당하는 경우, 보상금과 소유권을 취득할 권리를 상실한다.

(1) 습득물이나 그 밖의 유실물법의 규정을 준용하는 물건을 횡령함으로써 처벌을 받은 자(점유이탈물횡령죄)가 이에 해당한다. 예컨대, 시설경비원이 순찰 중 아파트 시설 내 벤치에서 고급 시계를 습득하여 유실물법상의 절차를 밟지 않고 차고 다니거나 보관한 경우에는 점유이탈물횡령죄가 성립한다. 따라서 이러한 행위로 인하여 습득자인 경비원이 처벌된 전과가 있다면, 습득물에 대한 보상금과 소유권을 취득할 권리는 상실된다.

(2) 습득일부터 7일 이내에 타인이 유실한 물건을 습득한 자는 이를 신속하게 유실자 또는 소유자, 그 밖에 물건회복의 청구권을 가진 자에게 반환하거나 경찰서(지구대, 파출소등)에 제출하여야 하나, 이를 어기고 제출하지 아니한 경우(유실물법 제1조 제1항), 또는 범죄자가 놓고 간 것으로 인정되는 물건을 습득하였다면 신속히 그 물건을 경찰서에 제출하여야 하나, 그러한 절차를 밟지 아니한 경우(유실물법 제11조 제1항)에도 보상금과 소유권을 취득할 권리는 상실된다.

「점유이탈물횡령죄」

① 점유이탈물의 의의 및 점유이탈물 횡령죄

　점유이탈물이라 함은 점유자의 의사에 의하지 아니하고 그 점유(사실상의 지배)를 떠났으나, 아직 누구의 점유에도 속하지 않은 물건을 말한다. 즉, 유실물·표류물·매장물·타인이 두고간 물건·도주한 가축·잘못 배달된 우편물·착오로 받은 돈이나 물건 등과 같이 우연하게 자기의 점유에 속하게 된 물건을 말한다.

　한편, 점유이탈물횡령죄라 함은 유실물·표류물·매장물, 또는 타인의 점유를 이탈한 재물을 횡령하는 범죄를 말하며, 이러한 행위는 1년 이하의 징역이나 300만원 이하의 벌금 또는 과료에 처해진다.

② 관련 판례
㉠ 점유이탈물횡령죄 성립

　대법원판례는 길가에 일시 방치되어 있는 물건(고장난 차, 목재 등)·여관이나 호텔 등의 욕실 내에 있는 물건, 택시나 비행기 내에 있는 승객의 유실물 등을 가져갈 경우, 절도죄가 아닌 점유물횡령죄로 본다. 예컨대, 승객이 내린 지하철의 선반 위에 있는 물건을 가지고 갈 경우 점유이탈물횡령죄가 성립한다(대판 1999.11.26. 99도3693).
㉡ 절도죄 성립

　택시기사가 손님이 내린 휴대폰을 손님이 찾을 수 없도록 즉시 전원을 꺼버리고 이를 휴대폰 장물업자에게 팔아넘긴 경우, 휴대폰을 주인에게 돌려주지 않고 팔아서 이익을 취하려는 고의성이 인정되므로 점유이탈물횡령죄가 아니라 절도죄가 성립한다.

(3) 유실물 습득시 유의사항

　시설경비원은 시설 내에서 순찰 또는 방범활동 중 유실물 등을 발견하였을 경우, 유실물법의 규정에 따라 7일 이내 경찰관서에 유실물 등을 제출하여야 한다. 그러나 이를 위반하여 경찰관서 등에 제출함이 없이 임의로 사용하거나 처분한 경우에는 점유이탈물 횡령죄로 처벌되어 범죄경력자가 될 가능성이 높다. 따라서 이러한 유실물법에 위반한 해당 시설경비원은 습득자에게 지급되는 보상금과 소유권을 취득할 권리를 상실하게 된다(유실물법 제9조).

제4절 경비원 업무범위의 한계

I. 관련 근거

공동주택(아파트, 연립주택, 다세대주택 등) 경비원이 경비업무의 청소, 분리수거 등 타 업무를 병행하는 현실을 반영하고 업무범위를 명확히 하기 위해「공동주택관리법 및 시행령」이 2021.10.21. 개정 및 신설되었다. 이에 따라「공동주택 경비원」은「공동주택관리법」제65조의2(경비원 등 근로자의 업무 등) 및「공동주택관리법 시행령」제69조의2(경비원이 예외적으로 종사할 수 있는 업무 등)에 의해 경비업무의 업무금지조항(경비업법 제7조 제1항)의 예외가 인정되어 경비업무와 함께 다른 업무도 수행할 수 있게 되었다. 이하는 공동주택관리법 제5조의2(경비원 등 근로자의 업무 등) 및 공동주택관리법 시행령 제69조의2(경비원이 예외적으로 종사할 수 있는 업무 등)의 개정 및 신설 조항 내용이다.

공동주택관리법 (20.10.20. 개정, 21.10.21. 시행)	공동주택관리법 시행령 (21.10.19. 개정, 21.10.21. 시행)
제65조의2(경비원 등 근로자의 업무 등) ① 공동주택에 경비원을 배치한 경비업자(「경비업법」제4조 제1항에 따라 허가를 받은 경비업자를 말한다)는「경비업법」제7조 제5항에도 불구하고 대통령령으로 정하는 공동주택 관리에 필요한 업무에 경비원을 종사하게 할 수 있다. ②~④ 생략	제69조의2(경비원이 예외적으로 종사할 수 있는 업무 등) ① 법 제65조의2 제1항에서 "대통령령으로 정하는 공동주택 관리에 필요한 업무"란 다음 각 호의 업무를 말한다. 1. 청소와 이에 준하는 미화의 보조 2. 재활용 가능 자원의 분리배출 감시 및 정리 3. 안내문의 게시와 우편수취함 투입 ② 공동주택 경비원은 공동주택에서의 도난, 화재, 그 밖의 혼잡 등으로 인한 위험발생을 방지하기 위한 범위에서 주차 관리와 택배물품 보관 업무를 수행할 수 있다.

Ⅱ. 공동주택경비원 업무범위 관련 시행령(제69조의2) 개요

1. 경비원의 경비업무 범위

1) 경비업법 및 공동주택 관리법 상의 경비원 업무범위

[현행]

경비업법에 따른 경비업무
• 시설경비 업무 : 경비대상 시설에서 위험 발생 방지하는 업무   * 해석상 주차관리, 택배물품 보관 등은 시설경비업무에 해당됨

그 밖의 실제 업무범위
• 청소관리조경 • 분리수거 • 관리사무소 업무보조

[개정]

경비업법에 따른 경비업무

• 현행과 같음
• (제2항) 위험발생방지
  범위 내 주차관리와 택배 물품관리
  * 개인차량·택배물품 세대 배달 등은 제외

공동주택관리법 제65조의2에 따른 업무범위

• (제1항 제1호) 청소와 이에 준하는 미화보조
• (제1항 제2호) 재활용 가능자원의 분리배출 감시 및 정리
• (제1항 제3호) 안내문의 게시와 우편수취함 투입
  * 그 밖의 관리사무소 일반보조업무는 제한됨
  * 구체적인 사항은 아래 국토교통부에서 발표한 공동주택 경비원의 업무범위 안내문(도표 안의 내용)을 참조할 것

2) 공동주택 경비원 근로자의 업무 등(신설)

- 관련근거: 공동주택관리법 제65조의2, 공동주택관리법 시행령 제69
  조의2

- 경비원이 종사할 수 있는 업무범위 및 제한 업무(공동주택 경비원의 업
  무범위 안내문)

아래 예시는 일반적인 상황을 기준으로 예시한 것으로 구체적 사정에 따라 달라질 수도 있다.

업무구분		허용	제한
경비업무	주요업무	• 도난·화재·위험발생방지 순찰, 방범 • CCTV감시, 외부인 출입관리, 심야시간 등의 위험 • 위험발생을 방지하기 위한 긴급업무	
	주차관리	• 불법주차감시, 장애인 주차구역주차감시 • 외부차량 출입통제, 차량의 안전한 통행유도 • 정·후문차량통제, 위험방지를 위한 차량이동조치	개인차량 주차대행 제외 (발렛주차)
	택배보관	• 택배물·우편물·등기 등 보관 및 대장관리	개인세대 택배물배달 제외
관리업무	청소미화보조	• 잡초제거, 낙엽청소 • 부분적 가지치기, 수목관수 • 단지 내 쓰레기 수거·제설작업	• 기술 장비를 요하는 도색 및 제초작업 • 수목식재, 소독 및 정원조성 • 건물내 청소(승강기, 계단, 복도 등), 제외
	분리수거	• 재활용품 분리배출 감시·정리 • 재활용품 반출 확인·재활용품 반출 후 주변 정리 • 대형 폐기물 스티커 관리	• 개별세대 대형폐기물 수거·운반 제외
	관리사무소일반업무보조	• 안내문 게시 및 비치 • 우편수취함 투입	• 고지서·안내문 개별배부 • 각종 동의서 징구 • 공용공간 수리 • 전기·가스·수도 등 검침 • 선거관리위원회 운용보조 • 관리사무소 일반 업무보조 등, 제외

출처: (국토교통부) 공동주택 경비원의 업무범위안내(2021.10.21.)

2. 적용대상

공동주택 경비원은 관리방식에 따라 소속이 달라진다. 위탁관리방식인 경우의 경비원은 주택관리업자 또는 경비업자에 소속되고, 자치관리방식인 경우의 경비원은 입주자 대표회의 또는 경비업자에 소속되어 있다.

개정 공동주택관리법시행령은 「경비업법에 따른 경비원에 대해서만 적용되고, 「경비업법」은 경비업자를 통한 도급경비에만 적용된다. 그러기 때문에 자치관리방식 중 입주자대표회의가 경비원을 직접 고용하는 경우를 제외한 나머지 모든 경우가 적용대상이 된다. 따라서 적용대상은 ① 공동주택에서 근무하는 경비원, ② 위탁방식의 경우 주택관리업자 또는 경비업자에 소속된 경비원, ③ 경비업무를 도급받은 경비업자에게 소속된 경비원 등이 모두 해당된다.

Ⅲ. 공동주택 경비원 업무범위와 관련된 현안문제와 답변

공동주택 경비원 업무범위와 관련 질문과 답변의 내용은 국토교통부의 공동주택경비원 업무범위 안내문을 그대로 인용하였음을 밝혀둔다(국토교통부, 2021.10.21.).

1. 공동주택 경비원의 업무범위 일반

Q. 개정 시행령의 적용을 받는 경비원은 「경비업법」의 적용대상에서 제외되는지?

○ 개정 시행령은 「경비업법」의 적용을 받는 경비원 중 공동주택에서 근무하는 경비원에 대하여 업무범위의 특칙을 규정한 것이므로, 일반법인 「경비업법」에서 규정한 사항을 준수해야 한다.

따라서 경비업자는 「경비업법」에 따른 경비원 배치 신고(제18조), 복장 신고(제18조), 경비원 교육(제18조) 등 관련 의무도 준수해야 한다.

Q. 개정 공동주택관리법 시행령의 적용을 받지 않는 경비원의 업무범위는 어떻게 정해야 하는지?

○ 관리방식을 자치관리로 정하고 경비원을 직접 고용하는 공동주택의 경우 「경비업법」 및 개정 「공동주택관리법 시행령」의 적용 대상이 아니므로, 공동주택의 규모·여건을 고려하여 업무범위를 정할 수 있다. 다만 이 경우 「근로기준법」 등 관련 법령에 따른 임금, 근로시간 등 기준에 부합하도록 근로계약을 체결하여 업무를 수행하도록 해야한다.

Q. 공동주택 경비원은 시행령에서 허용된 업무를 모두 수행해야 하는 것인지?

○ 시행령에서 규정한 공동주택 경비원의 업무를 모두 수행해야 하는 것은 아니며, 허용업무 중 단지별 여건을 고려하여 경비업 도급계약서와 근로계약서 등에서 정한 업무만 수행하면 된다.

Q. 자치관리 공동주택의 업무범위는?

○ 공동주택 관리방식을 자치관리로 정하고 경비원을 직접 고용하여 운영하고 있는 소규모 공동주택의 경우에는 종래부터 「경비업법」 적용대상이 아니므로, 종래대로 여건에 따라 다양한 업무 수행이 가능하다.

Q. 개정 시행령에서 허용된 업무 외의 업무를 근로계약서에 포함할 것을 요구하는 경우 어떻게 해야 하는지?

○ 근로계약서에 공동주택 경비원에게 허용되는 업무 외의 업무를 추가

하여 작성하여도 시행령에서 허용한 업무만 수행할 수 있다.

> ### Q. 공동주택 경비원에게 별도 수당을 지급하면 허용되지 않는 업무를 수행하도록 할 수 있는지?

○ 공동주택 경비원은 「경비업법」, 「공동주택관리법」 등 법령에 부합하도록 업무범위를 정하여 근로계약을 체결하고 업무를 수행해야 한다. 따라서 별도 수당을 지급하여도 허용되지 않는 업무를 경비원에게 수행하게 할 수 없다.

> ### Q. 공동주택 경비원 업무범위를 위반할 경우 처벌이 가능한지?

○ 공동주택 경비업자가 「공동주택관리법 시행령」 제69조의2를 위반하여 경비원에게 허용되는 업무 외의 업무를 수행하게 하였다면, 경비업 허가는 취소된다(경비업법 제19조).

이에 대하여 헌법재판소는 경비원에게 시설경비업무 외에 분리수거나 택배관리 등의 업무를 맡길 경우 경비업자에 대한 경비업 허가를 취소하도록 한 경비업법 조항[15]은 헌법에 어긋난다는 결정[16]을 하고 적용중지를 명령하였다(2023.3.23). 다만 이 사건에서 법개정시한으로 제시한 2024년 12월 31일까지 해당 법률의 적용을 중지하라고 판결하였다.

이러한 헌법재판소의 헌법불합치 결정 후에 사법부 역시 경비 외 업무

---

15) 경비업법 제7조(경비업자의 의무) 제5항: 경비업자는 허가받은 경비업무외의 업무에 경비원을 종사하게 하여서는 안 된다. 경비업법 제19조(경비업허가의취소등) 제2항: 제7조 제5항의 규정에 위반하는 행위를 할 때는 경비업허가를 취소하여야 한다.

16) 헌법불합치결정은 해당 법률을 즉각적으로 무효로 하는 위헌결정과는 달리 법적안정과 사회적혼란을 피하기 위해 유예기간을 두는 결정이다.

를 수행하게 했다는 이유로 경비업체 허가를 취소한 경찰청의 처분에 대해 1심판결[17]과는 달리 항소심에서는 해당경비업체의 경비업허가 취소처분취소청구소송을 인용하는 판결을 하였다. 이에 따라 일각에서는 다른 법령(공동주택관리법등)과의 형평성에 맞게 경비업법 규정도 개정되어야 한다는 지적이 나오고 있다.

한편, 입주자, 입주자대표회의, 관리주체 등이 공동주택관리법 시행령」 제69조의2를 위반하여 경비원에게 허용된 업무 이외 업무를 수행 하게 하는 경우 지자체장은 위반사실에 대한 사실조사, 시정명령을 거쳐 미이행시 1천만 원 이하의 과태료 부과가 가능하다(동법 제93조 제1항).

2. 청소와 이에 준하는 미화의 보조

Q. 청소와 이에 준하는 미화의 보조에 해당되는 경비원의 업무에는 어떤 것들이 있는지?

○ '청소와 이에 준하는 미화의 보조'(이하 '청소와 미화보조')에는 공동주택 단지 내 쓰레기 수거, 잡초제거, 낙엽청소, 제설작업 등 단지 내에서 안전하고 쾌적한 환경관리를 위해 필요한 일상적인 청소업무 및 현상유지를 위한 범위의 미화가 포함된다. 그러나 단지별 여건을 감안하여 '청소와 미화보조' 업무의 범위와 규모를 결정하되, 경비원의 주된 업무인 경비업무 수행에 지장을 초래하지 않아야 하고, 미화원 등 다른 근로자를 보조하는 범위 내로 설정 할 필요가 있다.

---

17) 수원지법1심은 경비외 업무를 수행하게 했다는 이유로 허가를 취소한 경찰청의 처분에 대해 해당 경비업체가 경비허가 취소처분취소청구소송을 제기하였으나, 이를 기각하였다.

Q. 연 1~2회 정도 도색 또는 제초작업을 하는 경우, 이를 경비원이 수행할 수 있는지?

○ 경비원이 보조적으로 수행 가능한 '청소와 미화보조' 업무는 단지 내의 안전한 환경관리를 위해 필요한 일상적인 청소 및 현상유지를 위한 범위의 미화가 포함된다. 그러나, 도색 또는 제초작업을 위해 하루의 대부분 또는 그 이상을 소요해야 하거나 전문적인 기술·장비를 요하는 경우라면, 주된 업무인 경비업무 수행에 지장을 초래할 것이므로 일반적으로 업무 범위를 벗어난 것으로 볼 수 있다. 따라서, 도색 또는 제초작업 전문 인력을 보조하며 주변을 청소하는 등 경비업무 수행에 지장을 초래하지 않도록 해야한다.

Q. 공동주택 화단 내 수목관리 업무를 경비원이 수행 가능한지?

○ 안전하고 쾌적한 공동주택 환경관리를 위해 일상적인 범위 내에서 부분적인 가지치기, 수목 관수 등은 경비업무 수행에 지장을 초래하지 않는 범위 내에서 경비원이 수행하는 것은 가능하다. 다만, 수목 식재 및 소독, 정원 조성 등 전문 기술·장비가 필요하거나, 전문업체에서 수행해야 하는 작업은 제한된다.

Q. 관리사무소 직원이 제초작업을 한 이후 경비원이 주변 청소를 수행 가능한지?

○ 제초작업 이후에 발생한 잡풀, 쓰레기를 청소하는 것은 안전하고 쾌적한 공동주택 환경관리를 위해 일상적인 범위 내에서 수행 가능한 업무이

므로, 경비업무 수행에 지장을 초래하지 않는 범위에서 경비원이 수행하는 것은 가능하다.

3. 재활용 가능 자원의 분리배출 감시 및 정리

Q. 재활용 가능 자원의 분리배출 감시 및 정리에 해당하는 경비원의 업무에는 어떤 것들이 있는지?

○ '재활용 가능 자원의 분리배출 감시 및 정리'(이하 '재활용 분리배출') 에는 단지 내 분리배출 업무 이외에도 대형폐기물 배출시 스티커 부착 여부 확인 등의 업무도 포함된다.

또한, 단지별 여건을 감안하여 정리된 재활용자원의 반출 확인 및 주변 정리 업무 등도 '재활용 분리배출 업무'에 포함하여 수행 가능하나, 경비업 무 수행에 지장을 초래하지 않도록 해야 한다.

Q. 폐가전·폐가구를 단지 내 보관장소로 이동시키거나, 수거 및 상차 작업 보조 업무를 경비원이 수행가능한지?

○ 개별세대의 대형 폐가전·폐가구 등을 수거하거나 단지 내 보관 장소 로 이동시키는 것은 '재활용 분리배출' 업무에 해당하지 않는다.

그러나 단지별 여건을 감안하여 보관된 폐가전, 폐가구 등의 반출 확인 및 주변정리 업무 등은 '재활용 분리배출' 업무에 포함하여 수행 가능하나, 경비업무 수행에 지장을 초래하지 않아야 한다.

4. 안내문의 게시 및 우편수취함 투입

Q. 안내문의 게시와 우편수취함 투입 업무의 구체적 범위는 어떻게 되는지?

○ 공동주택 경비원 업무에 관리사무소 보조업무는 원칙적으로 배제되나, '안내문의 게시와 우편수취함 투입'은 허용된다. 즉, 안내문의 게시는 입주민 대상 안내문을 동별 게시판 등 정해진 장소에 게시·비치하는 것이고, 우편수취함 투입은 공용공간의 우편수취함에 투입하는 것이다. 그러나 개별 세대까지 전달하는 것은 제한된다.

Q. 관리사무소 보조업무를 제한하는 이유 및 그 예시는?

○ 종래 공동주택 경비원이 관리사무소 보조업무를 수행해 왔으나, 「경비업법」 등 관련 법령의 취지와 경비원의 근로여건 개선을 위해 경비업무와 무관한 관리사무소 보조업무를 제한하게 되었다. 금지되는 관리사무소 보조업무의 예시로는 ① 개별 세대에 대한 고지서 안내서 배부, ② 각종 동의서 징구, ③ 공용공간 수리, ④ 전기·가스·수도 검침, ⑤ 선거관리위원회 운영 지원 등을 들 수 있다.

5. 주차관리·택배물품 보관 업무

Q. 위험발생 방지를 위한 주차관리와 택배물품 보관 업무의 허용 범위는?

○ 주차관리와 택배물품 보관업무는 경비업법에 따른 시설경비에 해당

되므로, 경비원의 경비업무에 포함된다(경비업법상 경비대상시설에서 도난·화재 등으로 인한 위험발생 방지 업무).

Q. 위험발생 방지 범위 내 주차관리 업무에 해당되는 경비원의 업무에는 어떤 것들이 있는지?

○ 경비원이 수행할 수 있는 주차관리 업무에는 ① 불법주차 감시, ② 장애인 주차구역 주차 감시, ③ 단지 내 외부차량 출입 통제(주차 스티커 확인 포함), ④ 정·후문 차량 통제, ⑤ 차량의 안전한 통행 유도, ⑥ 위험발생을 방지하기 위한 목적의 차량 이동조치 등이 해당된다. 다만, 일부 문제가 되었던 개인차량 주차대행(발렛주차) 등과 같이 개별세대 차량을 직접 관리하는 업무는 제한된다.

Q. 위험발생 방지 범위 내 택배물품 보관 업무에 해당되는 경비원의 업무범위는 어떻게 되는지?

○ 경비원이 부득이하게 택배물품·우편물 등 즉시 수령하기 어려운 입주민을 위해 택배물품 등을 일시 보관하고 관리할 수는 있으나(허용), 택배물품 등을 개별세대에 직접 배달하는 것은 제한된다. 다만, 이 경우 해당 공동주택은 경비원이 택배물품 분실 등에 대한 과다한 책임부담을 지지 않도록 안전한 보관장소를 확보해야 하며, 보관기간 등 필요한 사항을 사전에 정해 두어야 한다.

6. 신설 규정에 따른 경비업자·입주자·경비원의 의무

1) 경비업자의 의무

(1) 경비업자는 허가받은 경비업무외의 업무에 경비원을 종사하게 하여서는 아니된다(경비업법 제7조 제5항).

(2) 위 규정에도 불구하고 공동주택 경비원은 대통령령으로 정하는 공동주택 관리에 필요한 업무에 경비원을 종사하게 할 수 있다(공동주택관리법 제65조의2).

2) 입주자 등의 의무(공동주택관리법 제65조의2)

(1) 입주자 등, 입주자대표회의 및 관리주체 등은 경비원 등 근로자에게 적정한 보수를 지급하고, 처우개선과 인권존중을 위하여 노력하여야 한다.

(2) 입주자 등, 입주자대표회의 및 관리주체 등은 경비원 등 근로자에게 다음 각 호의 어느 하나에 해당하는 행위를 하여서는 아니 된다.

1. 이 법 또는 관계 법령에 위반되는 지시를 하거나 명령을 하는 행위
2. 업무 이외에 부당한 지시를 하거나 명령을 하는 행위

3) 경비원의 의무(공동주택관리법 제65조의2)

경비원 등 근로자는 입주자 등에게 수준 높은 근로 서비스를 제공하여야 한다.

05

신변보호 실무

Theories of Field Business for private Security

내 생애의 최대의 자랑은 한 번도 실패하지
않았다는 것이 아니라 넘어질 때마다 다시
일어났다는 것이다.

-콜드 스미스-

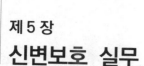

제5장
신변보호 실무

제1절 신변보호의 이론적 개념

I. 신변보호의 정의와 활동영역

1. 신변보호의 정의

경호 또는 신변보호라는 용어[1]는 일반적으로 동일한 내용과 의미로 사용되고 있기는 하지만, 법률상으로는 엄격하게 구별하여 사용하고 있다. 경호는 국가기관(대통령실 경호처·경찰)에서 수행하는 공경호(public protection)와 민간경비업자가 영리목적하에 특정한 의뢰자에게 제공하는 민간경호(private protection)로 구분할 수 있다. 공경호에 관한 대표적인 법률로는 「대통령등의 경호에 관한 법률」을 들 수 있고, 민간경호에 관한 법률로서는 「경비업법」이 유일하다. 전자(대통령등의 경호에 관한 법률)의 경우에는 '경호'라는 용어를 사용하고 있는 반면, 후자(경비업법)인 경우에는 '신변보호'라는 용어를 사용하여 각각의 개념을 정의하고 있다.

---

1) 경호 또는 신변보호라는 것은 "경호대상자의 절대적 신변안전을 확보하기 위하여 사용 가능한 모든 수단과 방법을 동원하여 직·간접적인 위해요인을 사전에 방지·제거하기 위한 제반 활동"이라고 정의할 수 있다(최선우, 「민간경비론」, 인천: 진영사, 2012, p.579).

1) 대통령등의 경호에 관한 법률

"경호란 경호대상자의 생명과 재산을 보호하기 위하여 신체에 가하여 지는 위해를 방지하거나 제거하고, 특정 지역을 경계·순찰 및 방비하는 등의 모든 안전활동을 말한다"라고 정의하고 있다(동법 제2조). 따라서 동법에서는 경호의 개념은 호위와 경비라는 뜻이 결합된 의미로 사용되어지고 있다. 즉, 대통령등의 경호는 신체에 대하여 직접적으로 가해지는 위해를 근접에서 방지·제거하는 호위경호(근접경호)에 국한되지 않고, 경계·순찰·방비 등 광범위한 영역에 대한 경비활동까지 모두 포함하는 광의의 경호개념이다.

2) 경비업법

경비업법상 신변보호업무란 "사람의 생명이나 신체에 대해 위해의 발생을 방지하고 그 신변을 보호하는 업무"라고 정의하고 있는데, 이는 협의의 경호개념이다. 이러한 협의의 경호개념인 신변보호업무를 민간경비업의 여러 업무 중의 한 유형으로 규정하고 있는 국가 중의 하나가 우리나라와 일본이다.[2]

현행 경비업법에서 규정하고 있는 신변보호업무, 즉 신변보호서비스라는 것은 사람의 신변보호자체가 핵심이고 그 활동영역도 사람의 신체에 대한 위해방지와 보호에 국한되는 업무라고 해석할 수 있다. 따라서 경비업법 제2조에서 정의되는 신변보호업무는 신변보호를 전문적으로 수행하는 일반경비원, 이른바 '사설경호원'을 의미한다고 볼 수 있다.

---

[2] 신변보호업무와 관련된 법으로서는 우리나라 경비업법 제2조와 일본 경비업법 제2조에서 이를 규정하고 있다.

2. 경비업법상의 「신변보호업무」의 의미 및 분석

1) 공경호와 사경호의 영역과 권한의 한계

(1) 공경호의 주체와 권한

일반적으로 경호 및 신변보호라는 용어는 혼용되어 사용되고 있기는 하지만, 양자는 주체·객체·공공성 유무 등에서 현격한 차이가 있다.

공경호(公警護)는 정부기관(대통령경호처·경찰) 또는 경호주체[3]가 국가기관요원(예컨대, 대통령 경호처의 경호공무원)으로 경호활동 자체가 공공성을 띠고 있고, 경호객체 또한 국가적 차원에서 보호하고자 하는 경호대상자(대통령 등 국내요인·국빈 등 외국주요인사 등)에 한정된다. 따라서 공경호는 모든 다른 공적업무에 최우선하여 수행되어야 할 현안업무 중의 하나이다.

한편, 공경호를 수행하는 국가경호기관요원(경호원)은 경호와 관련하여 피의자를 임의동행하거나 체포·검문 등의 조치를 취하는 등 일정한 범위 내에서 법적 구속력[4]을 행사할 수 있는 권한을 부여받고 있다.

(2) 사경호(민간경호)의 주체와 권한

사경호(민간경호)는 경호대상자의 신분과 무관하며, 경호주체가 민간인인 경우를 사경호 또는 사설경호라 한다. 사경호는 공경호의 경호대상자와는 달리 민간경호차원에서 보호하고자 하는 경호대상자(객체)이다. 따라서 공경호처럼 경호대상자가 법률에 의해 한정되어 있지 않기 때문에, 사회가

---

3) 경호주체라 함은 경호를 시행하는 주체를 말한다. 즉, 경호원의 신분이 국가공무원인 경우를 공경호라 한다. 따라서 대통령의 자녀들은 민간인 신분이지만, 경호법상의 경호대상자이므로 당연히 대통령 경호공무원에 의해 공경호를 제공받게 된다.

4) 대통령 경호처 경호공무원은 경호구역 내에서의 질서유지 등을 위한 행정경찰권과 직무수행 중 인지한 범죄에 관하여 직무상 또는 수사상 긴급을 요하는 한도 내에서 사법경찰권을 갖는다(대통령등의 경호에 관한 법률 제5조·제17조). 그리고 필요한 경우에는 무기를 휴대 및 사용할 수 있다(대통령등의 경호에 관한 법률 제19조).

다변화·복잡화되어 갈수록 개인적으로 신변보호를 필요로 하는 사설경호의 존재는 필연적인 현상이라고 볼 수 있다. 한편, 민간경호(사경호)는 민간조직인 경비업의 한 유형으로 이루어지고 있고, 이에 소속된 민간경비원(사설경호원)에 의해 신변보호업무가 수행되고 있다. 그러나 민간경비원은 그 신분이 민간인이기 때문에 일반시민으로서 행사하는 권한 이외의 다른 권한은 인정되지 않는다. 즉, 민간경호원(사설경호원)은 공경호 경호원과는 달리 행정경찰권이나 사법권이 없으며, 그 행위가 정당행위·정당방위 등의 위법성 조각 사유에 해당되는 경우를 제외하고는 법규상 어떠한 권한도 주어지지 않는다.

2) 신변보호업무의 목적과 활동영역의 확대

공경호 및 신변보호의 궁극적인 목적은 경호대상에 대한 납치·혼란·암살 등 신체적 위해로부터 보호하는 것이며, 나아가 질서유지 및 보호대상의 권위유지 등을 도모하는 데 있다.

우리나라의 경우 통상적으로 '경호'라고 하면 국내외의 중요한 정치인(대통령·국왕 등 외국국빈)을 대상으로 국가기관에서 수행하는 요인경호업무가 주류를 이루었으나, 최근에는 민간경비분야에서의 사설경호업무가 점차적으로 확대·발전하는 추세를 보이고 있다.

이러한 현상은 경찰력의 한계와 범죄와 테러공격(부녀자 납치·유괴 등)에 대응한 민간차원에서의 일종의 자구책이라고 볼 수 있다. 오늘날 사설신변경호업무는 정치·경제적 중요인물(기업 CEO 등)·예술인·스포츠선수·스토커에 시달리는 연예인·일반시민(부녀자, 어린이, 노약자 등)에 이르기까지 그 대상자가 증가하고 있고, 한편 대규모 공연, 주주총회의 경호, 심지어 예식장 경호 등 특별한 행사에까지도 사설신변경호영역이 날로 확대되고 있는 실정이다.

II. 사설신변경호의 구조체제 및 위험요소

1. 사설신변경호의 인적 구성요소

1) 사설경호원의 정의와 명칭

사설경호원은 경호대상자가 이동중이거나 행사장에 참석하는 경우, 근접에서 수행하면서 경호대상자에게 접근하는 각종 위해요소를 차단하고 신변을 보호하는 근접호위 경호원을 말한다. 사설경호원에 대한 명칭은 아직까지 제도적으로 개념정의가 되어 있지 않고, 단지 경비업법상에 "신변보호업무"를 수행하는 자로 막연하게 정의되어지고 있다. 이에 따라 그 명칭도 신변보호경비원, 신변경호원, 사설경호원 등으로 다양하게 호칭되고 있다. 이에 따라 본서(本書)에서는 공경호요원과 대비되는 개념으로 그 명칭을 사설경호원 또는 신변보호경비원으로 통일하였다.

2) 사설경호원의 자격

현행 경비업법은 신변경호업무를 수행하는 경비원의 자격에 관하여 결격사유만을 규정하고 있을 뿐,[5] 구체적이고 명시적으로 언급한 조항은 없다. 즉, 사설경호원은 고도의 전문성을 요구하고 있음에도 불구하고 신변보호업무를 수행하는자(사설경호원)와 관련된 명칭·권한·활동영역·한계 등에 대해 구체적으로 명문화된 규정은 존재하지 않는다. 따라서 이들에 대한 제도적 보완책이 필요하다.

(1) 외국

미국의 사설경호원은 약물이나 알코올중독, 그리고 범죄경력을 가지고

---

[5] 경비업법 제10조(경비지도사 및 경비원의 결격사유).

있어서는 아니되며, 경호자격증을 획득하고 응급구조 등과 관련된 전문적인 지식을 갖고 있어야 한다. 그리고 폭파물 및 무기 등과 같은 위험물에 대한 일정한 지식과 주어진 상황에 적절히 대응할 수 있는 의사소통능력 역시 가지고 있어야 한다.[6]

국제경호전문가 조직에서는 일반적으로 경호원들이 갖추어야 할 기본적·전문적 지식으로 다음의 12가지 항목을 제시하면서, 이러한 업무들을 능숙하게 처리할 수 있어야 한다고 강조하고 있다.[7]

	기본적·전문적 지식
경호원이 갖추어야 할 12가지 항목[8]	① 적절한 신체적 조건 ② 개인보호능력 ③ 응급구조능력 ④ 사건에 대한 분석능력 ⑤ 사격능력 ⑥ 사전 예비조사능력 ⑦ 테러리즘과 범죄에 대한 지식 ⑧ 폭발물에 대한 지식 ⑨ 유괴 및 납치에 대한 지식 ⑩ 보호에 필요한 안전절차관련 지식 ⑪ 전자적 경비장치에 대한 지식 ⑫ 모의훈련의 실시

위와 같이 사설경호원에게 기본적·전문적 지식을 요구하는 이유는 의뢰인에 대한 신변을 최선을 다해 보호해야 한다는 투철한 직업의식과 책임감 등을 강조하기 위한 뜻이 내포되어 있다고 해석할 수 있다.

---

6) 최선우, 「민간경비론」, 인천: 진영사, 2008, p.593.
7) Dermant, John M, "Executive Protection", Security Concepts, 1993.12, pp.29−30.
8) 최선우, 위의 책, p.594.

(2) 한국

① 사설경호원의 자격유무

사설경호원은 경호대상자의 신변을 외부의 위협으로부터 보호하는 것이 주 임무이다. 따라서 직무의 특성상 일반경비원의 결격사유에 해당하는 자[9]는 신변보호경비원으로 그 임무를 수행할 수 없다. 이러한 결격사유자를 제외하고는 누구나 신변보호경비원이 될 수는 있다. 그러나 시설경비업무 또는 신변보호업무중 「집단민원현장」에 배치하는 일반경비원인 경우에는 관할 경찰서장에게 배치 「48시간」 전까지 배치허가 신청하고, 배치허가를 받은 후에 배치하여야 한다. 또 「집단민원현장」이 아닌 곳에서 신변경호업무를 수행하는 일반경비원을 「집단민원현장」에 투입시에는 배치하기 전까지 관할경찰서에 신고하도록 절차적 통제[10]를 하고 있다.

② 사설경호원이 갖추어야 될 기본요건

오늘날 각종 행사장이나 집단분쟁 현장에 투입되는 신변보호경비원들은 「사설경호원」 또는 「안전요원」이라는 명칭을 사용하면서 활동하고 있으나, 이들 전원이 진정한 신변보호경비원이라고 볼 수도 없고 자질적인 측면에서도 상당한 문제점을 안고 있다.

사설경호원이 되기 위하여는 다음과 같은 조건들이 요구되나,[11] 그렇다고 해서 이러한 조건들이 일반적으로 보편화되거나 정형화되어 있는 것은 아니다.

첫째, 기본적인 체력과 운동신경이 있어야 한다. 즉, 우수한 신장조건과

---

9) 일반경비원의 결격사유로는 1) 만 18세 미만인 자, 2) 파산선고를 받고 복권되지 않은 자, 3) 금고 이상의 실형선고를 받아 그 집행종료 면제된 날로부터 5년이 경과되지 않거나, 집행유예를 받고 그 유예기간 중인 자 등이다(경비업법 제10조 제1항).

10) 일반경비원을 집단민원현장에 투입시 배치신고를 하여야 하는데, 이때 범죄조회 등을 통하여 성범죄자나 폭력전과자는 배제되어 경호업무를 수행할 수 없다.

11) 김형중, 「일반경비원 현장실무론」, 서울: 박영사, 2019, p.137.

무도단증 등은 필수적인 조건이다.

둘째, 정확한 상황판단력·순발력·공간지각력 등이 필요하고,

셋째, 어떤 상황에서라도 의연하게 대처할 수 있는 자기 통제력과 책임감·사명의식·민첩성 등이 요구된다.

넷째, 자신보다 남을 먼저 배려하는 희생정신과 협동정신이 필요하며,

다섯째, 경호작전을 수행할 작전능력과 관계부서의 사람들과 유기적인 협조를 이끌어 낼 수 있는 대인관계의 능력을 갖추어야 한다.

여섯째, 개인 및 팀워크를 수행할 수 있는 기본적인 전술능력을 갖추어야 한다. 즉, 일정한 교육과정과 실무경험을 거쳐 현장에 투입할 수 있는 자질과 능력이 요구된다.

일곱째, 사설경호원은 의전과 예절 등에 익숙하고 신뢰감을 줄 수 있는 품행과 세련된 외모를 갖추어야 한다.

2. 경호관련 위협요소

사설경호원은 경호대상자의 효과적인 신변보호를 위해 기본적으로 어떤 위해요소들이 있는지, 그리고 경호대상자가 어떻게 공격을 받을 수 있는지를 먼저 파악해 두어야 한다.

1) 인적위협요소

인적위협요소라 함은 경호대상이 된 사람에게 여러 가지 폭력적인 방법을 사용하여 위험을 끼칠 수 있는 사람들을 말한다. 일반적으로 정치인·연예인들에게는 일반군중이나 테러분자 등이 이에 해당된다.

(1) 일반군중

① 호의적인 군중

사설경호대상자 중 유명정치인·연예인·스포츠맨 등과 같이 일반대중에게 잘 알려진 인물들인 경우, 일반군중은 이들에게 악의적인 공격보다는 호의적인 태도를 보이는 것이 대부분이지만, 무질서한 근접행동(악수 등)에 의해 부상당하기 쉽고 순간적으로 비이성적인 행동에 의해 위해를 당할 수 있다. 특히 이들 가운데 극렬 열성팬들은 경호목적상 안전을 위해 설치된 방어선을 뚫고 경호대상자에게 근접 및 접촉하려고 갖은 방법을 동원하기 때문에 더욱 위험하다.[12]

② 비호의적인 군중

비호의적인 군중들은 일반군중과는 달리 특정 유명정치인이나 연예인 등에 대해서 호의적인 감정보다는 악감정을 가지고 있으며, 이러한 '안티팬(Anti)'은 언제 어느 곳에서나 항상 존재하고 있다. 이들은 정치적 이념이나 사랑·증오·존경 등의 급격하고 복잡한 심리적 요인에 의해 고성 및 욕설을 하거나 계란 투척, 그리고 노골적인 불만과 적대감에 의해 극단적인 공격을 감행할 수도 있다. 이들 비호의적인 군중들 역시 경호대상자가 가는 곳마다 나타날 수 있기 때문에 이들에 대한 대응책 강구가 필요하다. 비호의적인 군중들의 물리적 위협수단으로는 특정인 또는 불특정 다수인을 향한 칼부림(커터칼 포함),[13] 방화, 차량돌진, 휘발유·신나(시너)[14]를 뿌리는 행위, 유괴,

---

12) 최선우, 위의 책 p.582.

13) 2006년 5월 20일 오후 7시 15분 당시 한나라당 대표였던 박근혜(전 대통령)가 서울 현대백화점 신촌점 앞에서 당시 서울시장 후보 지원유세에 참가하던 중 괴한 지OO(당시 50세)에게 커터칼로 얼굴을 피습당해 입은 테러사건을 대표적인 예로 들 수 있다.

14) 신나는 시너(thinner)의 영어단어를 소리나는 대로 읽은 것인데, 일본 발음이다. 우리말로는 '희석재'라고 불러야 옳다. 희석재(시너)는 유성페인트의 용매로 페인트를 닦아 내거나 도색을 좀 더 용이하게 하기 위해 페인트에 섞어서 쓴다. 개인테러의 대표적인 예로는 2003년 2월 18일 대구 지하철 방화사건으로, 범인은 당시 56세로 뇌졸중으로 인한 반신불수와 우울증

폭행 및 협박 등의 방법을 주로 사용한다.

③ 테러

테러는 본래 '공포'·'무서운 일'·'두려운 일'이라는 뜻으로 쓰이는 말이지만, 오늘날에는 "사회, 정치적 이유로 폭력을 가해 사회에 대규모의 관심을 불러일으키기 위한 파괴행위"라는 의미로 쓰인다.

한편, 테러를 행하는 사람을 테러리스트 또는 테러범이라고 부르며, 테러범은 인명 손실을 야기하는 사람을 가리키는 경우가 많다. 테러범은 크게 개인적 테러범과 조직적인 테러범으로 구분할 수 있으며, 사설경호에서 논의되어야 할 것은 대체로 개인적인 테러범에 한정된다고 볼 수 있다.

㉠ 개인적 테러범

개인적인 테러범은 조직적인 테러범과는 대상이나 목적이 다르다. 개인적 테러들은 정치인·연예인·경제인 등을 대상으로 정치적(예컨대 특정 정치인이 내세우는 사상 등), 경제적 이유(예컨대 부유층의 당사자 및 가족을 대상으로 하는 유괴·납치), 연예인 등에 대한 스토커 등의 행태로 자행된다. 특히 묻지마 테러는 테러의 목적과 수단이 불분명하고 오로지 불특정 다수의 공포 그 자체만을 노리는 테러이기 때문에, 경호대상자 주변에는 언제든지 위험요인으로 직결될 수 있다.

예컨대, 지금도 이따금 발생하는 불특정 다수를 향한 칼부림 사건·방화·차량돌진 등의 행위는 순식간에 발생하는 돌발상황이므로, 사설경호원의 입장에서는 이런 예외적인 경우도 예의주시할 사안 중의 하나이다.

㉡ 조직적인 테러범

조직적인 테러범은 철저하게 조직화되어 있고, 이러한 테러조직은 일정한 공격훈련을 거친 구성원들을 양성하여 테러를 감행한다. 이들은 한

을 앓고 있는 자였다. 이 사건은 개인에 의해 저질러진 대한민국 역사상 최악의 방화사건이자 묻지마 테러사건이다(사망자 192명, 실종 6명).

국가의 수반, 다국적 기업의 CEO의 정치적 노선, 경제적인 침략 등을 목적으로 암살, 폭파, 하이재킹, 유인 납치, 자살테러 등 다양한 방법을 동원한다. 따라서 조직적인 테러범에 대해서는 국가적인 차원에서 대처방법을 강구하는 것이 최선책일 수밖에 없으며, 사설경호원이 이들에 대한 방어에는 인적·물적·기술적 면에서 일정한 한계가 있을 수밖에 없다. 다만, 우리나라는 총기휴대나 사용이 금지되어 있기 때문에 법령상 자국인에 의한 총기나 폭발물을 이용한 테러가 발생할 확률은 그리 많지 않다. 따라서 우리나라는 세계에서 조직적 테러의 영향이 가장 적은 국가에 속한다고 볼 수 있다.

2) 물적 위협요소

물적 위협요소로는 경호대상자에게 직접 위해를 가할 수 있는 인공물이나 여건을 제공할 수 있는 자연물 및 인공물을 말한다. 테러수단의 도구로는 주로 공구류(도검·망치·손도끼 등), 휘발유(시너), 독극물, 석궁 등 단거리 위해용이 주류를 이룬다.

3) 자연적 위협요소

자연적 위협요소란 지형적 여건이 경호대상자에게 위해를 가할 수 있는 취약지역을 말한다.

(1) 위해자가 경호대상자를 공격하기 위해 유리하게 이용할 수 있는 지점

① 경호원의 통제력이 미치지 못하는 은폐·엄폐된 지점,

② 위해자가 공격시 경호대상자들이 우회하거나 대피할 수 없는 지점,

③ 사전에 위해자들의 출입이 용이하고, 공격 후 도주시 신속히 현장에 이탈할 수 있는 지점 등이다.

(2) 행사장별 위험요소

① 건물 내부 행사장(실내 행사장): 경호 대상자가 참석하는 실내 행사인 경우, 경호 대상자의 승하차 지점·승강기나 에스컬레이터를 타고 내리는 지점 등의 취약지점이다.

② 건물 외부 행사장: 경호 대상자가 참석하는 행사장이 건물 외부인 경우에는 건물 내부 행사장보다 지형적 위험요소가 훨씬 많고, 경호 대상자의 일거수일투족이 노출되기 쉽다. 따라서 위해자들의 관측 시야를 차단할 수 있는 시설물 설치 등 여러 가지 대응책이 마련되어야 한다.

③ 야지(산이 적고 들판이 넓은 지대) 행사장: 야지 행사장이라 함은 개활지·강·바다·하천 등에 위치하거나 그에 인접한 행사장을 말한다. 광범위한 지역이어서 위해자들이 매복·공격 후 도주 등이 매우 용이한 지역이고, 경호원들의 경호 활동이 노출되기 쉽다.

제2절 신변보호업무의 원리와 경호원의 행동원칙

Ⅰ. 서설

사설경호의 경우 절대적인 경호법칙은 존재하지 않지만, 주어진 상황에서 최선의 경호방법을 선택하여야 한다. 경비업법상의 신변보호, 즉 사설경호는 아직까지 이론이나 실무적으로도 체계화·정립화되어 있지 않은 영역이다. 따라서 공경호의 이론과 실무분야를 사설경호영역에 접목시켜 발전시킬 수밖에 없는 한계가 있다. 이하는 공경호에 적용되는 일반원칙과 특별원칙을 기술하였는데, 사경호 역시 이러한 기본적인 원칙을 숙지하여 업무에 접목시킬 필요가 있다.

II. 경호의 일반원칙

1. 3중경호 원칙

1) 영·미의 3중경호 이론

3중경호 이론은 영국경찰제도가 발전하는 과정에서 영국의 경호교리가 정립되면서 시작되었다.[15] 당시의 영국의 3중경호 이론은 피경호인을 중심으로 거리개념에 따라 근접경호 → 중간경호구역 → 외곽경호구역으로 구분하여 설정하였다. 설정된 경호구역은 해당부서의 책임 하에 필요한 경호요소들을 투입하고 상호 협조 하에 경호업무를 수행하는 것이었다. 당시 영국의 3중경호 원리는 철저한 경호를 위한 개념이라기보다는 관할권을 존중하는 개념으로 볼 수 있다.

한편, 미국의 3중경호 이론은 영국의 3중경호 이론을 토대로 하여, 「근접경호」에 초점을 두면서 구체적인 지리적·공간(2선·3선)을 확대시킨 이론이라고 볼 수 있다. 미국의 경호기법은 오늘날 세계 각국에서도 자국의 상황에 맞게 적용·발전시키고 있으며, 이러한 3중경비의 경호기법은 작전의 효율성이 높다. 따라서 3중경호 이론은 민간차원의 대규모 행사장경호에도 적용될 수 있는 원리이다.

2) 3중경호의 구성요소[16]

3중경호체계는 경호대상자(피경호인)의 지리적·공간적 위치를 중심으로 제1선 안전구역(내부) → 제2선 경비구역(내곽) → 제3선 경계구역(외곽)으로

---

15) Richard J. Terril, World criminal Justice system, Cincinnati, Anderson Publishing Company, 1999, pp.11−13.
16) 김형중, 「경찰학개론」, 서울: 청목출판사, 2010, p.651.

구분된다. 3중경호의 원칙은 위해가 발생할 때 시간 및 공간적으로 이를 지연시키거나 피해의 범위를 최소화하기위한 효과적인 방어전략이다. 예비구역의 성격을 지닌 2선과 3선은 경호에 대한 첩보와 정보를 수집해서 이를 1선, 2선 지역 또는 명령통제소에 조기 전파하여 적절한 경호조치를 취하는 조기경보체제이다.

(1) 제1선(안전구역, 내부)

안전구역은 경호대상자(피경호인)가 위치하고 있는 구역으로, 경호대상자에게 직접적으로 위해를 가할 수 있는 피경호자의 절대 안전구역이다. 제1선은 실내의 행사장 내부, 실외의 경우에는 행사장 반경 50m 내의 지역이 해당된다. 제1선 구역은 공경호나 사경호 업무에서도 근접경호에 의한 완벽한 통제가 이루어져야 한다.

(2) 제2선(경비구역, 내곽)

경비구역은 경호 대상자의 신변안전과 행사에 직·간접적인 영향을 미칠 수 있는 경호구역으로서, 경호 대상자가 머무르는 안전구역을 보호하기 위한 2차적인 경호구역이다. 제2선은 실내의 경우 건물담장의 내곽, 실외는 행사장 반경 500m 내외의 지역이 해당된다. 예컨대, 행사장으로 향하는 통로 통제시에는 반드시 방호벽을 설치하고 중요지점에는 경호원의 추가배치가 원칙이다.

(3) 제3선(경계구역, 외곽)

제3선 경계구역은 제1선(안전구역)과 제2선(경비구역)을 보호하면서, 동시에 가장 외곽에서 경계·경비활동을 수행하는 곳이다. 제3선은 실내의 경우 행사장 반경 600m 내외, 실외의 경우에는 행사장 반경 1.5km 내외의 지역이다.

2. 두뇌경호의 원칙

경호원은 돌발적이고 위급한 상황발생시 순간적인 예리한 판단으로 위기상황을 슬기롭게 대처하여야 한다는 원칙이다. 경호원은 생각하는 만큼 상황대처 능력이 보다 빠를 수 있기 때문에, '두뇌경호의 원칙'은 신체조건과 더불어 경호원이 가져야 할 가장 우선적인 요소이다. 즉, 경호임무를 수행함에 있어서 치밀한 계획과 준비를 철저히 하여 발생 가능한 모든 위해상황을 사전에 차단하는 지능적 수행능력과 긴급하고 위험한 상황이 발생하였을 때 이에 대처하는 지능적인 순간판단능력이 중요하다. 우선 순위는 순간적 판단력 > 사전의 치밀한 계획 > 완력·무력 순서이다.

3. 방어경호의 원칙

방어경호의 원칙이란 경호임무 중 경호대상자에 대해 위협하는 공격자를 제압하는 것 보다는 위해자의 공격으로부터 인간방벽의 형성과 경호대상자를 대피시키는 등의 방어 위주의 대처가 우선되어야 한다는 원칙이다. 즉, 긴급상황 발생시 경호원 자신이 신체나 소지한 무기 등으로 먼저 공격자에게 대응하는 것보다 방어위주의 엄호행동을 해야 한다는 원칙을 말한다.

4. 은밀경호의 원칙

경호원은 은밀하게 조용히 행동하여 경호대상자의 업무나 대외활동을 방해하지 않고 편안한 마음을 갖도록 경호임무를 수행해야 한다는 원칙을 말한다. 즉, '경호는 요란스럽게, 떠들썩하게 하지 말아야 하며', 가능한 경호업무가 경호대상자의 편의에 부합되도록 하여야 한다. 아울러 경호원이나 경호를 위한 장비 및 설비는 가능한 눈에 띄지 않도록 해야 한다는 원칙을 말한다.

Ⅲ. 경호의 특별원칙

경호의 특별원칙은 공경호 요원에게는 반드시 지켜져야 할 지상과제이자 원칙이다. 경호경비의 대원칙에는 자기희생의 원칙, 자기 담당구역 책임의 원칙, 하나의 통제된 지점을 통한 접근의 원칙, 목표물 보존의 원칙이 있다.[17] 이러한 경호경비의 원칙은 궁극적으로 피경호자의 안전을 확보하려는 데 그 목적이 있다.

1. 자기희생의 원칙

경호원은 피경호자의 안전을 위해서는 어떠한 희생도 감수해야 한다는 원칙을 말한다. 즉, 피경호자가 위기에 처했을 때는 자신의 모든 것을 바쳐서 피경호자의 안전을 지키는 것이 경호원의 사명이다.[18]

2. 자기 담당구역 책임의 원칙

경호원은 자기 담당구역 내에서 일어나는 어떠한 사태에 대하여도 다른 사람 아닌 자신만이 책임을 지고 해결해야 한다는 원칙을 말한다. 따라서

---

17) 김형중, 「경찰학각론」, 서울: 청목출판사, 2017, p.278.
18) 1981년 3월 30일 오후 2시 25분 미국 워싱턴의 힐턴 호텔 앞에서 24세의 부랑아 존.W 힝클리가 갓 취임한 로널드 레이건 미국 대통령을 저격하여 경호원과 공보비서관, 경찰관 1명이 사망하였고, 대통령은 왼쪽 심장 밑에 저격되는 사건이 발생하였다. 피격 당시 사망한 경호원(맥카시 경호원)은 육탄방어로 대통령을 보호하였고, 다른 경호원들은 대통령을 차 안으로 밀어 넣어 대통령을 구출하였다(김형중, 위의 책, p.278).

가까운 인근 지역에 특별한 상황이 발생되었더라도 자기 책임구역을 이탈해서는 안 된다.

3. 하나의 통제된 지점을 통한 접근의 원칙

피경호자와 접근할 수 있는 통로는 경호상 통제된 유일한 통로만이 필요하고 여러 개의 통로가 필요 없다는 원칙이다. 이러한 이유로 여러 개의 통로와 출입문은 오히려 위해자에게 접근할 수 있는 기회를 부여하여, 취약성의 증가와 더불어 피경호자를 위험에 빠트리게 하는 경우가 발생한다. 따라서 하나의 통제된 출입문이나 통로를 통하여, 경호원에 의하여 반드시 확인된 후 절차를 밟아 이루어져야 한다.

4. 목표물 보존의 원칙

피경호자는 암살기도자나 위해를 가할 가능성이 있는 자들로부터 경호대상자를 완전히 차단하여 완벽하게 보호되어야 한다는 원칙이다.

제3절   상황별 신변보호요령

Ⅰ. 서설

사설경호는 장소와 이동수단에 따라 경호방법과 대처요령이 달라진다. 사설경호원의 롤 모델적 영화로는 「보디가드」를 꼽을 수 있다. 실제 세계적으로 유명한 여가수 고(故) '휘트니 휴스턴'과 '케빈 코스트너'가 사설 경호원으로 출연하여 공연장 경호와 숙소경호의 진수를 보여주는 영화라고 할 수 있다. 반면 공경호와 관련된 대표적 영화로는 서부영화의 대명사 '클린트이스트우드'가 대통령 경호실 경호원으로 출연하는 「사선에서」를 꼽을 수 있다. 대통령의 차량 이동시 경호방법 그리고 돌발사태시 대처 등 공경호 경비의 4대 원칙을 일목요연하게 이해할 수 있는 명작이라고 할 수 있다. 이들 영화를 참고한다면 신변업무 수행에 많은 도움이 될 것이라고 생각된다.

Ⅱ. 경호대의 구성

공경호와 사경호는 조직이나 규모면에서 차이는 있으나, 대체로 아래와 같은 형태로 운영된다. 일반적으로 행사에 앞서 경호대상자의 참석 장소에 대한 사전답사와 각종 취약요소를 관리하는 선발팀과 경호대상자를 근접하여 호위를 담당하는 수행팀으로 편성하여 경호를 수행한다.

1. 선발경호팀

「선발경호팀」은 경호를 총괄하는 경호대장의 지시에 따라 경호대상자가 행사장에 참석하기 전에 구체적인 정보·보안활동 및 안전대책 활동을 통해 행사장의 위해요소를 사전에 발견·제거해야하는 임무를 띠고 있다. 선발경호팀의 선임자를 선발팀장이라고 하고, 그 구성원을 선발경호팀이라고 부른다.

2. 수행경호팀

수행경호는 경호원들이 근거리에서 직접적으로 경호대상자를 계속 따라 다니면서 경호활동을 한다는 점에서 근접경호 또는 수행경호라고 한다.[19) 수행팀의 선임자를 수행팀장이라고 하고, 그 구성원을 수행경호원이라고 한다.

Ⅲ. 사설경호원의 상황별 임무수행 방법

1. 서설

사설경호원의 활동영역은 크게 경호장소와 이동수단에 따라 경호방법과 대처요령이 달라진다. 본서(本書)에서는 사설경호원의 수행경호를 골간으로 하여 근접호위활동의 주요 전술인 사주경계, 근접도보경호, 차량기동간 경호, 행사장경호, 숙소경호 등에 한정하여 기술하였다.

2. 상황별 경호요령(근접신변보호요령)

1) 수행경호

수행경호는 이동수단, 장소, 행사성격 등에 따라 일정한 특징을 가지고 이루어지고 있다. 수행경호는 경호대상자가 도보 및 각종 기동수단을 이용하여 이동하는 경우의 근접호위 활동과 각종 행사장 등지에서 이루어지는 근접호위활동을 모두 포함하는 개념이다. 근접경호라고 부르기도 한다. 수행경호는 사주경계, 근접도보경호, 차량기동간 경호, 행사장경호, 숙소경호 등에서 가장 핵심적이고 근본적인 경호형태이다.

---

19) 양재열, 「경호학원론」, 서울: 박영사, 2012, p.85; 김두현, 「경호학개론」, 서울: 엑스퍼트, 2013, p.244.

(1) 사주경계

① 정의

사주경계(주위경계)는 "경호원이 경호대상자의 신변보호를 도모하기 위하여 자신의 근무위치에서 경호대상자를 중심으로 360° 모든 방향(동·서·남·북 및 공중·지상)을 감시하면서 직접적인 위해기도나 자연발생적인 위해요인을 사전에 인지키 위한 제반 경계활동"[20]을 말한다. 사주경계는 공경호원뿐만 아니라 사설경호원에게 있어서도 가장 기본적인 경호기법이다. 그러기 때문에 모든 신변보호활동은 사주경계로부터 시작된다.

② 사주경계의 유형

경호임무 수행 중 가장 중요하고도 어려운 것은 경호대상자에게 발생할 수 있는 잠재적인 위험요소를 감지해내는 것이다. 그러나 이러한 잠재적 위험요소들을 감지하는 것은 타고난 재능이 아니며, 부단한 자기훈련과 정신집중 그리고 반복훈련을 통해 발전시킬 수 있는 기술이다. 사주경계는 근접경호활동의 시발점이며 상황종료시까지 지속적으로 유지되어야 한다. 사주경계는 「도보이동간 사주경계」, 「정지간 사주경계」, 「기동간 사주경계」로 구분된다. 각각의 사주경계는 그 특성에 따라 경호원의 위치가 다르고 경계구역 할당 등이 또한 달리 운영된다.

③ 사주경계방법

㉠ 사주경계는 개인경계와 팀경계로 구분한다. 개인경계는 자신의 근무위치에서 시각의 한계에 따라 책임구역을 경계하는 기법이다. 반면 팀경계는 근접방호대형을 형성하고 있는 모든 신변경호요원들이 각자의 책임구역을 중첩되게 경계하여 경호대상자를 중심으로 경계망

---

20) 염상국, "요인경호시 근접경호원에게 요구되는 행동이론에 관한 연구", 경희대학교 행정대학원 석사학위논문, 1997, p.16.

을 펼치는 기법을 말한다.

ⓒ 사주경계는 오감 가운데 시각이 중요하다. 사주경계는 전체적인 윤
곽을 잡아 주변을 관찰하고 한곳에 2초 이상 머물지 않아야 한다.
또 "가까운 곳에서 먼 곳으로", "좌에서 우로", "아래에서 위로", "위
에서 아래로" 중첩해서 감시하여야 한다. 야외의 경우에는 선글라스
를 착용하는 것도 무방하다.

2) 근접도보경호

(1) 의의

도보경호는 근거리를 걸어서 이동하는 경우에 실시하는 경호를 말하며,
이러한 형태는 경호원들이 경호대상자 가까이에 붙어서 경호업무를 수행하
기 때문에 "근접경호"라고 부르기도 한다. 근접도보경호는 경호대상자가 도
보이동간 및 행사장 내에서 이동하는 동안에 이루어지는 신변보호 활동을
말한다. 근접도보경호는 일반 군중과의 접촉 가능성이 높고 이동속도가 느
리기 때문에, 우발사태가 발생할 가능성이 높다. 따라서 경호원은 상황에 따
라 신속하게 대처할 수 있는 즉각 대응태세를 갖추고 있어야 한다.[21]

(2) 근접경호대형의 유형

근접경호대형은 기본대형, 응용대형, 방호대형 등이 있으나, 본서(本書)
에서는 「기본대형」과 「응용대형」에 한정해서 기술하였다.

① 기본대형[22]

기본대형은 경호원의 수에 따라 1인대형·2인대형·3인대형·4인대형 등
으로 운용이 가능하다.

---

21) 최선우, 위의 책, p.29.
22) 이두석, 위의 책, pp.279-300.

㉠ 1인경호

1인경호는 위해상황 발생시 경호대상자를 안전하게 지킬 수 없다는 한계성을 지니고 있다. 그러나 불가피한 상황이라면, 경호원은 경호대상자의 좌우측 후방 1~2m 지점에 위치하여 경호대상자와의 촉수거리(팔을 뻗어 닿을 수 있는 거리)를 유지하여야 한다.

㉡ 2인경호

2인경호는 경호임무의 성공을 보장하기 위한 최소단위의 경호대형으로, 경호원은 전방(1인)과 후방(1인)에서 경계활동을 수행한다.

㉢ 3인경호대형

도보대형 형성시 1번 경호원은 선도를 유지하여 전방을 경계하고, 2번 경호원은 좌측 후방에 위치하여 좌측 및 후방을 경계한다. 경호대장은 촉수거리 원칙을 유지하며 경호대상자(피경호인)을 중심으로 우측을 경계한다. 3인경호대형은 민간경호(사설경호)에서 지나치게 경호원이 많지 않고, 방어에도 합리적이면서도 성공적으로 대응할 수 있는 경호대형이다.

㉣ 4인경호대형

일반적으로 지명도가 높은 경제인·정치인·예술인 등의 경호에 적합한 대형으로, 원거리 저격 가능성·납치·기습 등의 높은 경우에 적용이 가능하다. 4인 대형은 비용적으로 부담이 많으나 대규모 리셉션 행사 등 수많은 군중 속에서 치명적인 안전구역을 확보하는 데는 필수적인 경호대형이다.

② 응용대형

응용대형은 악수시의 경호, 계단이동 시의 경호, 에스컬레이터 이용시 경호, 엘리베이터 탑승시 경호 등을 들 수 있는데, 이러한 특정한 상황에 대해서는 각각의 적절한 경호조치가 이루어져야 한다.

(3) 도보이동간 즉각조치

즉각조치라 함은 도보이동 중, 행사중, 혹은 기동간 다양한 형태의 공격 및 사고가 발생되었을 경우, 경호대상자를 안전하게 보호하기 위한 경호적 전술행동을 의미한다. 즉, 즉각조치는 경고 및 차단[23] → 방호[24] → 대피[25] 등의 일련의 단계적 수순에 따라 경호대상자를 안전하게 보호하는 것이 제1차적 목표이다. 이러한 즉각조치는 공경호뿐만 아니라 사경호에도 모두 적용될 수 있는 원칙이다.

3) 차량경호

(1) 의의

차량경호는 경호대상자가 차량을 이용하는 동안에 이루어지는 근접경호 활동을 말한다. 차량경호는 경호대상자가 탑승한 차에 탑승하여 경호하는 방법과 경호대상자가 탑승한 차의 앞이나 후미에서 경호차량으로 호위하는 방법 등이 있다. 차량경호는 도보경호보다 위해를 받을 가능성이 낮다고 볼 수 있으나, 차량의 고장, 교통사고, 승차나 하차시 일정한 취약성을 안고 있기도 하다.

(2) 차량경호 대형

기동경호 대형은 간편대형·기본대형·확장대형 등으로 나눌 수 있으나, 일반적으로 차량경호 대형은 기본대형이다.[26]

---

23) 근접경호원 중 최초로 피습하는 위험인물을 발견한 경호원이 경호대상자 및 기타 근접경호원들에게 상황에 대응할 수 있도록 큰 소리로 구체적인 공격내용을 알려야 한다. 1인 경호인 경우에는 경호대상자에게 명확하게 경고하여 경호대상자가 스스로 대피할 수 있도록 하여야 하고, 2인 이상 경호인 경우 촉수거리 원칙에 따라 범인과 가까운 경호원이 이를 차단한다.
24) 방호는 가장 중요한 행동절차이다. 1인 경호시에는 공격 유형에 따라 대적할 것인가 혹은 경호대상자를 방호할 것인가 결정한다. 2인 이상 경호시에는 경호원 1인은 범인과 대적하고 동시에 경호원 1인은 범인을 등지면서 경호대상자를 감싸 안는다. 나머지 잔여 경호원이 있는 경우에는 현장을 벗어나 전방 진로개척과 후방경계를 담당한다.
25) 대피는 2차 공격이 있을 가능성을 대비하여 경호대상자를 즉각 안전한 곳으로 피난 조치해야 한다. 대피는 사전에 계획된 비상대책에 따라 선정된 대피소 혹은 차량으로 신속 이동한다.
26) 이두석, 앞의 책, pp.311-313.

① 기본대형

기본대형은 선도 경호차 → 경호대상자 차 → 후미 경호차로 구성되는 대형을 말한다.[27] 선도 경호차량은 속도조절과 주행 간 전방상황에 대처하고 후미 경호차량은 기동간 이동 지휘소로서, 경호팀장은 앞좌석 우측(조수석)에 탑승하여 기동간 차량대형의 운용이나 속도 등을 통제하고 지휘한다.

② 승하차시 경호대형

일반적으로 승·하차 지점은 지리적으로 노출이 용이하고 고정된 곳을 사용할 수밖에 없는 한계가 있다. 따라서 차량경호가 이루어지는 과정에서 가장 취약한 경우는 경호대상자가 승차 시·경호대상자의 차가 서행시·경호대상자가 하차할 때가 위해기도자에게는 가장 좋은 기회를 제공해 준다고 볼 수 있다.[28]

　㉠ 승·하차시 경호대책 중 지리적으로 가능하다면 장소를 예기치 못한 곳으로 변경하는 승·하차 지점의 기만경호가 가장 좋은 방법이고, 그 다음은 물리적으로 차량의 가림막 등을 설치하는 것도 좋은 방법이다. 그러나 이 방법은 호텔 등 대중시설에서는 쉽지 않다.

　㉡ 승·하차시 가장 기본적이며 적용이 쉬운 경호작전 요소로는 경호원들에 의한 철저한 사주경계와 인간방벽 형성, 그리고 유동요소를 순간 통제하는 기법 등을 들 수 있다.

　㉢ 승차 시의 경호는 경호대상자가 차량에 도착하면 경호팀장의 지휘 하에 대상자가 차량에 탑승하도록 유도하고, 경호원들은 맨 마지막에 탑승하여 신속히 현장을 벗어나도록 한다. 공적 경호에서 경호원이 VIP차량에 손을 얹어놓고 달리는 이유는 경호대상자(VIP)가 탑승 후 VIP가 탑승한 차량이 일정한 속도를 찾고 주행하기 전까지는 주

---

27) 최선우, 앞의 책, p.303.
28) 이상철, 「경호현장운영론」, 인천: 진영사, 2012, pp.207-212.

변 위험요소를 경계해야 하기 때문이다. 그러기 때문에 경호원들은 경호원과 차량 간의 간격 유지 및 속도 감지·사주 경계를 통해 위험요소 차단 등을 위해 차량을 잡고 이동하다가 일정 속도가 되고 안전하다고 판단되면, 경호원도 경호 차량에 탑승한다. 이와 같은 행위는 경호 대상자의 차가 서행시 위험상황을 방지하기 위한 하나의 경호기법이다.

㉣ 하차 시의 경호는 하차지점에 도착했을 경우 상황이 좋지 않다고 판단되면 주저하지 말고 그 지점을 벗어나도록 해야 한다. 그리고 하차지점에 위해요소가 없다고 판단되었을 때, 경호팀장은 경호대상자를 하차하도록 한다. 경호대상자가 차량에 내리면 선도 경호원이 안내하면서 근접도보경호를 하면서 목적지(건물·행사장) 내로 들어가도록 한다.29)

③ 즉각조치

차량 등 기동수단에 의한 사고가 발생시에는 대응체계 및 구급 등의 비상대책이 수립되어 있어야 한다.

4) 행사장 경호

(1) 의의

행사장 경호란 행사 중 숙소경호 이외의 숙소 외부에서 이루어진 모든 행사를 말한다.

(2) 행사장은 일반적으로 실내 행사장(회의·강연·공연관람·산업현장 순시 등)과 옥외 행사장(대규모 강연·대규모 집회·순시·실외 스포츠 등)으로 구분되나, 때에 따라 실내행사와 옥외행사를 혼합하는 경우도 있다.

---

29) 최선우, 앞의 책, pp.304－305.

(3) 행사장 구역의 지정

일반적으로 행사장을 기준으로 하는 경우 「안전구역」 → 「경비구역」 → 「경계구역」의 3선개념을 적용하여 운영된다. 이러한 경호구역의 지정은 상대적인 개념으로, 행사장의 범위를 어디까지로 할 것인가는 그때그때의 상황에 따라 달라진다.

(4) 행사장 내 긴급사태 발생시 즉각조치

행사장 경호에 있어서 가장 중요한 것은 우발상황의 발생시, 그 상황에 대한 정확한 판단과 그에 대한 적절한 대처능력이라고 할 수 있다.

① 경호대상자에게 피습 등 직접적인 위해가 발생하였다면 도보이동간 즉각조치와 동일한 형태의 단계적 과정을 거치면서 경호대상자의 신변을 절대적으로 보호하여야 한다.

② 화재발생시에는 우선 현재의 장소에서 이탈을 시도하되, 화점 반대방향으로 이동하는 것을 원칙으로 한다.

③ 전기정전상황이 발생하면 시야확보가 가능한가 여부에 따라 행동을 결정하되, 시야확보 곤란시에는 계획된 비상대피로를 이용하여 안전한 곳으로 이동 조치한다. 그러나 단순한 전기누전으로 인한 정전 등의 사고라면 경호대상자를 신속히 보호하면서 상황을 파악하고 계속적인 행사가 이루어질 수 있도록 조치해야 한다.

5) 숙소경호

(1) 의의

숙소란 경호대상자가 평소 거처하는 장소뿐만 아니라 경호대상자가 임시로 외지에서 유숙하는 장소를 경호하는 것까지 모두 포함하는 개념이다.

(2) 숙소의 유형

숙소의 유형은 일시적 숙소와 영구적 숙소로 나눌 수 있다. 일시적 숙소란 여행·출장 및 별장 등에서 머무르는 비정규적인 숙소를 말한다. 반면, 영구적인 숙소란 적어도 수개월 이상의 장기간 유숙이 이루어지는 곳을 말한다(관저·개인저택·아파트 등). 숙소경호는 숙소의 형태에 따라 위해의 가능성·위해의 수법 등의 부분에서 차이가 날 뿐만 아니라 그 대응책에서도 당연히 차이가 난다.

① 단독주택의 경우는 행사장 경호와 거의 동일한 요령으로 이루어지며, 호텔의 경우는 특별한 조치가 필요하다.

② 숙소경호는 체류기간의 장기화에 따라 야간근무 등이 이루어진다는 점에서 여타 경호와는 차이가 난다.

06

호송경비 실무

Theories of Field Business for private Security

이 세상에서 가장 찬연히 빛나는 이는 쓰러져서
포기하는 자가 아니라 일어나서 해보자! 하는
바로 당신입니다.

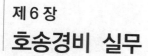

제6장
호송경비 실무

제1절 호송경비의 개념

Ⅰ. 호송경비의 이론적 배경

1. 호송경비의 의의

경비업법상 호송경비란 운반 중에 있는 현금·유가증권·귀금속·상품 그 밖의 물건에 대하여 도난·화재 등 위험발생을 방지하는 업무를 말한다 (경비업법 제2조 제1항 나목). 즉, 경비업법상 호송이란 인원 및 물자의 신속 정확한 이동과 안전을 확보하는 제반활동을 총칭하는 것이다. 현행 경비업 법은 민간인에 의한 호송경비를 법제화하고 있기는 하나, 아직까지 민간호 송경비 전반에 대한 법적 미비점과 전문교육을 통한 실무전문가의 육성대책 방안 등 여러 영역에서 보완될 부분들이 상당수 존재하고 있다.

우리나라의 경우 호송경비 중 국가적·사회적으로 중요한 것(예컨대, 각 종 선거투표함, 입시문제지) 등은 주로 경찰이 수행하고 있으나, 미국의 경우 에는 특수 제작한 방탄장갑차를 구비한 현금수송전문경비회사가 수요자와 의 계약에 의해 무장한 경비원을 통해 호송경비를 수행하기도 한다.

2. 호송경비의 법적 근거

호송경비업은 「용역경비업」이 제정될 당시부터(1976. 12. 31.) 제일 먼저 경비업의 한 분야로 출발하였다.

1) 호송경비원의 결격사유

① 만 18세 미만인 자, 피성년후견인

② 파산선고를 받고 복권되지 아니한 자

③ 금고 이상의 실형의 선고를 받고 그 집행이 종료되거나 집행이 면제된 날부터 5년이 지나지 아니한 자

④ 금고 이상의 형의 집행유예선고를 받고 그 유예기간 중에 있는 자 등이다(경비업 제10조).

2) 경비업법상 결격사유에 해당하는 자는 호송경비원으로 채용 또는 근무하는 것이 금지된다.

Ⅱ. 호송경비 업무의 종류

경비업법은 호송경비의 운반물을 "현금·유가증권·귀금속·상품 그 밖의 물건"으로 광범위하게 규정하고 있다. 경비업법시행규칙은 경비업체(법인)가 호송경비업무와 관련하여 관할 경찰서의 협조를 얻고자 할 때는 현금 등의 운반을 위해 출발 전일까지 출발지의 관할 경찰서장에게 「호송경비 통지서」를 제출하도록 의무화 하고 있다(경비업법시행규칙 제12조). 이 조항은 중요현금 등 수송시 경찰기관과의 협조사항을 구체적으로 규정한 것으로 볼 수 있다.

1. 현금호송업무

1) 현금호송경비의 중요성

호송경비는 주로 현금 수송, 폭발물 수송, 귀중품 수송 등의 서비스가 주류를 이루고 있다. 이 중 금융기관의 현금수송은 범죄대상의 제1의 목표물이며, 이에 대한 범죄 수법도 날로 지능화·조직화·대형화되어 가는 추세에 있다.

현금 수송 탈취 사건은 단순한 재산적 피해뿐만 아니라 금융기관에 대한 신뢰성, 공신력 실추 그리고 원활한 경제활동에도 상당한 영향을 끼친다. 그러므로 금융기관을 보호하는 전문적인 현금수송 대행업체의 등장은 필수적이며, 이를 수행하는 전문적 호송요원의 양성과 공급 등의 제반 문제점들도 호송경비 분야에서 우선적으로 해결되어야 할 과제들이다. 오늘날 현행 호송경비업체의 대다수가 금융수송과 관련되어 있기 때문에 매년 현금수송 업무에 많은 인력이 투입되고 있다. 특히 현금수송은 그 자체로 범죄의 표적이 되는 경우가 많아 호송경비의 중요성이 더욱 강조되고 있다.

2) 현금호송과 경비업체

(1) 금융기관과 현금호송

현금호송업무는 은행 등 금융기관(한국은행과 시중은행간, 시중은행 본점과 지점간)에서 주로 이루어지고 있다. 현금호송은 금융기관(은행)이 보안업체에 아웃소싱(outsourcing)[1] 형식으로 위탁하여 운송을 하는 것이 일반적인

---

[1] 아웃소싱이란 기업이나 기관이 비용 절감, 서비스 수준 향상 등의 이유로 기업에서 제공하는 일부 서비스를 외부에 위탁하는 것을 말한다. 즉, 자신의 핵심적인 능력을 중심으로 기업의 경쟁력을 제고하기 위해서 기타 부가적인 서비스는 그것을 전문적으로 제공하는 기관들의 도움을 받는 것을 의미한다(예컨대, 우리나라 은행 등의 현금수송업무를 보안업체인 한국금융안전(주)에 위탁하는 것).

경향이다. 우리나라의 경우 은행간 현금호송업무는 은행연합회에서 출자하여 설립한 「한국금융안전(주)」²⁾에서 전담하고 있다.

(2) 기타의 현금호송

금융기관의 현금호송 이외에도 현금호송업무는 카지노, 대형판매업소 등 현금을 다량으로 취급하는 업소에서도 이루어지고 있다.³⁾

2. 어음·수표의 호송업무⁴⁾

1) 어음·수표는 현금과 다름이 없기 때문에, 어음·수표의 호송업무는 금융기관(한국은행과 시중은행 간·시중은행 본점과 지점 간)에서 주로 이루어지며, 보안(경비)업체인 한국금융안전(주)가 현금에 준하여 1일 1회 호송한다.

2) 호송경비 차량운행의 지연은 어음·수표의 교환이 지연되는 결과로 이어지기 때문에, 반드시 운행시간표 대로 실시되어야 한다.

3. ATM과 호송업무

1) ATM(automatic teller machine)은 현금자동입출금기 또는 자동금융거래단말기를 말한다. ATM은 금융기관의 거래고객이 영업점의 창구를 통할 수 없는 영업시간 외 시간 또는 휴일에도 은행창구의 출납계원이 하는 업무와 같은 현금 지급·현금입금·계좌이체처리·지폐교환 등을 자동으로 해주

---

2) 한국금융안전(KFS)은 1990.12.6. 창립하여, 1991.2. 용역경비업 허가(호송경비 업무 등)를 획득하였다.

3) 우리나라에서 운영하고 있는 보안업체 중 발렉스코리아·브링스코리아는 미국에 본점을 둔 다국적기업으로 한국 시장의 80% 이상을 장악하고 있다.

4) 권창국 외, 「일반경비원 신임교육교재」, 서울: 박영사, 2018, p.113.

는 기기를 말한다. 즉, ATM은 사람이 할 수 있는 업무의 일부를 기계가 대체하는 기능을 수행하기 때문에, ATM에 관련된 업무 중 일부는 기계 경비업무와 연계될 수밖에 없다. 예컨대, ATM의 현금 카세트의 보충과 회수, 시설개폐시의 원격제어(셔터·조명 등), 이상감시(방범·기계), 기기의 이상작동에 대한 대응 등은 기계경비업무와 연계되어 있다.

2) 우리나라의 경우 각 은행의 무인점포, 편의점 등 다수의 사람들이 이용하는 시설과 장소에는 ATM이 설치되어 현금 입출금 등의 간단한 은행업무가 이루어지고 있다. ATM 운용에 필요한 현금호송업무는 각 은행별로 호송경비업무를 허가받은 민간경비업체를 이용하고 있다.[5]

4. 기타 귀중품 호송경비 업무

1) 귀중품이라하면 귀금속·미술품 및 문화재·중요 문서·귀중한 동식물 그 외 경제적 가치가 있는 것 등을 일반적으로 말하나, 통설적인 견해는 없다.

2) 귀중품을 수송할 경우에도 현금호송업무와 마찬가지로 단계별 절차에 따라 수행된다. 귀중품 호송경비의 형태는 두 가지 유형에 의해 수행되고 있다. 하나는 경비업자가 경비업무만을 담당하는 유형이고, 또 하나는 경비업자가 수송업무와 경비업무를 병행하는 유형인데, 이 유형은 수송업무를 위하여 자동차 운송사업 등과 유사하게 면허가 요구되는 경우도 있다.

---

5) 권창국 외, 앞의 책, p.113.

Ⅲ. 호송경비의 유형 및 방식

통상적으로 호송경비업무는 한 명 이상의 경비원이 수행하는 것을 원칙으로 하고, 운송수단은 자동차·열차·비행기·선박 등이다. 따라서 호송경비는 이러한 호송수단에 따라 사람을 호송하거나 물건을 호송한다.

1. 호송대상에 따른 분류

호송경비는 호송대상에 따라 인원호송(범죄자 등) 및 물건호송으로 구분할 수 있다.

1) 인원호송

인원호송은 일반적으로 범죄자를 호송하는 사람호송을 말한다. 우리나라의 경우 범죄인의 호송은 사법경찰이 전적으로 그 업무를 담당하고 있으며,[6] 아직까지 범죄인 호송과 관련된 업무는 민간경비 영역까지 확대되고 있지는 않다. 반면 미국의 경우에는 교도소 호송·법정경비·경호 등의 기능을 포함하는 영역까지 넓게 확장되고 있으며,[7] 이러한 업무는 미국의 전역에서 외주(민간보안업체)로 이루어지고 있다.[8]

---

6) 경찰호송은 피의자 유치 및 호송규칙과 수형자 등 호송규칙에 의거하여 수행된다.

7) Sarre, R, "Researching Private Policing; Challenges and Agendas for Researchers", Security Journal, vol. 18, No.3, 2005, pp.57-70.

8) 미국 전국에 수감 중인 수천 명의 피고인들이 매일 법정으로 호송되는데, 적어도 40개의 주들이 그들의 법정 경비를 민간보안에 맡기고 있다. 이처럼 법정 호송을 민간보안업체에 맡기는 경우 실질적으로 비용절감의 효과를 체감하고 있기 때문이다. 예컨대, 샌디에이고(SanDiego)에서 Freson까지 호송하는 총비용은 국가기관이 아닌 민간 회사를 이용할 경우 284달러의 비용이 드는 반면, 같은 거리를 보안관이 직접 담당하게 되면 세 배 이상의 비용이 소모된다. 따라서 미국의 경우 민간보안 요원들을 피고인 호송에 쓰는 카운티(County, 자치주·군)들은 피고인 호송을 하청(외주)시킴으로써 예산을 절감하고 있다. Novak, Julia and

2) 물건호송

물건호송은 귀중품이나 위험물(TNT 등)을 호송하는 것을 말하며, 민간 경비에 있어서는 물건호송이 대부분이다.

2. 호송수단별 호송요령

호송은 도보·차량·열차·선박·항공기 등을 이용하는데, 상황에 따라 적절한 호송수단을 선택하여 사람과 물건을 호송한다. 우리나라의 경우 미국과 같이 민간경비업체에 외주하여 범죄인을 호송하거나 법정에 호송하는 경우는 아직까지 제도화되어 있지는 않고, 공적인 수사기관이나 교정기관이 이를 전적으로 전담하고 있다. 따라서 경비업법상의 호송경비는 물건호송에 한정되며, 이를 호송하는 수단으로 도보·차량·열차·선박·항공기 등이 이용되고 있으나 대체로 자동차 호송수단이 주류를 이루고 있다.

3. 호송방식에 의한 분류

물건의 호송방식은 크게 단독호송방식과 협력호송방식으로 구분할 수 있다.

1) 단독호송방식

(1) 통합호송(현송방식)

경비업체가 자사소유의 무장차량 또는 일반차량을 이용하여 수송업무와

Turner, Denise, "Finding Resources; Addressing Prisoner Transport costs in King County, Washington", The Police Chief, January 2005, pp.14−18.

호송경비업무를 겸하는 호송방식이다.

(2) 분리호송(자동차열 방식)

수송업무와 호송경비 업무를 분리하여 운송하는 방식이다. 운송업자가 호송대상 물건을 자신의 차량으로 운송하고, 경비업자는 경비차량과 경비원을 갖추고 운송업자의 차량을 유도 또는 호위하는 경비방식이다.

(3) 동승호송방식

경비대상 물건을 적재하고 있는 운송업자 차량에 경비업체 경비원이 탑승하여 대상물건을 호송하는 방식이다.

(4) 휴대호송방식

경비원이 직접 호송대상물건을 휴대하여 이송하는 경비방식이다.

2) 협력(편성)호송방식

협력방식은 단독호송방식을 2개 이상 결합시켜 운송하는 방식이다. 즉, 단독호송방식은 조를 편성하여 실행하는 방식이다. 이에는 (1) 통합호송(현송방식)과 분리호송(자동차열 방식)의 협력 방식, (2) 동승방식과 분리호송의 협력 방식이 있다.

제2절 호송경비의 편제와 장비

Ⅰ. 호송경비의 인적·물적의 조직 편성

1. 경비업법상의 요건

호송경비업무를 수행하기 위해서는 경비인력, 자본금, 시설 및 장비 등의 법정요건을 모두 갖추어야 한다.[9] 따라서 호송경비업무를 수행하기 위해서는 호송용 차량 1대 이상, 현금호송가방 1개 이상, 기준 경비 인력수 이상의 경비원 복장 및 경적·단봉·분사기 등을 갖추어야 한다.

1) 경비 인력 경비업을 영위하고자 하는 법인은 무술 유도자인 일반경비원 5명 이상·경비지도사 1명 이상, 그리고 자본금 1억 원 이상을 보유하여야 한다.

2) 여기서 "무술유단자"란 대한체육회에 가맹된 단체 또는 문화체육관광부에 등록된 무도 관련 단체가 무술유단자로 인정한 사람을 말한다.

2. 호송차량과 호송가방

1) 호송차량

호송차량이란 현금 기타 귀중품의 운반에 필요한 견고성 및 안전성을 갖추고 무선통신시설(무전기나 휴대전화) 및 경보 시설을 갖춘 자동차를 말한다.

2) 호송차량의 구비요건

(1) 물리적·구조적 견고성 및 안정성 구축

① 호송차량은 외부의 물리적 공격에 견딜 수 있는 구조와 강도가 요구되며, 운전석과 금고실, 보관실의 분리, 그리고 금고실은 일정 한도의 파괴 공격에 견딜 수 있는 구조로 되어 있어야 하고,

② 타이어 펑크시에도 운행할 수 있는 운행 가능 장치, 그리고 엔진작동

---

9) 경비업법 시행령 '경비업의 시설 등의 기준'(제3조 제2항 관련 <별표 1>).

불능 시 가동할 수 있는 예비 동력이 확보되어 있어야 한다.

(2) 통신시설 및 방범 설비 구축

호송차량에는 통신장비와 방법 설비 등의 장비가 필수적으로 구비되어 있어야 한다.

① 본부와 경찰관서 및 관련 기관과 연락할 수 있는 통신장비(예컨대, 긴급호송송출장치[10]·GPS에 의한 차량위치 파악 기능장치[11] 등),

② 운전석과 금고실 간의 통화장비,

③ 외부공격의 감지와 경고에 쓰이는 경보장치,

④ 야간 위험 시 사용할 수 있는 조명시설·비상점멸등·신호탄 등이 구비되어 있어야 한다.

3) 현금호송가방

(1) 의의

현금호송백(현금호송가방)은 현금이나 그 밖의 귀중품을 운반하기 위한 이동용 호송장비를 말한다. 현금호송백은 규정상 1개 이상을 구비하여야 한다.

(2) 현금호송 안전수칙[12]

경찰청은 현금호송을 수행하는 경비업체(법인)에 대하여 다음과 같은 내용의 감독 명령을 하달하였는데, 경비업체가 이를 위반하면 허가취소·영업

---

10) 긴급호송송출장치는 차량의 경보장치가 작동한 경우 또는 긴급버튼이 눌러진 경우, 관제시설 (管制施設)에 자연신호 또는 자동음성에 의하여 이상을 알리는 장치를 말한다.

11) GPS에 의한 차량위치 파악 기능장치는 GPS(지구위치파악시스템)에 의해 차량의 위치가 파악될 수 있는 장치를 말한다. GPS에 의한 차량위치 통보장치에는 ① 실시간 위치정보를 파악하는 방법, ② 호송차량으로부터 위치정보를 송신하는 방법, ③ 긴급시에만 위치정보를 호송차량이 송신하는 방법 등이 있다.

12) 경찰청 감독명령 제10-1호, 2010.2.26.

정지 등의 처벌을 받게 된다.

① 호송차량에서 하차하여 현금 등 중요 물품을 도보로 호송할 경우, 2인 이상이 하여야 한다.

② 호송차량에 현금 등 중요 물품이 호송차량에 적재된 경우, 반드시 1인 이상이 차량에 잔류하여 경계 근무를 하여야 한다.

③ 차량호송시 차량 내 금고는 2중 시정 장치를 한 상태로 운행하여야 한다.

④ 현금 등 중요 물품을 호송하는 차량은 반드시 경보기 등 안정장치를 설비한 차량이어야 한다.

⑤ 중요 물품 호송가방에는 피탈방지용 안전고리를 장착하여야 한다.

⑥ 호송경비업자는 호송근무 투입 전 호송경비원에 대해 안전교육을 실시하고, 호송장비의 적정 여부를 점검하여야 한다.

⑦ 호송경비업자는 파견근로자 보호 등에 관한 법률 제5조 제5항을 위반하여 경비업무에 파견근로자를 사용하지 않아야 한다.

⑧ 호송업무 수행 중 호송차량이나 호송물품을 탈취 당한 경우에는, 즉시 경찰관서에 신고하는 동시에 탈취된 호송품 회수에 주력하여야 하고, 경찰관서와 유기적 체제를 유지하여야 한다.

4) 경비원의 복장 및 장비

호송경비업체는 호송용 차량 1대 이상·현금 호송백 1개 이상 이외에 기준 경비 인력 수 이상의 경비원 복장 및 경적·단봉·분사기를 갖추어야 한다.[13]

(1) 경비원의 복장은 경찰공무원 또는 군인의 제복과 색상 및 디자인

---

13) 경비업법 제16조 제1항(경비원의 복장), 제16조의2(경비원의 장비 등).

등이 명확히 구별되는 소속 경비원의 복장으로 정하여야 한다.

(2) 경비원이 휴대할 수 있는 장비의 종류는 경적·단봉·분사기 등이며, 근무 중에만 이를 휴대할 수 있다.

제3절 호송경비업무의 사전조사와 호송경비계획

Ⅰ. 사전조사

1. 사전조사의 중요성

완벽한 호송경비 목적을 달성하기 위해서는 호송 경로에 대한 사전조사가 선행되어야 한다.

사전조사는 호송 도중의 장해요인을 확인하고 그 대응책을 강구하도록 하는 정보활동으로서, 정확하고 현장성 있는 사전조사는 완벽한 호송계획수립에 절대적인 영향을 미친다.

2. 사전조사의 내용[14]

사전조사는 도로관계·교통특성·도로 주변의 지형·보고장소의 선정·통신 감도의 유무 등 호송경로에 대한 총체적인 상황이 조사되어야 한다.

---

14) 안황권, 「민간경비학」, 인천: 진영사, 2009, pp.335-338.

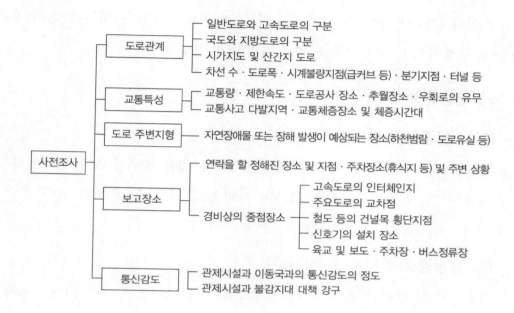

Ⅱ. 호송경비 계획

1. 호송계획 수립

호송에 대한 사전조사가 완료되면 호송경비의 수준이나 강도, 그리고 차량의 선택 등은 사회적·지역적 특성과 시기 등을 고려하여 결정하여야 하고, 아울러 과거의 사고 발생 실태 및 현재의 발생 가능성에 대한 충분한 분석이 이루어져야 한다.

1) 호송계획서 작성

호송계획서에 포함되어야 할 요소로는 ① 호송일자·경유지 및 목적지 등의 지역적 특성, ② 출발지부터 목적지까지의 호송경로의 특징, ③ 호송 대상 물건의 종류·무게·부피·경제적 가치, ④ 보관 용기의 상태, ⑤ 호송 요원의 인원 및 방식, ⑥ 사고발생시 조치 절차와 비상연락체계, ⑦ 무기사용 여부, ⑧ 예비대책(호송경비 중의 교통사고·경비원의 질병 및 부상 등) 등을 들 수 있다. 따라서 완전한 호송경비의 목적을 달성하기 위해서는 위의 요소들을 구체적이고 세부적으로 주도면밀하게 작성되어야 한다.

2) 호송경로 선택

(1) 기본경로와 예비경로

호송계획서 작성시 무엇보다도 우선시되는 것은 호송경로의 선택이다. 호송을 하기 위한 경로는 '기본경로'와 '예비경로' 그리고 여타 몇 개의 예비경로가 늘 준비되어 있어야 한다.

(2) 호송경로 선택시 회피도로[15]

호송경로를 선택할 때 ① 상습정체도로·사고다발도로·사거리 등 교차로가 많은 도로, ② 공사구간·학교 주변도로·화물하역이 많은 도로, ③ 보행자가 많은 도로·횡단보도·육교 등의 많은 곳, ④ 도로의 신호기·우회전이 많은 도로, ⑤ 공격받기 쉬운 지역(인적이나 인가가 없는 도로·주행 중 시야확보가 어려울 정도의 복잡한 지역 등) 등은 되도록 피해야 할 회피 경로이다.

Ⅲ. 호송경비의 실시

호송업무는 출발 전 → 이동간 도착 → 도착 후 단계로 이어진다.

1. 출발 전(사전준비)

호송경비는 우선 출발 전에 사전준비로 다음과 같은 사항 등이 빠짐없이 체크되어야 한다.

---

15) 김순석·김양현·이도선 편저, 「경비지도사 기본교육」, 인천: 진영사, 2016, pp.323-324.

1) 호송대(경비원)편성 및 점검

(1) 호송대를 편성할 때는 도로상태·이동거리·지형·기후·범죄발생·호송요원의 훈련 및 경험 정도 등을 고려하여야 한다. 호송대는 호송팀장, 경비원(호송요원)·운전원 등으로 편성된다.

(2) 경비팀장(호송팀장)은 출발 전에 호송을 수행할 경비원(호송요원)들에 대하여 당일의 근무일정·임무분담·이동 및 정지간의 자세 등의 제반사항을 전달하고,[16] 운전면허증·신분증명서·호신용구·건강상태 등을 점검해야 한다. 이상이 발견된 경우에는 근무편성을 수정하는 조치가 반드시 필요하다.

2) 운행 전 차량점검

운행하기 전에 미리 차량 정비상태(예비타이어·체인·소화기·삼각표시판 등)·방범장치의 피탈방지장치 등을 점검하여, 이상 유무를 확인하여야 한다.

3) 예비차량 및 호송요원 확보

긴급사태에 대비하여 예비차량과 호송요원의 확보는 필수적이며, 장거리의 경우 교대 운전자도 미리 확보해 두어야 한다.

4) 이외에도 (1) 운송업자와 선적지, 하역지와의 사전연락 체계, (2) 경찰관서와 연락 채널 확인, (3) 사고시 정해진 암호 연락방법 등을 확인·점검해야 한다.

---

16) 호송경비 출발 전에 당일 날씨·도로상황·자체사고 방지·고객의 요청사항 등에 대하여 경비원(호송요원)에게 미리 고지하고 숙지하도록 하여야 한다.

2. 물건의 인수 및 양도

1) 절차

물건을 주고받는 때에는 다음과 같은 절차 과정을 거쳐야 한다.

(1) 위탁자 측과 수령자(경비원) 쌍방이 상대의 신분을 확인하고(인계·인수 수령인은 사전에 등록), 인계자가 수령인을 접수부에 서명하게 한다.

(2) 물건의 수량과 봉인상태, 그리고 물건에 대한 특이 사항 등을 체크하고 확인한다.

2) 물건의 인계인수시 고려사항

(1) 물건(귀중품·현금·고액의 유가증권 등)의 인계인수 장소는 안전성이 확보된 전용금고실이나 보관실이 적합하다. 그러나 일반 물건의 경우에는 시야가 넓은 장소·현금수송차가 보이는 장소·다른 차량의 접근이 제한되는 장소 등을 선택하여야 한다.

(2) 물건의 인도·인수는 신속하게 진행하되, 경계를 철저히 하여야 한다.

(3) 수납용기[17)]는 시정 또는 봉인이 가능한 트렁크·큰 우편봉투를 사용하고, 잘못 배달됨이 없도록 지점명 등을 명기(名記)해 두어야 한다.

(4) 경비원(호송요원)은 수납용기의 열쇠를 절대로 타인에게 보관시켜서는 안 된다.

(5) 신분확인은 얼굴사진이 들어있는 신분증명서에 의한다.

(6) 인계인수 담당자는 서로가 사전에 물건목록과 명부를 교환하여 검토하여야 하고, 변경이 있을 때에는 즉시 상대방에게 연락하여 물건의 인

---

17) 귀중품이나 현금의 운반용기는 법으로 정해져 있는 경비용 용기를 사용하여야 한다.

수·인도에 차질이 없도록 해야 한다.

3. 연락체계 확보(연락방법)

1) 호송경비업무를 수행하기 위해서는 사전에 본부 기지국과 경비원(호송요원)간에 연락채널이 구축되어 있어야 할 뿐만 아니라, 미리 경찰관서·소방서·병원 등과도 연락방법이 정해져 있어야 한다.

2) 경비업체와 경찰서간의 연락방법은 경비업법 시행규칙 제2조(호송경비의 통지)에 의해 출발 전일까지 출발지의 경찰서장에게 호송경비 통지서를 제출하면 관할 경찰서의 협조를 받을 수 있다.

3) 기지국과 경비원(호송요원) 사이에는 일정한 지점마다 상호 정해진 연락이 취해져야 하며, 정해진 지점과 시간대에 경비원으로부터 연락이 없을 경우에는 즉시 확인과 동시에 대응조치가 신속하게 이루어져야 한다.

▶ **경비업법 시행규칙 제2조 별지 제1호 서식**

호송경비통지서

접수번호		접수일자		처리기간	즉시

통지인	법인명칭		허가번호	
	소재지			

통지 내용	출발지			
	종착지			
	중간기착지	도내(지명)		관할경찰서
		도외(지명)		관할경찰서
	도급자(회사명)			
	주요호송품명			
	경비업무의 기간	. . .부터 . . .까지 (일간)		
	호송횟수	월 회		

경비원 명단	성 명	직 책	성 명	직 책

「경비업법 시행규칙」 제2조에 따라 위와 같이 통지합니다.

년   월   일

통지인(대표자)   (서명 또는 인)

　　○○ 경찰서장   귀하

첨부서류	없음	수수료 없음

210mm×297mm[백상지 80g/m2(재활용품)]

4. 경계요령(경계방법강화)

호송물품에 대한 경계는 출발 전 → 이동간 → 도착 후 단계까지 전 과정을 통하여 끊임없이 이루어져야 한다.

1) 호송물품 적재지 · 경유지 · 하역지에서의 경계

통제지역 · 제한지역 · 배제지역으로 보호구역을 설정하여, 경계의 강도를 높여야 한다.

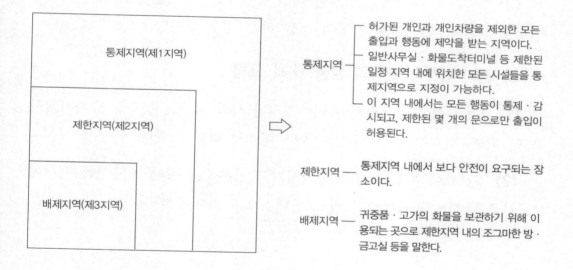

통제지역(제1지역)

제한지역(제2지역)

배제지역(제3지역)

통제지역 ─ 허가된 개인과 개인차량을 제외한 모든 출입과 행동에 제약을 받는 지역이다.
일반사무실 · 화물도착터미널 등 제한된 일정 지역 내에 위치한 모든 시설들을 통제지역으로 지정이 가능하다.
이 지역 내에서는 모든 행동이 통제 · 감시되고, 제한된 몇 개의 문으로만 출입이 허용된다.

제한지역 ─ 통제지역 내에서 보다 안전이 요구되는 장소이다.

배제지역 ─ 귀중품 · 고가의 화물을 보관하기 위해 이용되는 곳으로 제한지역 내의 조그마한 방 · 금고실 등을 말한다.

2) 위험요소의 판단 기준

호송경비업무 중 경계는 경비원(호송요원)과 운전자가 소정의 작업순서에 따라 경계에 공백이 생기지 않도록 해야 한다. 특히 출발 직후 또는 목적지 도착 직후 · 경비원이 승차하는 순간 · 주행 중이나 정차 중에 습격을 받을 가능성이 많다.

따라서 다음과 같은 위험징후 요소들을 항상 파악하여 이에 대비할 수 있는 상황판단 능력을 배양하여야 한다.

(1) 호송차량의 주위에 시동을 건 채 정차해 있는 차량, 호송차량 주위에 일정한 목적 없이 배회하는 자, 또는 2~3명의 사람이 승차한 차량이 일정한 시간 동안 계속해서 따라오는 경우,

(2) 주행도로에 자전거나 기타 장애물이 방치되어 있거나, 좌우 양측이나 후방 등에서 호송차와 차량이 충돌하는 상황이 발생하는 경우(습격의 가능성),

(3) 호송차량 주위에서 일정한 시간 동안 계속 연락을 취하면서 따라오거나 차량의 동태를 살피는 행위 등을 하는 경우 등이다.

3) 경비원(호송요원)의 상황 대처 요령

(1) 호송차량이나 운송차량에는 지정된 사람 외에는 누구도 승차시켜서는 안 되며, 업무수행 중 대기는 차량 내에서 하여야 한다.

(2) 경찰관이 운행 차량을 정지시키고 신분증을 제시·요구하는 경우에도, 창문을 완전히 개방하지 말고 반내림으로 하여야 한다.

5. 차량이동간 주행방법(경계요령)

1) 차량이동간 경비원(경호요원)의 임무

(1) 호송팀장

호송팀장은 통제실 기지국과 상황유지 및 교통상황 파악, 교통 지체나 정체로 인한 주차시에 사주경계 강화 지시, 긴급상황 및 우발상황 발생시 등에 능동적인 지휘능력을 발휘해야 한다.

(2) 경비원

경비원은 긴급상황 발생시 호송팀장의 지휘에 따라 적극적으로 이에 대처하여야 한다.

(3) 운전원

운전원은 신호정차 및 교통체증 또는 긴급상황에 대비하여 차간거리를 유지하여 운행하여야 하고, 특히 긴급상황 발생 시 호송팀장의 지시에 따라 경광등 및 비상등을 작동시키는 등 신속한 조치를 취하여야 한다.

2) 차량대형

호송차량의 주행방법은 도로의 상황에 따라 선택되어지며, 차량의 대형은 호송방식에 따라 달라질 수가 있다. 차량의 대형은 단독대형과 편대대형으로 나누어 볼 수 있다.

(1) 단독대형

호송방식이 통합방식·동승방식·휴대방식 등을 취할 때 단독대형을 이용한다. 단독대형은 별도의 호위차량 없이 무장운송차량에 호송요원이 승차하여 단독으로 이용하는 것을 말한다.

(2) 편대대형

편대대형은 분리호송방식(자동차열 방식)의 경우처럼 일반운송차량을 경비차량으로 호위하는 방식인데, 보통 두 가지 대형이 있다.

① 하나는 운송차량을 가운데 두고 선도차, 후미차의 형태를 띠고 이동하는 경우이고, 또 하나는 운송차량을 앞에다 두고 경비차량이 후미에 따라가는 형태가 있다.

▶편대대형

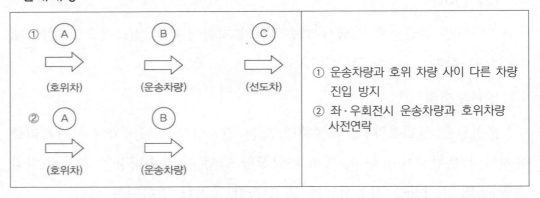

② 편대대형 운영시 고려사항

㉠ 운송차량과 호위차량 사이에 다른 차량이 끼어들지 못하도록 하여야 하고, 좌·우회전시 운송차량과 호위차량 사이에 사전 연락이 되어야 한다.

㉡ 장시간 같은 운전자가 운전을 하지 않도록 해야 하며, 휴게소 등에 정차할 경우 사전에 연락을 취해서 주차 위치를 정해둔다.

㉢ 주행 중 기지국과의 연락을 통해 도로상황을 체크하고 특이사항 유무를 보고하는 한편, 주행 중 주위의 미심쩍은 차량의 동태를 예의 주시하면서 정도가 심한 경우, 기지국에 보고하고 조치를 강구한다.

6. 상황별 비상사태 발생시 대응조치

호송경비 수행 중 발생될 수 있는 사고로는 1) 교통사고 발생, 2) 피습·탈취사고, 3) 안전사고 발생 등을 들 수 있다.

1) 교통사고 발생시의 대응조치

(1) 호송시 교통사고

교통사고가 발생한 경우에는 우선적으로 인명과 신체의 안전이 최우선이므로, 먼저 응급조치를 취하고 기지국과 경찰에 알려 구급차를 요청한다. 교통사고는 경미사고·인사사고·대형사고로 대별할 수 있는데, 각각 그 대응책을 달리하여야 한다.

▶ **교통사고 발생시 행동요령과 조치**

구분	내용	행동요령	조치	비고
경미사고 (접촉사고)	가해자일 경우	• 현송원, 차량 사주경계에 당함 • 운행 가능 여부 판단 지휘 보고(현송책임자) • 피해자에게 정중한 사과와 동시 피해보상 약속	• 운행 불가능할시 즉각 주변차량 및 대기차량 출동 • 사고처리 담당 급파	• 현장보존 –현장보존이 필요한 경우 다른 차량을 적절하게 유도하여 현장보존을 하여야 함. –현장보존이 필요없는 경우, 안전장소로 이동시키는 동시에 정지판 등을 설치하여 후속사고 발생방지 • 교통사고처리는 원칙적으로 운전자가 대응
	피해자일 경우	• 현송원, 차량 사주경계에 당함 • 운행 가능 여부 판단 지휘 보고(현송책임자) • 가해자에게 검사증·운전면허증·연락처 제시 요구	• 사고를 가장하여 습격하는 경우 대비, 상대방 행동 예의주시 • 유리창은 대화가 가능할 정도로 반내림	
중대사고 (인사사고)	사망시	• 유·무선 보고 후 현장보존 • 하차 후 사주경계, 운전요원 사고조사 협조	• 통제실 즉각조치 • 주변차량 및 대기차량 출동 • 관할서 사고 신고 • 사고처리 담당 급파 • 보험회사 통보	• 경비원이 연락할 수 없는 경우에는 상대 또는 부근의 사람에게 신고 요청 • 책임자가 도착한 때는 그 지시에 따름
	중상시	• 인근병원긴급호송(부상자 구호조치) • 현송원 중 1명, 병원 상황유지 • 임무수행(종료 후 사고수습)		
	경상시	• 인근 병원 후송(부상자 구호조치) • 현송원 중 1명 병원 상황유지 • 임무수행(종료 후 사고수습)		

(2) 호송차량이 고장난 경우[18]

① 다른 차량의 교통에 지장을 주지 않는 안전한 장소로 이동한 후, 고장 상황 및 현재 위치를 관제시설에 보고한다.

② 운행이 불가능한 경우에는 관제시설에 대체차량을 요청하고, 대체차량이 현장에 도착한 때에는 그 사실을 관제시설에 연락한다.

③ 귀중품은 고장차량과 대체차량의 간격을 최단거리로 위치시켜 주위의 경계를 엄중하게 하면서 옮겨야 한다.

④ 귀중품을 옮기는 작업을 완료하고 출발할 때는 시금장치 여부와 주변 유류물 등을 재확인한 후 관제시설에 연락한다.

⑤ 대체차량을 기다릴 시간적 여유가 없을 정도로 긴급한 경우는 관제시설에 연락하고, 그 지시에 따라 택시나 지하철을 이용하여 귀중품을 운반한다.

2) 피습·탈취사고 발생시 대응조치

피습은 습격을 받는 것을 말하며, 탈취는 남의 것을 빼앗아 가지는 것을 의미하는데, 통상적으로 피습과 동시에 탈취하는 행위가 결합하여 이루어진다. 피습탈취는 직접적으로 인명이나 신체에 영향을 끼친다.

(1) 현금피탈 및 현금수송차량 탈취사건 사례

① 2011년 10월 26일 오전 5시쯤 충남 천안시 성정 어시장 앞에서 모 물류차량에 괴한들이 침입, 운전요원을 무차별 폭행하고 현금 5,000만 원을 탈취하여 달아난 사건

② 2009년 7월 14일 오전 8시쯤 서울 종로구 서린동 영풍문고 앞 도로에서 호송경비원 3명 중 2명이 호송차에서 내려 은행 현금지급기에 돈을 넣

---

18) 권창국 외, 앞의 책, p.125.

으러 가자 차에 남아 있던 운전요원을 유인하기 위해 흉기로 차량 뒤편의 유리를 깨뜨리자, 이 소리를 들은 호송차 운전요원이 문을 열고 나오는 순간 범인은 반대편으로 돌아가 차량을 탈취하여 출발하였다. 이때 운전요원이 차량조수석에 즉시 올라타 차량운행을 저지하자 중앙선 맞은 편에서 신호대기 중이던 승용차와 충돌, 범인은 차를 버리고 도주하여 미수에 그친 사건(당시 차량에는 4억 5천만원 가량의 돈이 실려 있었음)

(2) 대응조치 요령

피습탈취사건이 발생한 경우에는 다음과 같은 상황조치가 신속하게 이루어져야 하며, 이와같은 조치요령은 평상시에 사전교육 및 예행 연습 등에 의해서 일상화되어야 한다.

① 차량용 방범장치(보안장치)의 신속한 작동을 실시한 후, 사이렌 및 앰프 등을 사용하여 주변에 이상이 발생하였다는 것을 주위 사람들에게 신속하게 전파하여야 한다.

② 현송장비(경봉·분사기·전자충격기 등)를 사용하여 범법자를 제압하거나, 주변차량 등에 협조하여 추적하여야 한다.

③ 피습 위치 및 현재의 상황을 유·무선으로 지휘본부에 보고하고, 동시에 인근 경찰관서에 긴급히 상황신고를 하여야 한다.

④ 습격으로 탈취 행위가 이루어졌을 때에는 범인의 인상착의, 차량식별확인(인원·차량번호·차종·색깔 등), 도주로 등을 명확히 파악하여 이를 즉시 경찰 및 기지국에 신고하고 그 내용을 기록해 둔다.

7. 호송완료 후 경비활동

범죄발생 가능성이 가장 농후한 경우는 호송이 완료되어 도착시 대상물건을 내릴 때이다.

이때에는 오히려 호송운반 시보다 더욱 긴장감을 가지고 각자 분담된 업무를 수행하면서 경계를 강화시켜야 한다.

1) 호송경비원

(1) 호송경비원은 2인 1조로 경계·통신 등 업무를 분담 수행하면서 경계에 만전을 기해야 한다. 경계 근무 중 특이한 징후를 발견하고 습격 등의 우려가 있다고 판단되는 경우, 기지국이나 경찰관서에 즉시 보고 후 그 지시에 따라 행동한다.

(2) 경계위치는 30미터 이내의 사각지대도 확인하여야 하고, 금고 개방 전·물품 등을 가지고 나올 때에는 주변을 재확인하여야 한다.

2) 운전원

운전요원은 차량이 목적지에 도착하면 본부에 무선연락을 취하고, 차량 주변의 검색 및 경계에 만전을 기해야 한다.

07

장비사용법

Theories of Field Business for private Security

사람을 가장 사람답게 인도하는 힘은
의지력에 달려 있다.
기둥이 약하면 집이 흔들리듯 의지가 약하면
생활도 흔들린다.

제7장
장비사용법

제1절 경비원의 장비와 사용의 법적 근거

Ⅰ. 경비원 장비의 개념

1. 경비원 장비의 의의

경비업법상의 경비원 장비는 경비원이 경비업무를 수행할 때 소지 또는 사용하는 장비를 말한다. 즉, 경비원의 장비는 경비원의 시설경비·호송경비·신변보호 등의 업무를 수행할 때 위험과 사고발생 등을 사전에 방지하기 위하여 사용될 수 있는 물품요소(장치나 도구)를 말한다.

2. 경비원의 휴대 및 착용장비

1) 일반경비원

일반경비원은 시설경비·호송경비·신변보호·기계경비 업무를 수행하기 위하여 필요한 장비를 휴대하여 근무할 수 있다. 다만, 무기[1]는 제외된다.

---

[1] 경비업법상 무기란 인명 또는 신체에 위해를 가할 수 있도록 제작된 권총·소총 등을 말한다 (경비업법 제2조 제4호).

2) 특수 경비원

특수경비원은 경비업무 중 특수경비업무를 수행하는 자를 말하는데, 이 들은 공항 및 국가중요시설 등을 경비하면서 일반경비원과는 달리 무기 등 을 휴대하여 근무할 수 있다.

Ⅱ. 민간경비원의 장비 사용의 법적 근거

1. 경비업법 및 경비업법 시행규칙

경비업법상 경비원이 휴대할 수 있는 장비의 종류로는 경적·단봉·분사 기 등이 있고, 이러한 장비 등은 근무 중에만 이를 휴대할 수 있다(경비업법 제16조의2 제1항).

한편, 경비업법 시행규칙에는 '경비원은 근무 중 경적·단봉·분사기·안 전방패·무전기 및 그 밖에 경비업무 수행에 필요한 것으로서 공격적인 용 도로 제작되지 아니하는 장비를 휴대할 수 있으며, 안전모 및 방검복 등 안 전장비를 착용할 수 있다'고 규정하여 장비사용과 관련하여 보다 구체적으 로 명시하고 있다(경비업법 제20조 제1항.)

따라서 경비원은 근무 중에만 경적·단봉·분사기·안전방패·무전기 및 공격적인 용도로 제작되지 아니하는 장비의 휴대, 그리고 안전장비로 안전 모 및 방검복 등을 착용할 수 있다. 경비원 장비의 구체적인 기준은 다음과 같다(경비업법 시행규칙 제20조 제2항<별표5>).

▶ 경비원 장비의 구체적인 기준

장비	장비 기준
경적	금속이나 플라스틱 재질의 호루라기
단봉	금속(합금 포함)이나 플라스틱 재질의 전장 700mm 이하의 호신용 봉
분사기	「총포·도검·화약류 등의 안전관리에 관한 법률」에 따른 분사기
안전방패	플라스틱 재질의 폭 500mm 이하, 길이 1,000mm 이하의 방패로, 경찰공무원이 사용하는 안전방패와 색상 및 디자인이 명확이 구분되어야 함
무전기	무전기 송신 시 실시간으로 수신이 가능한 것
안전모	안면을 가리지 아니하면서, 머리를 보호하는 장비로 경찰공무원이 사용하는 방석모와 색상 및 디자인이 명확히 구분되어야 함
방검복	경찰공무원이 사용하는 방검복과 색상 및 디자인이 명확히 구분되어야 함

2. 총포·도검·화약류 등의 안전관리에 관한 법률

경비업자가 경비원으로 하여금 분사기를 휴대하여 직무를 수행하게 하는 경우에는 「총포·도검·화약류 등의 안전관리에 관한 법률」에 따라 미리 분사기의 소지허가를 받아야 한다(경비업법 제16조의2).

3. 장비사용의 한계와 가중처벌

1) 임의 개조 금지 및 필요한 최소 한도에서의 장비 사용

① 누구든지 경적, 단봉, 분사기 등의 장비를 임의로 개조하여 통상의 용법과 달리 사용하여 다른 사람의 생명·신체에 위해를 가해서는 아니 되고,

② 경비원은 경비업무를 위하여 필요하다고 인정되는 상당한 이유가 있을 때에는 필요한 최소한도에서 경적, 단봉, 분사기 등의 장비를 사용할 수 있다.

2) 경찰제복 및 경찰장비 착용금지

경비원은 근무 중에 경찰제복, 유사경찰제복 및 경찰장비, 유사경찰장비 등을 착용하거나 휴대할 수 없다. 이를 위반시에는 6개월 이하의 징역이나 300만 원 이하의 벌금·구류 또는 과료에 처한다. 여기서 경찰장비라함은 경찰수갑, 경찰방패, 경찰권총 허리띠, 경찰차량 및 이륜차(경광등 및 도색·표시만 해당됨) 등을 말한다.

3) 형의 가중처벌

경비원의 경비업무 수행 중 규정한 장비 외에 흉기 또는 그 밖의 위험한 물건을 휴대하고 다음과 같은 죄를 범할 때에는 가중 처벌한다. 가중처벌은 그 죄에 정한 형의 2분의 1까지이다.

(1) 형법상의 특수상해, 단체 또는 다중의 위력을 보이거나 위험한 물건을 휴대하여 「상해죄」를 범한 때에는 1년 이상 10년 이하의 징역에 처하고(형법 제257조 제1항의 죄로 한정한다), 단체 또는 다중의 위력을 보이거나 위험한 물건을 휴대하여 「중상해죄」를 범한 때에는 2년 이상 20년 이하의 징역에 처한다(제258조 제1항·제2항의 죄로 한정한다).

(2) 형법상의 상해치사, 특수폭행, 폭행치사상, 업무상과실·중과실치사상, 체포·감금, 중체포·중감금, 체포·감금등 치사상, 강요, 특수공갈, 재물손괴 등의 죄가 이에 해당한다.

제2절 경비원의 장비사용법

Ⅰ. 경찰봉 및 단봉

1. 경찰봉

1) 경찰봉의 기원

경찰봉은 현존하는 문헌상 조선시대의 포도청 포졸들이 들고 다니던 육모방망이를 그 기원점으로 볼 수 있다. 그 후 일제강점기에는 일제 경찰의 상징인 경찰검(대검)을 패용하였으나, 미군정기에 경찰검(대검) 휴대를 폐지하고 경찰봉으로 대체하였다.[2] 따라서 오늘날 사용하고 있는 경찰봉은 조선시대의 육모방망이 → 일제강점기의 경찰검(대검) → 미군정기의 경찰봉 → 현재의 경찰봉 순으로 발전하여 왔다.

2) 경찰봉술의 역사

경찰관은 해방 후 제정된 경찰관 직무집행법(1953.12.14. 법률 제299호)[3]에 근거하여 경찰봉을 경찰장구로 사용할 수 있었다. 이에 따라 직무수행에 필수적으로 휴대하고 있는 경찰봉의 효율적인 활용 기술이 개발되었는데, 이를 경찰봉술이라고 한다. 경찰봉술의 근본 취지는 인체의 치명적인 위해를 수반하는 총·가스총 등을 사용하지 않고, 인체의 위해를 최소화하면서 경찰의 목적을 달성하는 데 있다.

---

2) 김형중, 「경찰학개론」, 서울: 청목출판사, 2012, p.169.
3) 1953년에 제정된 경찰관 직무집행법 제10조에 의하면 "경찰관이 범인의 체포, 도주의 방지, 자기 또는 타인의 생명, 신체에 대한 방호, 공무집행에 대한 항거의 억제를 위하여 상당한 이유가 있을 때에 그 사태를 합리적으로 판단하여 필요한 한도 내에서 경찰장구를 사용할 수 있다"라고 규정하고 있다.

▶경찰봉 쥐는 법

2. 단봉

민간경비원은 경비업법상 단봉을 근무 중에 휴대할 수 있다. 단봉은 휴대가 간편한 휴대장비로 상대방이 흉기 등을 소지하여 공격할 때, 이에 대응하여 용이하게 사용할 수 있는 장구 중의 하나이다.

▶단봉

II. 경비원의 단봉술

경비원의 단봉술은 아직까지 정형화되거나 체계화되어 있지 않기 때문에, 여기서는 경찰봉술을 토대로하여 기본적인 것만 기술하였다.

1. 단봉 사용시 주의사항

1) 단봉은 사용상 위험성을 갖고 있으므로, 비례의 원칙에 적합하도록 사용하여야 한다. 즉, 단봉의 정당한 사용에 대한 기준은 비례의 원칙[4]이 적용된다.

2) 상대방의 얼굴·흉부·복부 등을 직접 가격할 때는 사용해도 될 긴급 상황인지 신중히 생각하여야 한다.

3) 경비원의 장구사용은 적극적 공격행위가 아니고 소극적 방어행위이다. 따라서 최소한의 정당방위의 상황에서 자기 또는 타인의 법익에 대한 현재의 부당한 침해를 방지하기 위한 행위이어야 한다.

2. 단봉수련 기본자세

봉술(단봉술)에서 가장 중요한 것은 기본자세이다.[5] 공격과 방어에서는 몸의 중심 이동, 공격과 방어, 방어와 공격이 동시에 이루어져야 한다.

---

4) 비례원칙의 내용은 적합성 → 필요성 → 상당성의 원칙을 말한다.
　① 적합성의 원칙은 사용하는 수단이 목표달성에 비추어 볼 때 법적이나 사실적으로 유용한 수단이어야 한다.
　② 필요성의 원칙은 선택가능한 수단들 중에서 최소한의 침해를 주는 수단을 선택하여야 한다. 이를 최소침해의 원칙이라고 한다.
　③ 상당성의 원칙은 목적을 달성하기 위한 필요성이 있는 경우라도 상대방에게 침해되는 불이익이 그것에 의해 초래되는 이익보다 큰 경우에는 사용해서 안된다는 원칙이다. "참새를 잡기 위하여 대포를 쏘아서는 안 된다"는 예문은 「상당성의 원칙」을 잘 표현하고 있는 말이다.
5) 오정주, 「경찰체포호신술교본」, 서울: 인동, 1999, p.29.

1) 단봉 휴대 및 봉 쥐는 법

(1) 단봉 휴대

단봉은 혁대의 좌측 허리 고리에 찬다. 단봉을 뺄 때는 45° 아래의 왼쪽 허리의 단봉을 보며 오른손으로 단봉을 잡아 뺀다.

(2) 봉 쥐는 법

세 손가락(중지, 약지, 소지)은 힘 있게 잡고 엄지와 검지를 가볍게 잡아 손목 및 팔굽의 유연성을 증대시킨다(앞의 경찰봉 쥐는 법 그림 참조).

2) 단봉술의 기본자세

이하는 경비원의 업무수행 중 최소한의 자기방어와 공격에 대한 기본자세 몇 가지만을 간략하게 서술하였고, 구체적인 기술은 경찰봉술에서 그림과 함께 자세하게 설명하였다.

(1) 차렷

① 전방을 응시하며 부동자세를 취한다.
② 손은 바지 옆선에 위치하며 발의 모양은 45°를 유지한다.

(2) 뽑아 봉

① 오른발을 앞으로 내민다.
② 봉을 잡아 뽑는다. 이때 봉의 끝은 명치 끝에 둔다.

(3) 정면 머리치고 머리 막기

① 단봉을 머리 중앙으로 들어 올려 수직으로 내려친다. 이때 봉은 머리 위에서 멈춰선다. 봉의 위치는 자신의 이마 위에 위치한다. ② 내려친 봉은 다시 돌아와 자신의 머리 위 15° 위에서 수평으로 막아선다. 머리 막기는 상대가 머리를 치는 경우, 이를 막기 위한 방어기술이다.

(4) 어깨치기와 막기

① 단봉을 상대 머리 왼쪽 어깨 위에 사선으로 둔다.

② 상대의 좌 어깨를 45° 우에서 좌로 내려친다.

③ 내려친 봉은 다시 머리 왼쪽 어깨 위에 사선으로 둔다.

④ 상대의 우 어깨를 좌에서 우로 내려친다.

Ⅲ. 경찰봉술

앞에서 기술한 경비원의 단봉술은 가장 기본적이고 핵심적인 자세만을 표현한 것에 불과한 반면, 경찰봉술은 보다 체계화되고 구체화된 기술이다. 따라서 경비원은 업무수행시에 이러한 기술들을 참고하면 될 것이다.

1. 겨눔 자세

겨눔 자세 자체는 방어에 가장 유리하게 몸을 측면으로 향하게 하고, 봉을 든 자체가 방어가 되어야 하며, 즉시 공격으로 연결되어야 한다.

1) 왼손은 봉집(일반봉일 때 봉고리), 오른손은 손잡이를 잡는다.

2) 봉을 잡은 손이 입(인중) 높이까지 올라가 앞으로 크게 원을 그리며 내려치는 듯한 자세로 빼며(빼어봉) 동시에 왼발은 제자리에 두고, 오른발을 2족장 앞으로 나가며 뺀다. 이때 허리와 목은 부드럽게 한 상태로 똑바로 세우고 몸통을 자연스럽게 틀어 측면으로 향하게 하여 시선은 범인의 눈을 주시한다.

3) 봉을 잡은 팔과 몸 사이는 겨드랑이 속으로 주먹 하나가 충분히 들

어갈 만큼의 간격이며, 팔과 몸은 약 125°의 내각을 유지시키고 가볍게 감싸 잡으며 봉끝은 범인의 눈을 향한다.

▶ 겨눔 자세 연속 동작

2. 방어 동작

경찰봉·호신봉 단봉은 사람의 생명·신체에 위해를 가할 우려가 있는 장비이다. 경찰장비관리규칙에서는 ① 범인의 검거 및 제압 등 정당한 공무수행을 위해서만 사용하여야 하고, ② 위해를 가할 수 있는 물질을 경찰봉에 삽입하거나 부착하는 등의 임의적인 변형을 하지 않아야 하며, ③ 상대방의 머리, 얼굴, 흉·복부 등을 직접 가격하는 것은 자제하여야 한다고 규정하고 있다.[6] 따라서 경찰관이나 민간경비원이나 양자 모두 부득이한 경우를 제외하고는 방어용으로만 사용하는 것이 바람직스럽다.

1) 머리막기

자신의 머리 위에서 봉을 45° 대각선을 만들어 막을 수도 있고(봉 끝이

---

6) 경찰장비관리규칙 제7조 제3항.

위로 향하게 함), 또는 몽둥이 등으로 강하게 내려칠 때는 다른 손으로 봉끝 부분을 잡아 대각선을 유지시키며 막을 수도 있다.

2) 아래 막기

기본자세(겨눔자세)에서 봉을 좌우 아래로 뿌리듯 내려 막는다. 이때 팔을 옆으로 45° 벌려 팔굽을 약간 구부려 방어와 동시에 신속한 공격이 되게 한다.

3. 공격 동작

1) 손목치기(좌·우 피하며 손목치는 법)

칼, 유리병, 돌 등으로 대항하는 범인에 대하여 기본자세(겨눔자세)에서 뒤로 빠져 서면서 좌 또는 우 손목을 내려친다. 이때 손목을 친 후 겨눔자세를 취한다.

2) 무릎치기(좌·우 무릎치기)

봉을 잡은 손을 오른쪽 어깨 위에 올려매 대각선으로 좌무릎을 후려 내려치거나(좌무릎치기), 봉을 잡은 손을 반대쪽(왼쪽) 어깨 위에 올려매 대각선으로 우무릎을 후려친다(우무릎치기).

3) 봉 찌르기

칼, 유리병, 돌 등으로 대항하는 범인에 대하여 기본자세(겨눔자세)에서 가슴(명치) 또는 목 등을 찔러 제압하는 기술이다. 뒷발을 힘차게 밀어 앞발이 일보 전진하며 동시에 봉을 든 팔이 가슴(명치) 또는 목 등을 향해 쭉 뻗는다. 이때 뒷발은 쭉 뻗고 앞발은 약 90°를 유지한다. 이 경우 목 및 가슴 등 급소를 찌를 시 치명상을 유발할 수 있으므로 주의를 요한다.

Ⅳ. 분사기

1. 분사기의 개념

1) 의의

분사기란 사람의 활동을 일시적으로 곤란하게 하는 최루 및 질식의 작용제를 분사할 수 있는 기기로서 대통령령으로 정하는 것을 말한다.[7]

---

7) 총포·도검·화약류 등의 안전관리에 관한 법률 제2조 제4항(분사기).

2) 구별개념

일반적으로 분사기를 보통 가스총(가스분사기)이라는 용어로 불리면서 혼용되어 사용되고 있으나, 법제상 분사기와 가스총은 용어 자체가 다를 뿐만 아니라 용도 또한 다르다. 따라서 경비원은 경비원의 휴대장구인 분사기와 가스총의 개념을 확실히 이해하여 용어사용의 혼돈을 피해야 한다.

(1) 분사기

경비원이 휴대하는 장구는 분사기이지, 가스총을 말하는 것은 아니다. 분사기 종류로서는 (1) 총포형 분사기, (2) 막대기형 분사기, (3) 만년필용 분사기, (4) 기타 휴대형 분사기 등이다.[8]

(2) 가스총

법령상 가스총은 분사기와는 달리 엽총과 사격총의 일부로 규정되어, 분사기와 구분하고 있다(총포·도검·화약류등단속법 제2조 제1항). 가스총은 엽총과 사격용 총의 일부로 내장되어 있는 압축가스 힘에 의해 금속 탈환이 발사되는 총을 말한다.

▶ 가스총

---

8) 총포·도검·화약류 등의 안전관리에 관한 법률 시행령 제6조의2.

2. 분사기의 종류

분사기는 1) 형태(모양)에 의해, 2) 약제에 의해, 3) 소지목적에 따라 분류할 수 있다.

1) 형태(모양)에 의한 분류

분사기는 형태에 따라 총포형, 막대형, 만년필용, 기타 휴대형으로 나누어진다.

(1) 총포형 분사기

① 총포형 분사기는 외관이 권총 등과 같은 총기류와 유사하게 만들어진 분사기를 말한다. 대표적으로 리볼버형, 피스톨형 분사기를 들 수 있다.

② 총포형 분사기는 실탄 방식과 분사식(스프레이)형으로 되어 있는데, 실탄 방식은 5연발과 6연발이 있으며, 작용제가 내장된 실탄을 장전하여 사용하게 된다. 발포하였을 때는 실탄은 움직이지 아니하고 실탄에 내장된 작용제가 발사되는 것을 말한다.

총포형 분사기는 호신용, 경비용(경비원 등), 범인 검거 및 범죄 진압(외근경찰관) 등 치안용으로 널리 이용되고 있다.

▶ 총포형 분사기

(2) 막대형 분사기

막대형 분사기는 액체 및 분말 약제로 생산되며, 그 형태가 막대형이다. 막대형 분사기는 부피가 커서 소지하는 데 약간의 제한이 있으나, 분사량이 많아 대체로 많이 사용되고 있는 편이다.

▶ 막대형 분사기

(3) 만년필용 분사기

만년필용 분사기는 만년필 형태의 분사기를 말한다. 만년필용 분사기는 조준력이 정확하고 상의 포켓에도 꽂고 다닐 수 있어, 금융기관 및 호신용으로도 많이 사용된다.

▶ 만년필용 분사기

2) 약제에 따른 분류

분사기는 약제(구조 및 성능)에 따라 분말식 분사기와 액체식 분사기로 분류된다.

(1) 분말식 분사기

분말식 분사기는 약제통 내부에 분말을 넣어 압축되어 있는 가스의 압력으로 분말을 외부로 분출시킬 수 있도록 만들어진 분사기이다. 분말식 분사기는 다수의 범인을 제압하는 데 아주 효과적이나(특히 막대형의 경우), 단발 또는 2발을 발사할 수 있어 그 이상 발사 횟수를 늘리기 어렵다는 단점이 있다.

(2) 액체식 분사기

액체식 분사기는 약체통 내부에 액체로 되어 있는 작용제를 넣어서 강압되어 있는 압축가스를 통해 작용제를 외부에 분출시킬 수 있도록 만들어진 분사기이다. 액체식 분사기는 짧게 여러 번 나누어서 단발부터 6~7회 이상까지 분사할 수 있는 장점이 있으나, 분말식에 비해 약제량이 적으며

▶각 분사기별 장단점 비교

구분	분말 분사기	액체 분사기	리볼버형(실탄방식)
사용처	경비용	일반용	일반형
유효거리	길다(5~7m)	짧다(3~5m)	사거리 3~5m
			적정 2~3m
분사범위	넓음	좁음	좁음
분사물질의 형태	분말(가루)	액상	액상
연발분사	제한적	가능	가능
분사방식	압축가스	압축가스	화약폭발
총성여부	없음	없음	있음

성분이 매우 약하다는 단점이 있다.

3) 사용목적(소지목적)에 따른 분류[9]

(1) 호신용 분사기

호신용 분사기는 치한의 습격이나 흉악범으로부터 자신을 보호하기 위한 목적으로 소지하는 분사기이다. 호신용 분사기는 휴대가 간편하면서 사용이 용이한 소형의 액체형 분사기가 주로 많이 쓰이고 있는데, 만년필형, 립스틱형, 화장품형 등으로 그 종류가 매우 다양하다.

(2) 경비용 분사기

경비용 분사기는 경비업법상에서 규정된 경비원의 휴대 장구 중의 하나이다. 경비용 분사기는 호신용 분사기보다 부피가 커서 일반인이 휴대하기에는 부적합하지만, 호신용 분사기에 비해 약재량이 많고 다수의 범인을 제압하는 데 용이하다. 대표적으로 막대형 분사기를 들 수 있다.

(3) 치안용 분사기

치안용 분사기는 주로 경찰에서 사용하는 경찰장비 중의 하나다. 치안용 분사기는 범인 검거 및 범죄 진압, 다중 범죄 진압(집회·시위) 등에 사용된다. 이 분사기에는 호신용이나 경비용 등 일반분사기 약제로는 사용이 금지되어 있는 최루 작용제를 내장하여 다량의 약제를 분사할 수 있도록 제조되어 있다.

---

9) 권창국·김봉석·조상현 외, 앞의 책, p.96; 김순석·김양현 외 편저, 앞의 책, p.338.

3. 분사기의 소지허가 및 절차

1) 분사기 소지허가

(1) 분사기 소지의 금지 규정에 해당되지 아니하는 사람이 분사기를 소지하고자 하는 때에는 주소지를 관할하는 경찰서장의 허가를 받아야 한다.

(2) 경비를 위하여 법인의 대표자 또는 대리인, 사용인 기타 종업원이 분사기를 소지하고자 하는 때에는 그 법인의 대표자가 허가를 받고자 하는 분사기의 수 및 이를 소지할 사람을 특정하여 그 법인의 주된 사업장의 소재지를 관할하는 경찰서장의 허가를 받아야 한다.

2) 분사기의 허가절차

(1) 개인소지 허가절차

분사기 소지에 관한 신청접수는 관할 경찰서 민원봉사실에서 담당한다. 신청서류는 ① 분사기 소지허가 신청서, ② 신체검사서나 운전면허증 사본, ③ 분사기의 출처를 증명할 수 있는 서류, ④ 증명사진 2매 등이다. 처리기간은 7일 이내이다.

(2) 법인의 소지허가 절차

법인의 분사기 소지에 필요한 서류는 ① 대표자 개인 허가신청서, ② 사용자 지정신청서, ③ 실제 사용자 전원의 신체검사서(운전면허가 있는 경우는 면허증 사본), ④ 분사기의 출처를 증명할 수 있는 서류, ⑤ 정관 및 대표자와 임원의 명단 등이다. 처리기간은 7일 이내이다.

3) 총포(분사기) 등의 소지 결격사유

(1) 총포·도검·화약류·분사기·전자충격기·석궁 등은 아래와 같은 사유에 해당하는 경우 소지허가를 받을 수 없다.[10]

① 20세 미만의 미성년자. 다만, 대한체육회장이나 특별시·광역시 또는 도의 체육회장이 추천한 선수 또는 후보자가 사격 경기용 총을 소지하고자 하는 경우에는 그러하지 아니하다.

② 심신상실자·마약·대마·향정신성의 약품 또는 알코올 중독자 그 밖에 이에 준하는 정신장애자,

③ 금고 이상의 실형을 선고받고 그 집행이 종료되거나 집행이 면제된 날부터 3년이 지나지 아니한 사람,

④ 이 법의 규정을 위반하여 벌금형의 선고를 받고 3년이 지나지 아니한 사람,

⑤ 총포 등의 제조업자 등과 소지허가를 받은 사람이 영업과 소지의 허가취소 처분을 받고 1년이 지나지 아니한 사람 등이다.

(2) 총포소지허가의 경우는 강제규정이 아니라 임의규정이다. 따라서 지방경찰청장 또는 경찰서장은 다른 사람의 생명·재산 또는 공공의 안전을 해칠 염려가 있다고 인정되는 경우에는 총포·도검·화약류·분사기·전자충격기·석궁의 소지허가를 하지 아니할 수 있다.

4. 분사기 휴대 및 사용의 법적 근거

개인호신용 분사기는 경찰관, 청원경찰관, 일반경비업에 종사하는 경비원 등뿐만 아니라 일반인까지도 다양하게 휴대하여 사용할 수 있다.

1) 경찰관의 분사기 사용에 관한 법적 근거는 「경찰관 직무집행법」을 들 수 있고, 경비원의 분사기 휴대 및 사용은 「경비업법 및 시행규칙」을 들 수 있다.

---

10) 총포·도검·화약류 등의 안전관리에 관한 법률 제13조 제1항.

2) 경비업자가 경비원으로 하여금 분사기를 휴대하여 직무를 수행하게 하는 경우에는 「총포·도검·화약류 등의 안전관리에 관한 법률」에 따라 분사기의 소지허가를 받아야 한다.

5. 분사기 불법소지 및 사용에 따른 벌칙

분사기와 관련된 법규 또는 명령을 위반하였을 경우에는 징역과 벌금을 병과하는 등 엄격하게 통제하고 있다(병과형).[11]

1) 소지허가를 받지 아니하고 분사기를 소지한 자

(1) 5년 이하의 징역 또는 1천만 원 이하의 벌금

분사기 소지허가를 받지 않고 분사기를 소지하거나 소지허가를 받은 사람이 소지허가를 받지 않은 사람에게 분사기를 양도·양수하는 경우가 이에 해당한다.

(2) 3년 이하의 징역 또는 700만 원 이하의 벌금

분사기의 검사 규정을 위반한 제조업자, 거짓이나 그 밖의 옳지 못한 방법으로 허가 또는 면허를 받은 사람이 이에 해당된다.

2) 분사기 불법사용시 벌칙

허가받은 용도가 아니거나 정당한 경우 외에 사용하는 자, (2) 발견·습득의 신고 등을 하지 아니한 자는 2년 이하의 징역 또는 500만원 이하의 벌금에 처한다.

---

11) 총포·도검·화약류 등의 안전관리에 관한 법률 제71조, 제72조, 제73조, 제74조, 제75조, 제76조.

3) 과태료

(1) 분사기의 휴대·운반·사용 및 개조 등의 제한 규정을 위반하거나, 공공의 안전을 위한 조치 등의 규정에 의한 준수사항을 위반한 자는 300만 원 이하의 과태료에 처한다.

(2) 과태료는 경찰청장, 지방경찰청장 또는 경찰서장이 징수하며 과태료처분에 불복이 있는 자는 그 처분이 있음을 안 날부터 30일 이내에 관할 관청에 이의를 제기할 수 있다.

4) 양벌규정

법인의 대표자나 법인 또는 개인의 대리인, 사용인 그 밖의 종업원이 그 법인 또는 개인의 업무에 관하여 위반행위를 하면 그 행위자를 벌하는 외에 그 법인 또는 개인에게도 해당 조문의 벌금형을 과한다. 다만, 법인 또는 개인이 그 위반행위를 방지하기 위하여 해당 업무에 관하여 상당한 주의와 감독을 게을리하지 아니한 경우에는 그러하지 아니하다.

6. 분사기의 사용방법

1) 경비원이 분사기 사용

경비원이 분사기 사용할 때에는 (1) 경비업법상에 정해진 경비업무 목적을 위해서만 사용하여야 하고(경비업무 목적으로 사용), (2) 필요한 최소한도 내에서 방어목적으로 사용해야 하며(필요최소한의 원칙), (3) 적법한 범위 내에서 사용해야 한다(적법한 범위 내에서 사용). 여기서 적법한 범위 내라 함은 정당행위(현행범체포)·정당방위 등의 요건이 충족되었을 경우 자신과 타인의 안전을 위하여 필요한 최소한의 범위 내에서 사용해야 한다는 것을 의미한다.

2) 분사기의 휴대

경비업법상 경비원은 근무 중에 한하여 분사기를 휴대할 수 있으나, 이 경우 반드시 소지허가증을 휴대해야 한다. 분사기의 휴대방법으로는 허리 휴대와 어깨 휴대 방법이 있다.

(1) 허리 휴대법

일반적이고 보편적인 휴대법이며 갑작스러운 습격 등에 즉각적인 대응이 가능하다. 일반적으로 시설경비 업무시 휴대하는 방법이다.

(2) 어깨 휴대법

어깨 휴대법은 호송경비업무나 신변보호 등 비노출 경비업무를 수행할 때 주로 사용되는데, 이 휴대법은 분사기 소지 여부를 외부에 노출시키지 않는다는 장점이 있다.

3) 분사기 사용절차 및 사용요령

(1) 사용절차과정

분사기의 사용은 안전장치의 해제(off 상태에서 on 상태로 위치 변경) → 위치선정(반드시 바람을 등지고 사용) → 조준(조준점은 코와 입 사이) → 분사(방 아쇠를 당겨 과감하게 분사) → 사후조치 순으로 진행된다.

(2) 사용요령

① 분사기 파지 요령

분사기 파지법(잡는 법)은 한손 파지와 양손 파지 방법이 있으나 한손 파지보다는 양손 파지가 훨씬 안정적이다. 양손 파지는 다시 감싸서 파지하는 요령과 받쳐 파지하는 요령이 있다.

▶ **파지법**

한손파지법

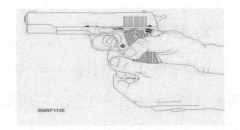

양손파지법

② **조준요령**

㉠ 신속히 분사기를 꺼내 들고 한손 또는 양손으로 분사기를 파지한 후 목표물을 향한다.

㉡ 파지한 손은 자신의 신체로부터 멀리 떨어지게 하여, 약제 피해를 최 소화시켜야 한다.

㉢ 조준은 가늠자와 가늠쇠를 범인의 인중에 일치시킨다.

③ **사후조치**

분사기 사용 후 사후조치로는 ㉠ 범인을 제압한 경우에는 현장보존 및 수사기관에 현행범을 인계, ㉡ 인명구조(사건 현장에서 부상자 발생시 119 신고, 응급조치), ㉢ 충약, 분사기 손질 등을 하여야 한다.

7. 경비원의 분사기 관리 · 보관

1) 분사기의 점검 및 관리

(1) 분사기 소지 여부 검사와 수인의무

시 · 도 경찰청장 또는 경찰서장은 분사기 등의 소지허가를 받은 자가 분사기 등을 적절하게 소지하고 있는 지를 조사하기 위하여 필요하다고 인정되는 경우에는 분사기 등에 대한 검사를 실시할 수 있고(총포 · 도검 · 화약류 등의 안전관리에 관한 법률 제47조), 분사기 등의 소지허가를 받은 자는 관할 경찰서 등 점검기관의 요구가 있을 때에는 분사기를 제시하고 관리상태의 점검을 받아야 한다(동법 제6항).

(2) 분사기 사용제한 및 운반·대여 등 금지

분사기는 허가받은 용도에 맞게 사용하여야 하며(분사기 사용제한), 정당한 사유가 있는 경우 외에는 휴대·운반·대여 등 규정에 위반되는 행위(분사기 휴대·운반·대여 등 금지)를 하여서는 아니 된다.

2) 경비원의 분사기 관리

(1) 평상시 관리

① 분사기 보관

소지허가를 받은 자가 분사기를 휴대하지 않고 일정 장소에 보관할 때는 지정된 격납고, 시정장치가 있는 캐비닛, 잠금장치가 되어 있는 서랍 등에 넣어 안전하게 보관해야 한다.

② 약제교체 등 수시확인

약제 교체 시기, 즉 유효기간을 놓치지 말고 수시로 확인하여야 한다. 분사기의 약제 유효기간은 통상 액체분사기의 경우 약 15~18개월이고, 분말분사기의 약제 유효기간은 20~24개월이다. 따라서 약제의 유효기간 내에 약체(통)을 교체 또는 충전하여 유사시에 그 효력을 발휘할 수 있도록 하여야 한다.

③ 하자있는 분사기 사용금지

분사기 파손·균열·기타 하자 발생시에는 절대 사용을 하지 말고, 반환하거나 교환 등의 조치가 필요하다.

④ 평상시 손질의 일상화

분사기는 언제, 어디서든지 사용이 가능하도록 손질을 일상화하여야 하며, 기기나 약제통에 이물질이 들어 있는지 확인해야 한다.

즉, 분사기나 약제통에 이물질이 들어있는지, 약제가 노즐(액체나 기체를 내뿜는 대롱형의 작은 구멍)이 막혀 있는지 여부를 수시로 확인하여야 한다.

(2) 사용 후 관리

① 분사기 사용 후 사용일시, 장소, 대상 등에 대하여 기록하여 보관하여야 한다.

② 분사기를 사용 후에는 분사기의 노즐 부분에 잔량의 약제가 남아서 노즐을 막고 있는지 여부도 꼼꼼히 살펴보아야 하며, 최종적으로 깨끗한 헝겊으로 약제를 닦은 후 보관하여야 한다. 이때 병기 기름을 작동부위에 바르면 사용시 작동효과가 높다.

V. 무전기사용법

1. 무전기의 역사

무전기란 전파를 이용하여 음성, 영상 데이터를 서로 송수신하여 통신할 수 있도록 하는 기계를 말하는데, 전파를 이용한 무전기의 기본적 원리는 라디오와 같다. 즉, 양방향 라디오를 휴대화한 것이 무전기이다. 1937년 첫 제품이 출시되어 제2차 세계대전 당시 군용으로 사용되었고,[12] 1940년대에는 백팩으로 짊어지고 걸으면서 대화할 수 있는 워키토키[13]가 개발되

---

12) 모토로라의 연구팀과 라디오 엔지니어 알프레드 J.그로스, 캐나다의 개발자였던 도날드 L.힝스가 공동으로 만들어 낸 첫 작품이 무전기이다.

13) 워키토키는 1940년 모토로라의 SCR-300이라는 명칭으로 개발되었는데, 걸으면서 대화할 수 있다는 의미로 워키토키라 불렀다.

었다. 이후 이런 군용 무전기가 점점 소형화되면서 한손 무전기가 탄생하게 되었다.

2. 무전기의 종류

무전기는 사용목적에 따라 여러 종류로 나뉘는데, 여기서는 생활무전기, 간이용무전기, 업무용무전기에 한정하여 간략하게 기술하였다.

1) 생활무전기

마트나 전파상에서 볼 수 있는 생활용 무전기는 허가, 신고, 자격 등 아무 제한 없이 누구나 구입만 하면 즉시 사용할 수 있고, 따로 요금을 청구하거나 세금을 내지도 않는다. 오늘날 등산, 낚시, 가정에서 쇼핑 중 연락이나 어린이 연락용 등의 통신수단으로 더욱 활성화되고 있다. 통화거리는 약 2km이다.

2) 간이용무전기

간이용무전기는 개인사용이 가능하고 특별한 자격증은 필요 없다. 다만, 사용시 전파관리소를 통해 신고를 하고 사용해야 한다. 통화료는 없으나 분기별 전파 사용료가 부과되는데 몇 천원 정도이다. 주로 이벤트 교신용, 식당, 주차관리 교신용으로 쓰이고 있다.

3) 업무용무전기

업무용무전기를 개인적인 목적으로 사용하는 것은 법적으로 문제가 될수도 있다. 업무용무전기는 전파법에 따라 허가를 받고 사용해야 하며, 전파 사용료를 납부해야 한다. 그리고 업무용 무전기를 사용할 때는 관련 법규를 준수해야 한다. 업무용 무전기는 경비업무, 공사현장, 회사관리 업무용으로 주로 사용된다. 통달거리는 약 3~5km이다.

3. 무전기 사용요령

1) 수신

전원스위치 ON → 해당채널 맞춤 → 볼륨조절 → 수신불량시 위치변경

2) 송신

(1) 상대방이 송신중일 때는 대기하고, 끝나면 통화스위치(PTT)를 눌러 상대방과 교신한다.

(2) 통화가 끝나고 송신키를 놓으면 자동수신 상태로 돌아간다.

(3) 송화시 마이크는 입으로부터 적당한 거리를 유지하고 말한다.

(4) 송신내용이 길 경우 끊어서 전송한다.

▶ 무전기

3) 무전기 사용시 교신지침과 유의사항

(1) 무전교신지침

① 통화는 용건만 간단히 할 것

무전기 키를 누르기전에 송신하고자 하는 내용을 생각하라. 간결하고 짧은 용어를 선택하고, 활동에 대한 지시는 명확해야 한다.

② 음성의 속도 및 발음은 일정하고 명확하게 송신할 것

음성을 속삭이듯이 낮은 톤으로 하거나 고함치는 것은 절대 피하라. 평소의 음성을 사용하고 일정한 속도와 명확한 음성으로 말하라.

③ 메시지의 우선 순위화

핵심적이고 가장 중요한 메시지를 먼저 송신하고, 긴급한 상황이 아니면 다른 사람의 교신을 방해하지 말라.

④ 임무처리와 관련된 메시지를 유지

어떻게 할 것인가가 아니라 무엇을 할 것인가를 설명하는 특정 임무를 지시하라. 메시지를 받는 사람은 어디로 가야 하고, 누구에게 보고하고, 처리한 후 기대되는 결과는 무엇인지 알 필요가 있다.

⑤ 복명복창의 일상화

송수신이 끝난 후 메시지가 확실히 전달되고 이해되었는지 확인해야 한다. 메시지 전달에 대한 간단한 복명복창[14]은 매우 효과적이다.

(2) 무전기 사용시 유의사항

① 주요사항 외 통화는 되도록 삼가야 하며, 통화내용이 길어질 경우 유선통화로 유도하여 송수신하는 것이 바람직스럽다.

---

14) 송신자가 메시지 전달 후 간단하게 "알았나"라고 반문하며, 수신자가 "알았다"라는 송수신대화는 메시지 내용의 최종확인과 무전기 사용종료를 알리는 신호이기도 하다.

② 가급적 통화는 좋은 위치를 선택하여 사용할 것

㉠ 좋은 위치라 함은 가시거리 내, 높은 언덕 위, 평지, 건물의 옥상 등이 이에 해당된다.

㉡ 나쁜 위치라 함은 고층건물, 철근콘크리트 건물 내, 고압선 밑, 교량 밑, 산골짜기, 터널 내, 엘리베이터 내 등이 이에 해당된다.

③ 수신 볼륨의 크기는 적절히 조정하여 사용하고, 가급적 이어폰 사용으로 타인의 업무에 방해가 되지 않도록 할 것

④ 예비배터리 상시준비 및 배터리 교체요령

㉠ 예비배터리는 항상 충전된 상태로 보관되어야 하며, 충전기에 넣어 계속 충전 상태로 보관해서는 안 된다.

㉡ 배터리 교체요령

교체시기(적색램프가 점멸할 때나 경보음이 울릴 때) → 배터리를 교체할 경우 전원을 OFF시킨 상태로 교체 → 기기후면의 벨트클립 및 배터리 커버를 제거 후 교체하는 일련의 과정을 거치면 된다.

4. 공동주택(아파트)경비와 업무용 무전기사용

1) 서설

아파트경비는 시설경비업무 중의 하나로써, 경비업법상의 시설경비원에 의해서 수행된다. 아파트경비는 일반경비원이 경비실에 상주하면서 근무를 수행하는 것이 일반적이다. 아파트경비원은 주민들의 안전과 건물보안을 담당하는 중요한 역할을 수행한다. 무전기는 경비원이 효율적으로 의사를 소통하고 업무를 수행할 수 있는 필수적인 도구이다.

2) 업무상 무전기 휴대와 사용목적

(1) 신속한 의사소통과 대응

아파트경비원은 도난·화재·그 밖에 아파트 내부 및 주변에서 발생하는 다양한 상황에 대비해야 한다. 무전기를 휴대함으로써 주민의 문의나 요청사항, 긴급상황, 불법침입 등에 대한 보고를 빠르게 전달하고 적절한 조치를 취할 수 있다. 즉, 무전기를 휴대함으로써 경비원은 다른 경비원들과 실시간으로 의사소통을 하여, 보다 신속하게 상황에 대응하고 아파트의 주민과 내외부 건물에 대한 안전을 유지할 수 있다.

(2) 경비원들간의 상호협력과 조율

아파트 내부에는 여러 경비원이 협력하여 업무를 수행하기 때문에, 무전기는 경비원 상호간의 업무 조율과 협력을 원활하게 하는 중요한 도구가 된다. 예컨대, 출입구에서의 차량통제, 주민의 도움요청에 대한 처리, 시설 및 정비 등에 대해 경비원 상호간 무전기를 통해 수시로 의사소통하고 효율적으로 업무를 조율할 수 있다.

(3) 비상상황대처 및 지원요청

경비원은 화재, 돌발사고, 강절도 등과 같은 비상상황이 발생하였을 때 무전기를 사용하여 출동요청이나 응급상황보고 등 필요한 지원이나 도움을 신속하게 요청할 수 있다.

(4) 업무효율성 증진과 감시기능

경비원은 무전기를 통해 출입자·방문자관리·시설 상태 등의 정보를 송수신하여 관리하고 기록할 수 있다. 또 CCTV나 보안시스템의 모니터링 결과를 실시간으로 공유하여 이상현상이나 의심스러운 상황에 대해서도 무전기를 통해 신고할 수 있다. 이처럼 무전기는 경비원의 업무효율성을 향상시키고 감시기능을 보완하는 역할을 하기도 한다.

(5) 고객서비스의 향상

아파트 경비업무를 수행하는 경비원은 아파트 주민들의 편의와 만족도를 높일 수 있는 방안을 항상 강구해야 한다. 경비원의 무전기사용은 주민들의 문의나 요청 등을 신속하게 전파하여 대응할 수 있는 등 고객서비스 향상에도 일조를 할 수 있다.

VI. 소화기 사용방법

화재가 났을 때 가장 중요한 것은 초기진압이며 이때 가장 큰 역할을 하는 것이 소화기다. 초기진압에 있어 소화기는 소방차 한 대의 위력과도 맞먹는다. 문제는 불이 난 주변에 소화기가 있더라도 소화기 사용법을 몰라 허둥대는 일이 발생한다는 점이다. 따라서 평소에 소화기 사용법을 잘 익혀 두는 것이 무엇보다 중요하다.

1. 소화기의 의의와 종류

1) 의의

소화기는 극히 초기단계에서 소화제가 갖는 냉각 또는 공기차단 등의 효과를 이용해서 불을 끄는 기구를 말한다.

2) 소화기의 종류

소화기는 사용하는 약제 또는 그 구조에 따라 여러 종류가 있으나, 현재 사용되고 있는 소화기는 분말소화기·포말(거품)소화기·이산화탄소소화기

(CO2소화기)·할론소화기15)·투척식소화기 등이 있다. 이하에서는 분말소화기와 투척식소화기에 한정하여 기술하였다.

(1) 분말소화기

일반적으로 가정이나 일반 건물에서 가장 많이 사용하는 것은 분말약제가 들어있는 빨간색의 축압식소화기, 즉 분말소화기이다. 분말소화기 속에는 밀가루와 같은 미세한 분말인 "제1인산암모늄"이라는 소화약제가 들어있어 화재가 난 곳에 방출하면 질식 또는 냉각효과가 있어 쉽게 불이 꺼진다. 우리나라에서 가장 많이 보급되어 있는 소화기는 인산암모늄이 주성분이며, 질식 및 억제작용에 의하여 일반화재, 유류화재, 전기화재 등 모든 화재에 효과적으로 사용된다.

▶ 분말소화기

---

15) 할론소화기는 일반소화기와는 달리 할론(Halon) 1211 또는 할론 1301을 사용하는 것이 특색이며, 목재·섬유 등의 일반화재 및 유류, 화학약품화재, 전기나 가스화재 전반에 걸쳐 다양하게 사용된다. 소화성능은 좋지만 소화약제가 오존층파괴자인 할로겐화합물의 소화약제라는 단점이 있어 국내 약제생산량 소비량을 제한하기 때문에, 상대적으로 가격이 비싸다. 주의할 점은 내용물이 가압된 상태이고 49℃ 이상의 온도에 노출시키지 말아야 하며, 얼굴에 방사하지 말아야 한다.

(2) 투척용소화기

① 의의

투척용소화기란 말 그대로 던져서 불을 끄는 소화기를 말하는데, 어린이·노약자·장애인 등이 사용하기에 좋은 소화기이다. 투척용소화기는 투명한 액체상태로 밀폐된 용기에 들어 있다가 화재가 난 부분에 던지면, 용기가 깨지면서 특수 소화약제가 화재에 작용해 불을 끄는 원리를 이용한 것이다.

▶ 투척용소화기

② 투척용소화기의 점검

투척용소화기는 분말용 소화기와는 달리 용기가 깨지지만 않는다면 반영구적으로 사용 가능하고 점검이나 관리가 필요 없다는 장점을 갖고 있다. 다만, 투척용소화기는 분말식소화기보다 소화능력단위가 적기 때문에, 집에 최소한 4개 정도는 있어야 된다. 즉, 4개가 있어야 능력단위 1단위로 간주하기 때문에, 대부분 4개를 1세트로 하여 판매하는 것도 이러한 이유 때문이다. 반면, 분말용소화기는 1개만으로도 능력단위 기준을 충족하기 때문에, 집에 1개만 두어도 아무런 문제가 없다.

2. 소화기 사용방법

1) 분말식소화기 사용방법

① 불이난 장소로 소화기를 갖고 간 후 몸통을 단단히 잡고 안전핀을 뽑는다.

② 노즐을 잡고, 불쪽을 향해 가까이 이동한다.

③ 손잡이를 꽉 움켜쥔다.

④ 바람을 등지고 분말이 골고루 불을 덮을 수 있도록 분사해 준다.

▶ 소화기 사용방법

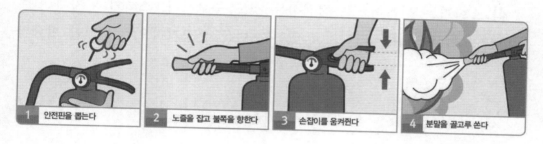

2) 투척용소화기 사용방법

투척용소화기는 들고 불이 난 곳을 향해 던지면 된다. 제대로 조준하고 깨지기만 한다면 바로 화재진압 효과를 볼 수 있다. 그러나 투척용소화기는 좁은 면적의 초기화재 진압에 가장 적합한 소화기지만, 넓은 면적이 불타고 있다면 투척용소화기만으로는 화재진압이 어렵다는 단점이 있다.

3. 소화기 관리방법

소화기는 사용방법도 중요하지만 더욱 중요한 부분은 소화기 관리방법이다. 소화기는 꾸준히 관리하지 않으면 약제가 굳거나 문제가 발생할 수 있어, 정작 화재가 발생하였을 때 약제가 발사되지 않는 불상사가 일어날 수 있다. 일반적인 소화기관리방법은 다음과 같다.

1) 직사광선은 피하여야 한다.

2) 온도가 높거나 습기가 많은 곳은 피하여야 한다.

3) 사람들의 통행에 불편을 주지 않는 장소에 두되, 잘 보이는 곳에 위치하도록 한다. 주택이나 아파트인 경우에는 현관이나 거실에, 사무실에서는 사무실 안이나 출입구 또는 복도에 두는 것이 좋다.

4) 소화기는 정기적으로 점검하는 것도 중요하다. 소화기는 지시 압력계 바늘이 녹색 범위를 가리키고 있는지 반드시 정기적으로 확인할 필요가 있다.

08

체포·호신술

Theories of Field Business for private Security

산고를 겪어야 새 생명이 태어나고,
꽃샘추위를 겪어야 봄이 오며,
어둠이 지나야 새벽이 온다.
결국 모든 것이 나로부터 시작되는 것이다.
나를 다스려야 뜻을 이룬다.
모든 것이 내 자신에 달렸다.

-백범 김구-

제8장
체포·호신술

제1절 민간경비원의 체포·호신술

Ⅰ. 체포·호신술의 정의

1. 개요

체포·호신술이란 직무수행 중 상대의 공격 등에 대비하여 자신의 신체를 효과적으로 보호하면서 상대를 제압·체포하기 위해 과학적인 원리에 따라 고안된 물리적 기술[1]과 체포의 장구[2] 사용법을 말한다.

경비원은 경비업체가 채용한 고용인으로서 고객의 생명과 재산을 보호해야 하는 것이 책무이다. 따라서 상대로부터의 공격 등에 대비하여 자신의 몸을 효과적으로 보호해야 함과 동시에 현행 법규를 준수하면서 필요최소한의 물리적인 기술 또는 장구 등을 사용하는 체포·호신술 기술을 체득할 필요가 있다.

---

1) 물리적인 기술이라 함은 태권도·유도·검도·합기도·레슬링·씨름·권투 등 체포에 필요한 모든 기술을 말한다.
2) 경비원의 장구 등은 근무수행 중 휴대하여 범인검거와 범죄진압 등에 사용하는 경적·단봉·분사기·안전방패 등뿐만 아니라 상황에 따라 가공물·돌·나뭇가지 등의 주변 물건들도 체포 장구에 포함된다.

2. 체포술의 정의

체포술은 경비원의 목적 달성을 위해 최소한의 물리적인 기술과 장구 등을 사용하는 유형의 수단을 말한다. 그러나 이에 한정하지 않고 상대방을 설득하는 자세나 언어 등 직접 장구를 쓰지 않고 무형의 수단방법으로 제압·체포하는 것도 넓은 의미의 체포술이라고 할 수 있다.

3. 호신술의 정의

1) 의의

호신술이란 상대방의 부당한 물리적인 공격으로부터 자신의 안전을 확보하기 위한 기술로서, 상대방의 공격을 미연에 봉쇄하고 방어하는 기술을 말한다.[3] 호신술은 다른 무술과는 달리 자신의 몸을 선제공격으로부터 지켜낸다는 점에서 폭력을 배제한다. 따라서 상대를 먼저 공격하는 행동은 호신술이 아니다. 진정한 호신술이란 상대방의 공격을 미리 막아내거나 봉쇄하는 수동적인 무술을 말한다.

2) 호신술의 기원

호신술은 고구려 시기에도 군사들의 힘과 용기를 기르기 위해 씨름과 수박(手搏)[4] 등의 경기를 장려하였는데, 수박은 전투 중 근접전에 유용하게 사용할 수 있는 기술의 하나로 개발된 것으로 추정된다. 따라서 호신술은 삼국시대부터 그 기원점을 찾을 수 있을 정도로 가장 오래된 신변보호기술

---

3) 오정주, 「경찰체포호신술교본」, 서울: 인동, 1999, p.33.
4) 수박이라 함은 손 수(手)에 칠 박(搏), 즉 손으로 치고 받는다는 뜻으로 '맨손격투'라고 볼 수 있다.

이다.5)

4. 민간경비원과 체포호신술

민간경비원은 직무수행중 법이 규정하는 범위 내에서 거동수상자로부터의 공격·난동 등에 대비하여 자신의 몸을 보호하고 상대방을 제압·진압할 수 있는 기술이 필요하다. 이러한 기술을 획득할 수 있는 방법이 바로 호신술이다. 따라서 일반적으로 체포·호신술이라고 호칭하지만, 호신·체포술이라고 부르는 것이 타당하다. 호신술은 상대방의 힘을 역이용한다는 특징을 가지고 있으며, 폭력성이 적은 무술이며 동시에 사회적인 약자의 자기보호 기술이라고 할 수 있다. 한편, 체포술은 체포대상자 등에 대하여 인체의 위해를 최소화하면서 필요한 최소한의 물리적 또는 장구 등의 사용으로 신체를 안전하고 효과적으로 제압하는 기술이다. 따라서 호신술은 궁극적으로는 체포를 위한 것이고, 체포술 역시 호신에서부터 출발하는 것이므로 양자는 불가분의 관계에 있다.

Ⅱ. 민간경비원의 범인체포와 법적근거

1. 무력대응에 대한 관계법령

민간경비원들은 법적자격이나 권한, 정당한 물리력의 사용 등에서 경찰과 차별화된다 즉, 민간경비원의 권한은 일반시민 이상의 의미를 가지지 않는다. 따라서 민간경비원에게는 경찰이 행사하는 체포·압수수색·수사 등의 권한이 인정되지 않는다. 다만, 민간경비원은 형법과 형사소송법상의 규정

---

5) 김형중, 「한국경찰사」, 서울: 박영사, 2016, p.116.

에 의하여 현행범체포(정당행위)와 정당방위 행위가 인정되는 경우 등에는
위법성이 조각되어 처벌받지 아니한다.

2. 정당행위로서의 현행범체포

민간경비원의 체포 등의 물리적 행사는 피체포자의 권리와 자유를 제한
하거나 침해하는 행위이기 때문에, 반드시 법령에 의하여야 한다.

1) 현행범 체포

(1) 법령에 의한 행위로써 정당행위

정당행위는 형법 제20조에 규정된 초법규적 위법성조각사유를 말한다.
정당행위는 "법령에 의한 행위" 또는 업무로 인한 행위 기타 사회상규에 위
배되지 아니하는 행위를 말한다. 현행범인은 누구든지 영장 없이 체포할 수
있다(형사소송법 제212조). 따라서 민간경비원이 현행범인을 체포하는 행위는
'법령에 의한 행위'로써 위법성이 조각된다.

(2) 현행범인과 준현행범의 의의

현행범인은(고유한)현행범인과 준현행범으로 나뉜다. 현행범인은 범죄를
실행하고 있거나 실행하고 난 직후의 사람을 말하는데, 이를 (고유한) 현행
범이라고 한다. 이외에 아래의 어느 하나에 해당하는 사람도 현행범인으로
취급하는데, 이를 준현행범이라고 한다.

준현행범은

① 범인으로 불리며 추적되고 있을 때

② 장물이나 범죄에 사용되었다고 인정하기에 충분한 흉기나 그 밖의
물건을 소지하고 있을 때

③ 신체나 의복류에 증거가 될 만한 뚜렷한 흔적이 있을 때

④ 누구냐고 묻자 도망하려고 하는 자를 말한다.

(3) 현행범인의 체포요건

현행범인은 누구든지 영장 없이 체포할 수 있다(형사소송법 제212조). 누구든지란 수사기관뿐만 아니라 사인(일반인)도 체포할 수 있다는 것을 의미한다. 다만, 사인은 체포할 수 있는 권한을 가질 뿐이며, 체포의 의무가 있는 것은 아니다.[6]

현행범인으로 체포하기 위해서는 행위의 가벌성, 범죄의 현행성, 시간적 접착성, 범죄의 명백성이 인정되어야 한다.

① 범인의 명백성

고유한 의미의 현행범이란 범죄의 '실행 중'이거나 '실행의 즉후'인 자를 말한다. 여기서 '범죄의 실행 중'이란 범죄의 실행에 착수하여 종료하지 못한 상태를 말한다.[7] 범죄의 '실행의 즉후'라 함은 범죄의 실행행위를 종료한 '즉후'를 말하고 결과발생의 여부는 불문한다.

현행범인은 일정한 시간적 단계에 있는 범인이다. 즉, 범죄행위를 실행하여 끝마친 순간 또는 이에 아주 접착된 시간적 단계를 의미하는데(대판 2002.5.10. 2001도300), 이를 「시간적 접착성」이라 한다.[8] 이와 같이 현행범인은 시간적 단계의 개념이지만, 범인이 범행장소 또는 그 연장인 장소에서 이탈하면 「시간적 접착성」도 인정하기 어렵다는 점에서 「장소적 접착성」도 요건으로 한다고 보아야 한다(대판 2006.2.10. 2005도7158).[9]

㉠ 현행범인은 '방금 범죄를 실행한 범인'임이 명백한 경우이다(범죄의

---

6) 이재상·조균석, 「형사소송법」, 서울: 박영사, 2019, p.254.
7) 예컨대, 절도범이 타인의 집안에 있는 가재도구를 나르고 있는 경우, 이미 절도의 기수시점에 이르렀으나 아직 실행행위가 종료하지 못한 상태이다. 이 경우에는 현행범인에 해당되어 누구든지 체포할 수 있다(김형중·김양현, 「수사학총론」, 서울: 형지사, 2020, p.132).
8) 이주원, 「형사소송법」, 서울: 박영사, 2020, p.119.
9) 이재상·조균석, 위의 책, p.253.

명백성과 범인의 명백성). 그리고 '실행 직후'의 여부는 「범죄의 명백성」과 「범인의 명백성」이 판단될 수 있을 정도의 시간적·장소적 접착성이 있는지에 따라 판단한다(대판 2002.5.10. 2001도300).

구분	현행범체포 관련판례	
	적법한 체포	위법한 체포
현행범	• 피해자의 자동차를 걷어차고 싸운 지 10분 후에 범행 장소와 인접한 학교운동장에서 체포한 경우(대판 1993.8.13. 93도926). • 승용차의 문과 백미러를 손괴하고 도망가는 자를 뒤따라가서 멱살을 잡고 흔들어 전치 14일의 찰과상을 입게 한 경우(대판 1999.1.26. 98도3029).	• 교사가 교장실에서 약 5분 동안 식칼을 휘두르며 교장을 협박하는 등의 소란을 피운 후, 40여 분 정도가 지나 경찰관이 출동하여 교장실이 아닌 교무실에서 연행한 경우(대판 1991.9.24. 91도1314). • 경찰관이 주민의 신고를 받고 현장에 도착했을 때에는 이미 싸움이 끝나 의자에 앉아 있었던 경우(대판1995.5.9. 94도3016). • 음주운전을 종료한 후 40분 이상이 경과한 시점에서, 길가에 앉아 있던 운전자를 술 냄새가 난다는 점만을 근거로 음주운전의 현행범으로 체포한 경우(대판 2007.4.13. 2007도1249).
준현행범	• 장물이나 범죄에 사용되었다고 인정함에 충분한 흉기 기타의 물건을 소지하고 있는 자(형사소송법 제211조 제2항 제2호). 　- 순찰 중이던 경찰관이 교통사고를 낸 차량이 도주하였다는 무전연락을 받고 주변을 수색하다가 범퍼 등의 파손상태로 보아 '사고차량'으로 인정되는 차량에서 내리는 사람을 발견한 경우, 형사소송법 제211조 제2항 제2호의 준현행범으로 영장 없이 체포할 수 있다고 한 사례(대판 2007.7.4. 99도4341). • 신체 또는 의복류에 현저한 증적(證迹)이 있는 자(형사소송법 제211조 제2항 제3호). 　- 음주운전 중 교통사고를 야기한 후 피의자가 의식불명 상태에 빠져 있는 경우 피의자에 신체 내지 의복류에 주취로 인한 냄새가 나는 경우, 형사소송법 제211조 제2항 제3호의 '범죄의 증적이 현저한 준현행범인'의 요건이 충족된다고 한 사례(대판2012.11.15. 2011도15258).	

　ⓛ 현행범인은 체포시에 특정한 범죄의 범인임이 명백해야 한다. 따라서 형식적으로는 죄를 범한 것처럼 보일지라도 범죄가 성립하지 않을 때에는 현행범으로 체포할 수 없다. 즉, 구성요건해당성이 인정되지 않거나 위법성조각사유·책임조각사유[10]가 명백한 경우에는 현행

범인으로 체포할 수 없다.

② 체포의 필요성

현행범인 체포의 요건으로는 「범죄의 명백성」 외에 체포의 필요성, 즉, 도망이나 증거인멸의 염려가 있을 것을 요한다(대판2016.2.18,2015도13726).

③ 비례성의 원칙

현행범인의 체포에는 비례성의 원칙이 적용된다. 형사소송법은 경미사건(다액 50만 원 이하의 벌금, 구류 또는 과료에 해당하는 사건)의 경우에는 범인의 주거가 분명하지 아니한 때에 한하여 현행범인으로 체포할 수 있다고 규정하고 있다(형사소송법 제214조). 이처럼 형사소송법이 경미범죄에 대하여 특칙을 규정하고 있는 것도 비례성의 원칙을 표현한 것이라 할 수 있다.11)

(4) 현행범인 체포의 절차와 적용의 한계

현행범인은 누구든지 영장없이 체포할 수 있다. 그러나 사인의 현행범인 체포는 수사기관의 현행범인 체포절차와는 상당한 차이가 있다.

① 체포와 범죄사실 등의 고지 여부

사법경찰관리가 현행범인으로 체포하는 경우에는 반드시 피의사실의 요지, 체포의 이유와 변호인을 선임할 수 있음을 말하고 변명할 기회를 주어야 한다(미란다원칙고지). 그러나 사인이 현행범인 체포시에는 이러한 법적 의무가 없다.

② 현행범 체포시 실력행사와 한계

현행범인을 체포하는 경우에 현행범인의 저항을 받는 때에는 체포의 목적을 달성하기 위하여 필요한 범위 내에서 사인도 강제력을 행사할 수 있다(대판 1999.1.26. 98도3029). 따라서 경비원은 현행범이 흉기 등으로 저항하거

---

10) 형사미성년자에 대하여는 현행범인이라는 이유로 체포할 수는 없다.
11) 김형중·김양현, 「수사학총론」, 서울: 형지사, 2020, p.133.

나 체포에 완강히 항거할 때에는 호신용분사기, 단봉 등의 장구를 사용하여 범인을 체포할 수 있다. 경비원의 범인체포는 정당행위에 해당하고, 항거행위에 대한 정당방위도 가능하다. 그러나 강제력의 사용은 체포의 목적을 달성하기 위한 적절한 수단이 되지 않으면 안된다.[12] 따라서 수사기관이나 사인은 체포를 빌미로 살인이나 상해 등의 행위는 결코 허용되지 않으며, 특히 사인의 경우에는 타인의 주거에 들어갈 수 없고, 무기[13]를 사용할 수도 없다.

③ 체포 후의 절차

사인이 현행범인을 체포한 때에는 즉시 검사 또는 사법경찰관리에게 인도하여야 한다. 여기서 '「즉시」란 정당한 이유 없이 인도를 지연하거나 체포를 계속하는 등으로 함이 없이'라는 뜻을 의미한다(대판 2011.12.22. 2011도12927).

사인이 체포한 현행범인을 인도하지 않고 석방하는 것은 허용되지 않는다. 이를 허용한다면 체포권을 남용할 우려가 있기 때문이다.[14]

한편, 사법경찰관리가 현행범인을 인도받은 때에는 체포자의 성명·주거·체포사유를 묻고 필요한 경우 체포자에게 경찰관서에 동행을 요구할 수 있다(형사소송법 제213조 제2항). 이 경우 동행의 요구는 강제동행이 아니라 임의동행에 한한다.

사법경찰관리는 사인으로부터 현행범인을 인수시에는 현행범인 인수서를 작성하여야 한다(수사지휘규정 37②). 미란다원칙은 현행범을 인도받은 수사기관이 고지한다.

---

12) 체포에 직접 필요한 필요성과 비례성의 원칙에 따라 협박·감금·도주저지를 위한 자유의 제한·박탈도 가능하다(진계호·이존걸 공저, 「형법총론」, 서울: 대왕사, 2007, p.319).
13) 수사기관은 불가피한 경우 무기를 사용할 수 있다.
14) 이재상·조균석, 앞의 책, p.257; 이주원, 앞의 책, p.122.

3. 정당방위

1) 의의

정당방위는 위법성조각사유의 하나이다.

정당방위는 자기 또는 타인의 법익에 대한 현재의 부당한 침해를 방위하기 위한 행위를 말하며, 상당한 이유가 있을 때에는 벌하지 아니한다(형법 제21조).

> 형법 제21조(정당방위) ① 현재의 부당한 침해로부터 자기 또는 타인의 법익을 방위하기 위하여 한 행위는 상당한 이유가 있는 때에는 벌하지 아니한다.
> ② 방위행위가 그 정도를 초과한 경우에는 정황에 따라 그 형을 감경하거나 면제할 수 있다.
> ③ 제2항의 경우에 야간이나 그 밖의 불안한 상태에서 공포를 느끼거나 경악하거나 흥분하거나 당황하였기 때문에 그 행위를 하였을 때에는 벌하지 아니한다.

2) 정당방위의 성립요건

정당방위가 성립하려면 「현재의 부당한 침해가 있을 것」, 「자기 또는 타인의 법익을 방위하기 위한 행위일 것」, 「상당한 이유가 있을 것」이라는 요건이 구비되어야 한다. 대법원은 여러 정황 등을 종합하여 정당방위에 해당하는지 아니면 과잉방위인지를 판단하고 있다.

(1) 현재의 부당한 침해가 있을 것

① 현재의 침해

현재의 부당한 침해란 정당방위를 할 수 있는 객관적 상황, 즉 정당방위 상황을 말한다. 정당방위는 침해[15]가 현재일 때에만 가능하므로 과거 또는

---

15) 침해는 사람의 행위에 의한 것이어야 한다. 따라서 동물이나 무생물의 침해에 대한 정당방위는 허용되는가? 사람에 의해 사주된 동물에 의한 침해에는 사람의 침해로 볼 수 있으므로 정

장래의 침해에 대해서는 허용되지 않는다.

따라서 싸움을 하다가 패주하는 자가 소지했던 식도를 탈취하여 급박한 상태를 면하였음에도 불구하고 그를 찔러 살해한 행위는 정당방위가 되지 않는다(대판 1959.7.24. 4291형상556).

② 부당한 침해

현재의 침해는 부당(不當)하여야 한다. 따라서 객관적으로 구성요건해당성이 없는 침해행위(예컨대, 남의 집 담벼락에 무단으로 벽보를 붙이는 행위 등), 책임능력이 없는 자(예컨대, 형사미성년자나 심신상실자)의 침해에 대해서도 그 위법성만 인정되면 정당방위가 가능하다.

싸움에서도 정당방위가 가능한가? 싸움의 경우는 부정(不正) 대 부정(不正)의 관계이기 때문에, 정당방위로 보지 않는 것이 대법원의 일관된 입장이다(대판 1996.9.6. 95도2945; 대판 2003.3.28. 2000도228).

다만 싸움에서의 정당방위의 성립여부는 추상적·일률적으로 결정할 것이 아니라 싸움과 부당의 정도 등을 구체적으로 검토하여 판단하고 있는 것으로 보인다.[16] 대법원은 일방적으로 공격을 당하던 상대방이 자신을 보호하기 위한 저항수단으로 유형력을 행사한 경우에는 정당방위가 가능하다고 판시하고 있기도 하다(대판 1999.10.12. 99도3377; 대판 2003.5.30. 2003도1246).

(2) 자기 또는 타인의 법익을 방위하기 위한 행위

법익은 법이 보호하는 이익이다. 따라서 그 주체·종류·내용을 불문하고 모두 정당방위에 의하여 보호될 수 있다.

당방위가 가능하다. 그러나 사람과 무관한 동물의 침해에는 긴급피난이 문제될 뿐이고, 무생물이나 무주물의 경우에는 법률상 문제가 되지 않는다(진계호·이존걸, 앞의 책, p.343).

16) 진계호·이존걸, 앞의 책 pp.344-345.

관련판례

■ 자기의 법익을 방위하기 위한 행위

아버지에게 폭언·폭행을 가하려는 자식에 대한 구타행위는 아버지라는 신분상 법익에 대한 정당방위가 성립한다(대판 1974.5.14. 73도2401).

■ 타인의 법익을 방위하기 위한 행위

거주지 연립주택 내 도로의 차량통제 문제로 시비가 되어 차량의 진행을 제지하려고 길을 막은 아버지 앞으로 운전자가 차를 그대로 진행시키자 이를 막으려고 운전자의 머리털을 잡아당겨 상해를 입힌 아들의 행위는 타인의 법익에 대한 정당방위가 될 수 있다(대판 1986.10.14. 86도1091).

---

(3) 상당한 이유가 있을 것

정당방위는 상당한 이유가 있어야 한다. 여기서 상당한 이유란 방위의 필요성과 사회윤리적으로 제한된 방위어야 한다.

관련판례

■ 이혼 소송 중인 남편이 찾아와 가위로 폭행하고 변태적 성행위를 강요하는 데 격분하여 처가 칼로 남편의 복부를 찔러 사망에 이르게 한 경우(대판 2001.5.15. 2001도1089).

■ 피해자가 칼을 들고 피고인을 찌르자 그 칼을 뺏어 그 칼로 반격을 가한 결과 피해자에게 상해를 입게 한 경우(대판 1984.1.24. 83도1873).

위의 두 사례는 상당성을 결한 행위로써 정당방위가 부정된다.

---

① 방위의 필요성

방위행위는 침해를 즉시 그리고 효과적으로 제거함에 족한 정도의 방위이어야 하고(효과적인 방위),[17] 방위자는 침해를 방위하기 위한 수단 가운데 가능한 한 공격자에게 피해가 가장 적은 방법을 선택했을 것을 요한다(가능

---

17) 진계호·이존걸, 위의 책, p.352.

한 최소한의 방위).[18] 즉, 방위의 필요성에는 침해에 대한 효과적인 방위일 것과 침해자에게도 가급적 최소한의 피해를 주어야 한다는 두 가지 측면이 포함된다.[19]

관련판례

■ 강제추행범의 혀를 깨물어 혀절단상을 입힌 때에는 상당성을 인정할 수 있다(대판 1989.8.8. 89도358).

■ 야간에 절도범으로 오인받은 자가 군중들의 무차별 구타를 방어하기 위하여 손톱깎이 칼로 상해를 입힌 경우 정당방위가 인정된다(대판 1970.9.17. 70도1473).

■ 예의가 없음을 꾸짖으면서 멱살을 잡고 밖으로 끌고 나가려 한다는 이유만으로 발로 복부를 차서 사망케 한 경우 상당성을 인정할 수 없다(대판 1965.7.20. 4289형상421).

---

② 사회윤리적 제한

정당방위가 상당한 이유가 있다고 하기 위해서는 「방위의 필요성」뿐만 아니라 사회윤리적 견지에서 제한적으로 행사되어야 한다. 예컨대, 침해가 극히 경미한 때에는 정당방위가 제한된다. 따라서 맥주잔 몇 개를 훔친 절도범을 사살하거나, 과일을 잃어버리지 않기 위하여 전기장치를 하여 절도범을 살해하는 것은 정당방위의 행위라고 볼 수 없다.[20]

3) 경찰의 실무상 정당방위 인정범위

2011년부터 경찰은 정당방위와 관련하여 실무에 적용하는 규정안을 구체적으로 마련하여 적용하고 있다.

---

18) 방위자의 방위하기 위한 수단이 선택의 여지가 없을 때에는 보다 큰 피해를 준 방위행위도 상당성이 있다고 해야 한다. 예컨대, 밤을 주워 담는 푸대를 빼앗으려 하자 피해자의 뺨·팔목을 때려 상해를 입힌 경우 상당성을 인정할 수 없다(대판 1984.9.25. 84도1611).
19) 진계호·이존걸, 위의 책, p.352.
20) 진계호·이존걸, 위의 책, p.354.

① 침해행위에 대해 방어하기 위한 행위이어야 한다. 따라서 남이 자신이나 타인에게 시비를 걸거나 선제공격을 하는 경우, 자신을 스스로 방어하거나 괴롭힘을 당하는 타인(제3자)을 지키기 위한 행위이어야 한다.

② 침해 행위를 도발하지 않아야 한다. 따라서 자신이 남에게 먼저 시비를 걸어서 그 사람의 공격을 유발한 뒤에 그 사람에게 물리력을 행사하는 것은 정당방위로 인정되지 않는다.

③ 먼저 폭력 행위를 하지 않아야 한다. 따라서 먼저 공격을 하여 폭력을 행사하면 정당방위가 성립되지 않는다.

④ 폭력행위의 정도가 침해 행위의 수준보다 중하지 않아야 한다. 따라서 아파트에 맨손으로 침입한 도둑을 칼이나 흉기로 찔렀다면 이는 정당방위가 아니고 과잉방어이다. 이처럼 방어행위가 그 정도를 초과한 경우에는 정황에 의해 그 형을 감경 또는 면제할 수 있다(형법 제21조 제2항).

⑤ 흉기 또는 그와 유사한 도구 등을 사용하지 않아야 한다. 따라서 상대방이 맨손으로 때렸는데, 흉기나 위험한 물건을 사용하였다면 정당방위는 성립되지 않는다. 다만 상대방이 흉기를 들었을 경우에 자신도 도구를 사용하는 정도는 정당방위로 인정받을 수 있다.

⑥ 침해행위가 저지되거나 종료된 후에는 폭력행위를 하지 않아야 한다. 따라서 상대방이 흉기를 들고 공격하였으나 상대방이 흉기를 빼앗아 현재의 침해가 종료되었음에도 불구하고, 다시 뺏은 흉기로 상대방을 공격하여 상처를 입혔다면 정당방위로 인정되지 않는다.

⑦ 상대방의 피해 정도가 자신보다 중하지 않아야 하며, 3주 이상 상해를 내지 않아야 한다. 따라서 위의 6가지를 다 만족한다고 해도 상대는 전치 3주 이상, 자신은 전치 2주가 나왔다면, 정당방위로 인정받지 못한다.

제2절 체포·호신술 실기

I. 3대 기본원칙

체포·호신술의 기본원칙에 대한 통설적인 견해는 없으나, 일반적으로 3 대 기본원칙이나 5대 기본원칙[21]을 들고 있다. 여기서는 경찰체포호신술상의 3대 기본원칙만을 기술하였다.

1. 상황판단의 원칙

상황판단의 원칙이란 체포대상자의 포악성, 연령, 흉기소지, 약물복용, 공범으로 합세할 가능성이 있는지 여부 등의 인적·물적 상황과 지원경력의 필요성, 총기 사용의 요건, 장구 활용의 불가피성 등 범죄 상황을 종합적이고 합리적으로 판단해야 한다는 원칙을 말한다.

2. 기선제압의 원칙

범인과 대처하였을 경우 주춤거리거나 자신감 없는 동작은 절대 금물이다. 따라서 체포대상자에게 기술사용시 자신감이 넘쳐흐르고 주저 없이 과감하게 공격을 개시하여 기선을 제압하여 체포하여야 한다.

---

21) 오정주는 경찰체포·호신술의 기본원칙으로 1) 정신통일의 원칙, 2) 상황판단의 원칙, 3) 기선제압의 원칙, 4) 흉기제압의 원칙, 5) 약자제압의 원칙의 5가지 원칙을 제시하고 있다(오정주, 앞의 책, pp.175-183).

3. 완벽한 제압의 원칙

경찰이 범인들을 공격하는 것은 궁극적으로는 범인을 체포하여 수사를 종결하려는 데 그 목적이 있다. 그러기 때문에 완벽한 제압이 되지 않은 상태에서는 범인 또한 필사적으로 저항할 수밖에 없다. 따라서 체포대상자의 신체를 완벽하게 제압한 후 체포하여야 한다.

II. 활용의 원리(신체접촉시 기본수칙)

활용의 원리라 함은 상대가 밀고 당기는 힘을 활용하는 것을 말한다. 즉, 신체접촉시 상대방의 힘을 어떻게 이용할 것인가 하는 활용의 원리를 말하는 것이다.

1. 중심 이동의 원리

체포·호신술의 기본은 자신의 중심을 유지하면서도 상대방의 중심을 무너뜨리는 것이다. 따라서 오른발 또는 왼발을 축으로 몸 안쪽 또는 바깥쪽으로 회전하거나 이를 연속 사용하여 제압할 수 있는 허점을 만들어야 한다.[22]

2. 회전의 원리

회전의 원리란 상대의 힘을 회전하는 동작을 이용해 무력화시키는 것을 말한다. 상대를 효과적으로 제압하기 위해서는 구심력과 원심력을 적절히

---

22) 경찰청, 「경찰호신·체포술 매뉴얼」, 2012, p.15.

이용하여야 한다. 즉, '밀리면 돌아라', '당기면 돌면서 들어가라.' 따라서 체포대상자와 신체접촉으로 밀릴 때, 안정한 자세를 유지한 상태에서 몸을 좌·우로 회전하며 원심력으로 큰 힘을 흘려 보내 상대의 공격력을 감소시켜 제압·체포하는 수칙(守則)을 말한다.

구심력과 원심력

　구심력과 원심력은 다른 개념이다. 구심력과 원심력은 그 크기에 있어서는 동일하지만, 힘의 작용 방향이 서로 반대이다. 원심력이란 구심력에 대한 반작용으로서 회전하는 물체가 회전궤도를 이탈하고자 하는 가상적인 힘을 말한다.[23] 예컨대 버스가 급브레이크를 하는 경우 브레이크를 밟고 멈추는 힘이 구심력이고, 사람이 앞으로 튕겨 나가는 것이 원심력이다. 즉, 버스 안에 타고 있는 사람은 버스의 운동력을 극복하지 못하고 그대로 작용하기 때문에, 앞쪽으로 튕겨 날아가게 된다.

---

3. 교란의 원리

　1) 실제 상황에서는 단순하고 정직한 기술만으로는 목적을 달성하기 어렵기 때문에, 목표하는 기술 이전에 교란 공격에 상대방의 허점을 만드는 것이 효과적이다.

　2) '힘이 팽팽하면 흔들든지 차라.' 힘이 팽팽히 맞설 때 안정된 자세에서 좌 또는 우로 흔들든지, 발로서 낭심 등을 살짝 차는 방법 등으로 체포대상자를 교란시킴과 동시에 제압·체포한다.[24] 예컨대, 뒷발을 좌 또는 우로 회전시키며 미는 힘을 원심력으로 흘려 보낸 후, 유리한 거리와 틈을 만들어 측면에서 제압·체포한다.

---

23) 예종이, 「생체역학」, 서울: 형설출판사, 1988, p.103.
24) 오정주, 앞의 책, p.196.

4. 원운동의 원리

1) 원운동이란 물체가 특정한 원의 둘레를 따라 움직이는 운동을 말한다. 원운동은 속도가 변하는 운동이므로 일종의 가속도 운동이고 어떤 물체가 가속도 운동을 하기 위해서는 힘이 필요하다. 원운동에 필요한 힘을 구심력이라고 하는데, 모든 물체에는 구심력이 작용하고 구심력이 작용하지 않는 원운동은 없다. 예컨대, 실에 돌을 매달고 돌릴 경우 실이 팽팽해지는데, 이것은 그 실에 작용하는 힘이 구심력이 되어 돌을 원운동시키는 것이다. 만약 실을 끊어버리면 구심력인 실의 장력이 사라지므로 원운동을 할 수 없다.

2) 물체가 원운동을 할 때는 원주 밖으로 벗어나려 하는 원심력과 벗어나지 못하도록 잡아주는 구심력이 같은 크기로 작용한다. 원심력과 구심력은 물체 속도의 제곱에 비례한다. 따라서 상대의 내려치는 흉기 등의 공격을 수직으로 막아 저항을 정면으로 받는 것보다는, 내려치는 손을 회전시키면서 원운동으로 유도하는 것이 효과적이다.[25]

5. 작용과 반작용의 원리

1) 모든 작용에는 같은 크기의 정반대 작용이 있다. 예컨대, 상대를 밀면 상대는 버티면서 밀리지 않으려고 하는 반작용이 생기는데, 이를 이용하면 적은 힘으로도 상대를 제압할 수 있다.[26]

2) '당기면 밀어라.' 체포대상자가 체포자의 신체를 잡아당길 때 당기는

---

25) 경찰청, 앞의 책, p.17.
26) 경찰청, 앞의 책, p.18.

방향으로 밀어서 힘을 배가시킴으로써 중심을 잃게 하여 제압·체포하는 수칙을 말한다.[27)

Ⅲ. 경비원과 체포·호신술 실무

체포·호신술은 외부의 물리적 위협으로부터 자신을 보호하는 행위이므로, 필요한 수칙에 대한 내용을 숙지하여야 한다.

1. 체포·호신술 수칙

1) 항상 패기 있는 목소리와 행동으로 당당한 모습을 보인다.

2) 환경적 위협과 언어적 위협 등에도 위축되지 않고 자신감 있는 자세를 유지한다.

3) 최대한 상대방을 존중해 주는 행동을 보인다.

4) 문제가 발생하지 않도록 실수를 최대한 줄인다.

5) 신체적 접촉이 발생하기 전까지 최대한 참을성 있게 행동한다.

6) 위험한 상황임을 빨리 인지해서 마음의 준비를 한다.

7) 동작을 할 때는 과감하게 행동한다.

8) 제압을 할 때는 완벽하게 한다.

---

27) 오정주, 앞의 책, p.193.

2. 체포·호신술 동작시 주의사항

1) 가능하면 자신의 몸을 보호하는 목적으로 동작을 한다.

2) 폭행 등 법적 논란의 소지가 있는 동작은 가급적 피한다.

3) 상해가 크지 않는 방향으로 동작을 실시한다.

4) 평소 연습, 모임 등을 통해 동작을 몸에 익힌다.

5) 정당방위에 대한 상황을 명확히 인지한다.

Ⅳ. 경비원 호신술

호신술은 민간경비원이 위해상황에 대처하는 과정에서 위해자의 직접적인 공격에 본인의 신체를 보호하거나 차단하는 기술을 말한다. 그러나 민간경비원이 고도의 호신술 기술까지 익히기에는 무리가 있기 때문에, 다음의 기술 중에서 가장 기본이 되는 호신술 요령만을 취사선택하여 익혀 둘 필요가 있다.

1. 상대에게 오른손 손바닥이 잡혔을 때(오른손 악수)

1) 상대방과 악수하여 손을 잡혔을 때, 자신의 왼발을 상대방 오른발 옆으로 이동하고 몸을 상대방과 나란히 선 상태에서 자신의 왼팔로 상대방의 오른팔을 감아 상대방의 팔꿈치 관절을 꺾어 제압한다.

① 상대방에게 오른손 손바닥을 잡혔을 때

② 자신의 왼발을 상대방 오른발 옆으로 이동한다.

③ 자신의 왼팔로 상대방의 오른 팔을 감아 상대방의 팔꿈치 관절을 꺾어 제압한다.

2) 상대방과 악수하여 손을 잡혔을 때, 그 상태에서 손을 위로 들고 자신의 몸을 왼쪽으로 회전시켜 상대방의 몸 뒤편으로 이동하여 상대방의 뒷머리를 잡아당긴다.

① 상대방에게 오른손 손바닥을 잡혔을 때

② 손을 위로 든다.

③ 자신의 몸을 왼쪽으로 회전시켜 상대방의 몸 뒤편으로 이동한다.

④ 상대방의 뒷머리를 잡아당겨 제압한다.

2. 상대방에게 손목을 제압당했을 때

1) 오른손목을 잡혔을 때, 잡힌 오른손을 힘 있게 위로 쳐올리고 다시 원래 방향으로 원을 그리듯이 힘껏 내리면서 상대방의 힘을 이용하여 잡힌 손목을 상대방으로부터 빼낸다.

① 오른손목을 잡혔을 때

② 오른손을 힘 있게 위로 쳐올린다.

③ 원래 방향으로 원을 그리듯이 힘껏 내리면서 잡힌 손목을 상대방으로부터 빼낸다.

2) 양손목을 잡혔을 때, 두 손을 힘 있게 위로 쳐올리고 다시 원래 방향으로 원을 그리듯이 힘껏 내리면서 상대방의 힘을 이용하여 잡힌 손목을 상대방으로부터 빼낸다.

① 양 손목을 잡혔을 때

② 두 손을 힘 있게 위로 쳐올린다.

③ 원래 방향으로 원을 그리듯이 힘껏 내리면서 잡힌 손목을 상대방으로부터 빼낸다.

3. 상대방에게 멱살을 제압당했을 때

1) 상대방에게 두 손으로 멱살을 잡혔을 때, 무릎을 들어 상대방의 명치부분을 가격한다.

① 상대방에게 두 손으로 멱살을 잡혔을 때

② 무릎을 들어 상대방의 명치부분을 가격한다.

2) 상대방에게 두 손으로 멱살을 잡혔을 때, 오른팔을 아래로 하여 상대방 팔 사이로 집어넣어 상대방의 팔을 감아 상대방의 팔을 꺾으면서 뒤로 제쳐 상대방을 제압한다.

① 상대방에게 두 손으로 멱살을 잡혔을 때

② 오른팔을 팔 사이로 집어넣어 상대방의 팔을 감는다.

③ 팔꿈치 관절을 누르면서 상대방손을 자신의 어깨에 걸치게 하여 아래로 짓누른다.

4. 상대방에게 상체를 제압당했을 때

1) 상대방이 정면에서 몸을 숙이며 상체를 껴안았을 때, 팔꿈치로 상대방의 고개 숙인 뒷목을 가격하면서 무릎을 세워 상대방의 명치 부분을 가격한다.

① 상대방이 정면에서 몸을 숙이며 상체를 껴안았을 때

② 팔꿈치로 상대방의 고개 숙인 뒷목을 가격한다.

③ 무릎을 세워 상대방의 명치 부분을 가격한다.

2) 상대방이 뒤에서 손과 함께 상체를 껴안았을 때, 상대방의 발등을 자신의 발로 내리찍은 후 상대방이 공격에 놀라 껴안을 팔을 풀었을 때 두 손으로 상대방의 한 팔을 잡고 업어치기 한다.

① 상대방이 뒤에서 손과 함께 상체를 껴안았을 때

② 상대방의 발등을 자신의 발로 내려찍는다.

③ 상대방이 공격에 놀라 껴안은 팔을 풀었을 때

④ 두 손으로 상대방의 한 팔을 잡고 업어치기로 제압한다.

5. 상대방이 뒤에서 목을 조르거나 제압했을 때

상대방이 뒤에서 두 손으로 목을 감싸고 있을 때, 상대방 오른팔을 앞으로 잡아당겨 무릎을 굽히면서 바로 업어치기를 한다.

① 상대방이 뒤에서 두 손으로 목을 감싸고 있을 때

② 상대방 오른팔을 앞으로 잡아당긴다.

③ 무릎을 굽히면서 바로 업어치기를 한다.

6. 상대방이 허리띠를 잡고 있을 때

상대방이 정면에서 한 손으로 허리띠를 손등이 하늘을 보도록 하여 잡고 있을 때, 자신의 팔로 상대방의 팔 밑으로 넣어 감아 자신의 몸쪽으로 당기면서 상대방의 팔꿈치 관절을 꺾어 제압한다.

① 상대방이 한 손으로 허리띠를 손등이 하늘을 보도록 하여 잡고있을 때

② 자신의 팔을 상대방의 팔 밑으로 넣어 감아 자신의 몸 쪽으로 당긴다.

③ 상대방의 팔꿈치 관절을 꺾어 제압한다.

7. 상대방이 머리카락을 잡아 제압했을 때

상대방이 정면에서 한 손으로 자신의 앞머리를 잡았을 때 자신의 두 손으로 상대방이 더 이상 머리를 잡아당길 수 없도록 상대방의 잡을 손을 움켜쥔 후 자신의 몸을 뒤로 빼면서 몸을 굽혀 바닥에 완전히 엎드리면서 상대방의 손목을 꺾는다.

① 상대방이 한 손으로 앞머리를 잡았을 때

② 두 손으로 상대방의 손을 움켜쥔다.

③ 자신의 몸을 뒤로 빼면서 몸을 굽힌다.

④ 바닥에 완전히 엎드리면서 상대방의 손목을 꺾는다.

8. 누워있는 상태에서 상대방에게 제압당했을 때

자신이 누워있는 상태에서 상대방이 자신의 상체 부분에 올라타 위협할 때, 자신의 몸을 잡고 있는 상대방의 두 팔을 자신의 두 팔로 움켜잡은 후 한쪽 다리로 땅을 딛어 지탱하면서 허리의 탄력을 이용하여 상대방을 자신이 누운 상태에서 왼쪽 윗 방향으로 힘껏 밀어낸다.

① 자신이 누워있는 상태에서 상대방이 자신의 상체 부분에 올라타 위협할 때

② 상대방의 두 팔을 자신의 두 팔로 움켜잡는다.

③ 한쪽 다리로 땅을 딛어 지탱한다.

④ 허리의 탄력을 이용하여 상대방을 윗 방향으로 힘껏 밀어낸다.

9. 상대방이 흉기를 사용해 공격해 올 때

상대방(오른손)이 흉기로 자신의 정면을 찌르려 할 경우, 자신의 오른발을 뒤로 옮기면서 왼손으로 상대방의 팔꿈치를 쳐주어 흉기를 피하는 동시에 오른손으로 상대방의 손목을 잡고 상대방의 힘을 이용하여 바닥에 상대방을 제압한다.

① 상대방(오른손)이 흉기로 자신의 정면을 찌르려 할 경우

② 오른발을 뒤로 옮기면서 왼손으로 상대방의 팔꿈치를 치고 오른손으로 상대방의 손목을 잡는다.

③ 상대방의 힘을 이용하여 바닥에 상대방을 제압한다.

09

기계경비 실무

Theories of Field Business for private Security

제1절 기계경비의 이론적 개념
제2절 침입감지시스템의 운영
제3절 영상정보처리기기(CCTV)의 활용

실패해서 꿈이 깨지는 것보다 더 두려운 것은
도전 앞에서 스스로 꿈을 접는 나약함이다.

제 9 장
기계경비 실무

제1절 기계경비의 이론적 개념

Ⅰ. 기계경비

1. 기계경비의 개념

1) 기계경비와 인력경비와의 상관관계

기계경비는 인력경비에 대응되는 경비형태로서 기존의 인력에 의존하던 경비방식에서 벗어나 첨단장비(컴퓨터 시스템 등)에 의해 경비목적을 달성하는 것을 말한다. 기계경비는 혼합기계경비[1]와 무인기계경비[2] 두 종류로 나눌 수 있으나, 아직까지 순수한 의미의 기계경비는 존재하지 않는다고 보아야 한다. 예컨대, 무인기계경비는 평상시의 경비대상 지역의 경비활동이 사람이 아닌 기계적 장치에 의해서 이루어진다는 것을 의미하는 것이지, 사건발생시의 대응은 결국 사람에 의존하게 된다. 즉, 어떠한 형태로든 경비활동

---

1) 혼합기계경비는 경비지역에 인력경비와 기계경비가 동시에 존재하면서 경비활동이 이루어지는 경우이다. 즉, 경비대상지역에 설치된 감지장치나 CCTV와 같은 감시장치를 경비원이 상주하면서 이상이 발견되거나 감지될 때 출동하여 대처하는 경비시스템을 말한다.
2) 무인기계경비는 경비대상지역에 경비원을 배치하지 않고 순수하게 각종 감지장치(예컨대, CCTV)와 같은 기계적장치를 설치한 형태를 말한다. 무인기계경비는 소규모 상업시설(보석점·서점 등)이나 일반 가정집 등에서 주로 이용하고 있다.

과정에서 사람의 개입은 불가피하기 때문이다.[3]

2) 기계경비의 의의

기계경비란 경비기기에 의존하여 이루어지는 경비활동을 말한다. 그러나 경비활동의 주체는 사람이다. 따라서 기계경비는 경비활동의 주체인 사람의 근무를 보조하기 위하여 경비기기를 수단으로 하여 경비업무를 보다 효과적으로 수행할 수 있게 하는 역할을 한다.[4]

2. 기계경비업무의 정의

현행 경비업법상 「기계경비」라는 용어의 정의에 대해서 규정되어 있는 조항은 없는 반면 「기계경비업무」라는 용어에 대해서는 그 정의가 규정되어 있다. 경비업법상 「기계경비업무」는 "경비대상시설에 설치한 기기에 의하여 감지·송신된 정보를 그 경비대상시설 외에 장소에서 설치한 관제시설의 기기로 수신하여 도난·화재 등 위험발생을 방지하는 업무를 말한다(경비업법 제2조 제1호 라목)"라고 정의하고 있다. 따라서 이 조항은 경비업의 한 분야로서의 「기계경비업무」를 정의한 것이고, 「기계경비」의 용어에 대한 직접적인 정의라고는 볼 수 없다.

그러나 경비업법상의 「기계경비업무」의 정의는 기계경비와 인력경비가 복합적으로 이루어지는 「혼합기계경비」형태를 의미하고 있기 때문에, 기계경비는 「기계경비업무」 속의 한 형태임을 시사해 주고 있다. 따라서 「기계경비」는 "경비기기에 의해 이루어지는 경비활동"이라고 정의할 수 있으며, 반면 「기계경비업무」는 "경비업체가 기계경비와 인력경비를 복합적으로 운영하여 경비대상시설 내에 도난·화재 등 위험발생을 방지하는 업무"라고

3) 최선우, 「민간경비론」, 인천: 진영사, 2008, p.290.
4) 정태황, 「기계경비개론」, 서울: 백산출판사, 2001, p.13.

정의할 수 있다.

3. 기계경비시스템의 기능[5]

기계경비시스템은 기계경비에 사용되는 경비기기를 말하며, 경비활동의 주체인 사람을 보조하여 다음과 같이 다양한 기능들을 수행하고 있다.

1) 범죄예방 및 대응서비스

기계경비시스템이 존재하는 가장 기본적인 기능은 범죄예방과 이에 따른 대응서비스이다. 기계경비는 24시간 외부침입을 사전에 예방하고 침입이 시도되었을 때 조기경보와 동시 현장요원들의 출동으로 범죄에 대한 피해를 최소화할 수 있다.

2) 홈시큐리티 서비스

1인가구가 증가함에 따라 홈시큐리티 기술도 점차적으로 발전하고 있다. 가정의 안전을 지키기 위해서 가스누출·화재·도난 및 각종 비상사태를 감지하는 첨단 감지기를 설치하여 24시간 출동체제를 통해 관련 서비스를 제공한다. 다만, 종합적인 홈시큐리티 서비스를 원하지 않은 경우에는 화재감지기나 가스누출통보기 등의 시설설치에 한정하여 의뢰하면 화재나 가스사고 등에 대응하는 서비스를 제공받을 수 있다.

3) 구급통보서비스

무선 구급통보서비스는 노약자·고혈압환자·심장마비 등의 잠재적 위험성을 지닌 사람들을 대상으로 건강에 이상이 발생할 경우, 구급버튼을 누르

---

5) 최선우, 앞의 책, pp.293 - 294; 김순석·김양현 외 편저, 「일반경비원 신임교육」, 인천: 진영사, 2016, pp.187 - 188.

면 통제센터에서 이를 감지하여 119에 신고, 구급차량을 보내게 된다.

4) 설비이상 통보서비스

각종 설비이상 유무(전기보일러·물탱크·에어컨 등)를 감지하여 고객에게 통보해 주고, 경우에 따라서는 대처요원을 출동시켜 적절한 조치를 취한다.

5) 설비제어 서비스

은행자동화코너의 자동운영 등과 같이 셔터·출입문·전등·안내방송·현금자동지급기 전원 등의 설비를 365일 프로그램에 의하여 자동적으로 제어하는 업무를 수행한다.6)

4. 기계경비운영의 장단점

기계경비운영의 장단점은 인력경비와 단순하게 비교한 차이를 도출한 것이기 때문에, 이는 어디까지나 절대적이 아니라 상대적인 관점에서 이해하여야 한다.7)

장점		단점
• 경비기기와 소수의 근무자로 다수의 경비대상 시설경비 가능, 소요비용 절감효과 기대 • 감시구역전체 동시통제 가능 • 24시간 계속적 감시기능 • 첨단감지 및 감시장치 운용, 정확·신속한 대응조치 기대 • 강력범죄로부터 인명피해 예방 • 화재·가스·사고 등의 다른 예방시스템	VS	• 초기기계경비 운영시 많은 비용 소요 • 출동요원이 현장에 도착하기 전까지 다소의 시간 소요됨 • 기계경비 유지보수에 많은 비용과 전문인력 필요 • 기계경비 과다맹신으로 범죄자에 의한 역이용 가능성 상존(범죄자가 감시 및 감시장치를 차단하거나 단순한 물리적 방법으로 침입)

---

6) 최선우, 앞의 책, p.295.
7) 이윤근, 「민간경비원론」, 서울: 엑스퍼트, 2001, pp.76-77.

과 통합·운영, 부가적인 서비스제공 가능 • 사고발생시 감시기록 유지, 사후범죄수사 단서 등의 활용에 유용 • CCTV·SECOM 등 감시장치 설치했다는 경고표시, 잠재적 범죄자 범행욕구 차단효과 • 오경보가 없을 경우 사용자로부터 신뢰성이 높음	VS	• 사고현장에서의 신속한 대처불가(기계경비의 한계) • 사용자가 작동을 하지 않거나 작동법을 모르는 경우의 오경보 문제 • 기계 고장시 수리완료까지 일정한 시간이 소요되며, 그 과정에서 감시기록 유지 불가 • 인력경비는 본연의 업무 외에 다른 업무 수행 가능, 반면 기계경비는 입력된 업무 자체만 수행할 수 있음

Ⅱ. 기계경비업(무인경비업)

1. 기계경비업무의 시스템과 기계경비업자의 의무

1) 기계경비업무의 시스템

기계경비업은 경비업법에서 규정하고 있는 경비업의 한 분야이다(경비업법 제2조 제1호 라목). 기계경비업무는 경비회사가 경비대상시설(고객시설)에 설치한 감지기에서 발생한 경보신호를 원거리에 있는 기계경비업체의 관제센터(상황실)에서 수신하여 출동요원을 현장으로 출동시켜 이상상황에 대응하는 업무를 말한다. 기계경비업은 일반인들에게 '무인경비'로 호칭되고 있으며, SECOM, 캡스(ADT) 등을 대표적인 예로 들 수 있다. 이들은 매월 고객에게 용역비를 받고 기계경비서비스를 제공하고 있다.

2) 기계경비업자의 의무와 규제

현행 경비업법은 기계업무와 관련하여 경비업자에게 여러 가지 의무부과(의무조항)와 이를 위반시 과태료 등의 제재를 가하고 있다.

(1) 경비업무 수행을 위한 관제시설 신고 등

경비업의 허가를 받은 법인(경비업자)은 기계경비업무의 수행을 위한 관제시설을 신설·이전 또는 폐지한 때 지방경찰청장에게 신고하여야 한다(경비업법 제4조 제3항 제4호).

(2) 대응체제 구축

기계경비업자는 경비대상시설에 관한 정보를 수신한 때에는 신속하게 그 사실을 확인하는 등 필요한 대응체제를 갖추어야 한다(경비업법 제8조). 그리고 경비업법 시행령에서는 이를 보다 구체화하여 기계경비업자는 관제시설 등에서 경보를 수신한 때에는 정보를 수신한 때부터 늦어도 25분 이내에는 도착시킬 수 있는 대응체제를 갖추어야 한다고 규정하고 있다(경비업법 시행령 제7조).

(3) 오경보의 방지의무

경비업법 제9조 제1·2항

① 기계경비업자는 경비계약을 체결하는 때에는 오경보를 막기 위하여 계약상대방에게 기기 사용요령 및 기계경비운영체계 등에 관하여 설명하여야 하며, 각종 기기가 오작동 되지 아니하도록 관리하여야 한다.
② 기계경비업자는 대응조치 등 업무의 원활한 운영과 개선을 위하여 대통령령이 정하는 바에 따라 관련서류를 작성·비치하여야 한다.

---

① 오경보란 범죄자의 침입에 의한 것이 아니고 감지기의 작동으로 이상신호를 전송하는 경우를 말한다. 이상경보의 종류로는 침입이상, 화재이상, 비상통보이상, 구급이상, 설비이상, 가스누출이상, 기기이상 등이 있다.[8]

② 기계경비의 오경보는 고객의 불신에 의한 기계경비 서비스 이용률 저하, 불필요한 출동에 따른 기계경비원의 사기저하, 업무량 증가에 따른 피로도 증가 등 여러 가지 심각한 부작용을 초래하게 된다.[9] 이런 이유 등으

---

8) 신상엽, 「기계경비론」, 서울: 백산출판사, 2011, p.69.
9) 김재광·양지수, 「민간경비업법」, 서울: 박영사, 2019, p.68.

로 경비업법에서는 경비업법 제9조 제1항(오경보방지를 위한 설명 및 관리의
무)과 경비업법시행령 제9조 제3항(관련서류의 작성 및 비치의무)을 규정하여
오작동과 관련된 제반사항 등을 의무화하고 있다.

(4) 기계경비업법의 입법불비와 보완책 필요

기계경비업무수행과 관련된 대응체제와 오경보방지 등의 규정은 기계경
비업무의 중요성에 따라 취해진 입법조치라고 할 수 있는데, 경비업법 제8
조와 동법 시행령 제7조가 그것이다.

경비업법 제8조는 신속한 대응조치와 함께 대응체제를 갖추도록 하였
고, 동법 시행령 제7조에서는 "경보를 수신할 때부터 늦어도 25분 이내에는
도착"시킬 수 있는 대응체제를 갖출 것을 규정하고 있다.[10] 그러나 이에 대
해서는 다음과 같은 문제점이 제기되고 있기도 하다.

첫째, 기계경비업자의 대응체제 구축은 필요불가결의 의무사항이나, 여
전히 보완되어야 할 부분들이 상존하고 있다. 경비업법시행령 제7조에서는
"경보를 수신한 때부터 늦어도 25분 이내에는 도착시킬 수 있는 대응체제를
갖추어야 한다"고 강행규정을 두고 있을 뿐, 25분 이내[11]에 도착하지 못한
경우 이에 대한 규제와 불이익은 무엇인가 하는 점이다.

둘째, 기계경비업자가 오경보방지 의무를 위반한 경우에는 과태료가 부
과되고 있으나(경비업법 제9조), 반면 대응체제미비 또는 불이행에 대해서는
어떠한 제재조항도 두지 않고 있는데, 일각에서는 이에 대한 보완조항이 필
요하다는 의견도 상당수 존재하고 있다.

---

10) 김재광·양지수, 앞의 책, p.70.
11) 「25분 이내」의 시간적제한규정은 현실적으로 합리성과 타당성이 있는가 하는 의문점이 제기
    되고 있기도 하다.

2. 기계경비시스템의 구성

기계경비운영은 울타리, 창문, 출입문, 금고 등 적용기준에 맞는 각종 감지장치를 설치하고, 이를 관제센터에서 컴퓨터 시스템을 이용하여 관리·통제한다.

▶기계경비시스템에 의한 현장출동체계도

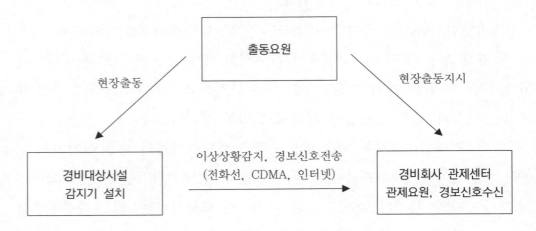

위 그림처럼 경비대상시설(고객시설)에 감지기 및 신호수신기를 설치하고, 이를 관제센터와 온라인으로 시스템을 구축한 후 관제센터에서는 24시간 이상정보를 탐지하는 체제로 운영된다. 만약 침입이나 도난 등과 같은 이상상황이 발생하면 경비대상 시설에 설치된 감지기에서 이를 감지하여 경비회사의 관제센터로 경보신호를 보낸다. 경비회사의 관제요원은 경보신호 수신과 동시 현장출동을 지시하면 출동요원에 의해 1차적으로 대응이 이루어진다. 그러나 경비회사의 출동요원은 현행범을 체포하는 경우 이외에는 법적권한이 제한적이므로, 경보상황에 효과적으로 대응하기 위하여 필요시 경찰, 소방 및 구급출동(119)에 지원을 요청하기도 한다. 문제는 출동요원이 현장에 도착하여 고객의 동의 없이 경비대상시설에 들어갈 수 있는가 하는 점이다. 출동요원은 특별한 시설을 제외하고는 경비회사가 고객의 동의하에 고객의 키를 위임받아 출동요원이 관리하는 것이 상례화되어 있다.

제2절 침입감지시스템의 운영

I. 기계경비의 영역

1. 경비인력과 기계경비의 시스템적 조화

경비활동의 주체는 어디까지나 인간이고, 기계경비는 근무자의 보조수단으로써 부가적인 역할을 하게 된다. 따라서 양자가 보다 효율적인 경비업무를 수행하기 위해서는 시스템적으로 상호조화가 잘 이루어져야 한다.[12]

2. 기계경비의 영역

기계경비는 경비기기가 근무자의 보조기능을 수행하는 방법이나 형태에 따라 몇 가지로 구분하여 생각할 수 있다. 첫째, 침입행위를 감지하여 그것을 경보하는 침입감지 시스템, 둘째, 일정한 지역을 감시하는 감시시스템, 셋째, 출입자 및 물품의 반입이나 반출을 통제하는 출입통제시스템 등으로 각각 구분하여 설명할 수 있는데,[13] 이하에서는 이들 시스템에 한정하여 기술하였다.

---

12) 신상엽, 「기계경비론」, 서울: 백산출판사, 2011, p.27.
13) 정태황, 위의 책, p.15.

Ⅱ. 침입감지시스템

1. 침입감지시스템의 의미

침입감지시스템은 인가되지 않은 사람의 침입을 각종 센서에서 감지하여 그 정보를 경보형태로 이를 필요하는 사람에게 전달하는 시스템이다.

침입감지시스템[14]은 원래 아무도 없는 시설이나 장소를 경비하는 "무인경비의 개념"에서 출발하였지만, 오늘날에는 화재감지·가스누출감지·시설이상 감지등 방재부분까지 그 적용범위가 다양해지고 있다.

2. 침입감지시스템의 기본요소

침입감지시스템 사용의 주 목적은 범인의 무단침입행위에 대응하여 범죄를 예방하는 것이다. 이러한 목적을 달성하기 위해서는 감지 → 침입경보 → 적절한 대응의 3가지 요소가 충족되어야 한다. 이를 침입감지시스템의 기본3요소라고 한다.

첫째, 경비대상 장소에 인가되지 않은 사람의 침입을 감지하는 것이다. '감지'란 범인의 침입행위로 인한 시설의 상태변화를 인지하여 시스템 운영자와 범인에게 경고하기 위한 준비과정이다. 즉, '감지'라는 말은 시스템이 우선적으로 제공하게 되는 보호기능을 말한다.

둘째, 침입정보가 필요한 사람에게 전달되어져야 한다. 이것은 시스템자체가 위해자의 출현을 감지하여 반드시 필요한 사람에게 전달하는 '침입경보'기능이 충족되어야 함을 의미한다.

셋째, 침입상황에 적절히 대응할 수 있어야 한다. 만일 이상상황이 발생

---

14) 침입감지시스템은 도난경보시스템·전자경비시스템·무인경비시스템 등 여러 가지 이름으로 불리어 지고 있다.

하였을 경우 범행에 적절히 대응할 수 없다면 침입감지시스템의 활용가치는 반감될 수밖에 없게 된다. 따라서 침입감지시스템의 3가지 요소는 동일하게 중요한 것으로 어느 하나라도 결여되면 침입감지시스템으로써의 기능을 원만하게 수행하기는 어렵게 된다.[15]

3. 침입감지시스템의 구성

침입감지시스템의 3가지 기본요소를 충족시키기 위해서는 1) 센서(감지기), 2) 통제장치(주장치), 3) 경보장치의 3가지 장치가 필요하다.

1) 센서(감지기)는 침입행위를 감지하기 위한 장치이며,

2) 통제장치(주장치)는 경보신호를 전달하기 위한 장치이고(기기에 전력을 공급하기 위한 전원장치를 포함),

3) 경보장치[16]는 시스템 운영자가 경보신호를 수신하여 정보상황에 대응하는 적절한 조치를 취할 수 있게 해 준다.

▶ **침입감지시스템의 구성형태**[17]

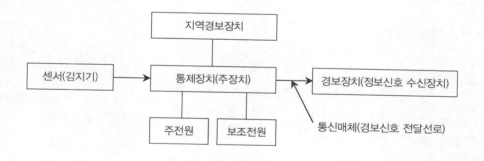

---

15) 김재광·양지수, 앞의 책, p.37.
16) 경보장치는 근무자에게 경보하는 역할을 하는데, 소리를 내거나 모니터에서 경보상황을 문자로 보여주기도 한다.
17) 정태황, 앞의 책, p.38의 도표 인용.

4. 경보신호 전달형태

경보신호는 경보상황에 대응하기 위해 필요한 것으로 시스템의 운영형태에 따라 경보신호 전달방법이 결정된다. 즉, 경보신호에 누가 어떻게 대응하는가에 따라 경보신호 전달형태가 다르며, 기술과 경보시스템의 형태에 따라 시스템 운영이 결정된다. 일반적으로 경보신호를 원거리로 전송하는 데는 전화선(전용선·공중선)이 주로 이용되고, 이동통신망 또는 인터넷이 이용되기도 한다. 특히 최근에는 경보신호를 영상신호형태로 수신할 수 있는 시스템이 운영됨으로써, 경보신호의 신뢰도가 증가하여 자신 있는 현장대응이 가능해졌다.

5. 경보시스템의 형태

경보신호를 받는 장소와 경보신호 전달 형태에 따라 경보신호에 대응하는 방법이 각기 달라질 수 있다. 즉, 경보신호를 어디서 어떻게 수신할 것이며, 수신된 경보신호에 누가 대응하느냐에 따라 경보시스템의 형태가 결정된다. 경보시스템의 형태는 아래 표와 같다.[18]

▶ 경보시스템의 형태

구분	운영방법	비고
현장경보 시스템 (로컬기계경비 시스템)	경비대상 시설에서 발생한 경보신호를 현장이나 현장 상황실에서 수신하여 현장의 근무자가 대응할 수 있게 하는 시스템.	현장 경비원의 운영이 가능한 곳에 유리하게 적용됨.
중앙경보시스템 (무인기계경비 시스템)	경비대상 시설에서 발생한 경보신호를 원거리에 위치한 상황실(관제센터)에서 수신하여 출동요원을 경비대상 시설에 출동시켜 현장조치를 할 수 있게 하는 시스템.	보통 경비회사에서 운영하는 시스템이 이에 해당됨(24시간 상황실 운영).

18) 김순석·김양현·이도선 편저, 「경비지도사 기본교육」, 인천: 진영사, 2016, p.402.

전화통보 시스템	침입상황이 발생하면 미리 설정된 전화번호로 이 상상황을 통보하는 시스템(전화를 받으면 미리 녹음된 내용이 들리게 됨).	대응요원과 적절히 연결되지 않으면 침입감지시스템의 효과를 얻기 어려움.
직접통보 시스템	현장에서 발생한 경보신호를 경찰이나 소방기관으로 직접 통보하는 시스템으로, 주로 경찰관이나 소방관이 현장조치를 하도록 한 시스템.	직접통보시스템은 법규에 따라 그 적용이 제한적일 수 있음.

6. 침입감지센서(감지기)의 작용형태

침입감지를 위해 사용되는 센서의 종류는 다양하며, 어떤 형태의 센서를 선택하든 상황에 맞게 사용되어져야 한다. 일반적으로 센서는 크게 방범용 감지기와 화재감지기로 분류할 수 있다.

1) 방범용 감지기(센서)

(1) 스위치센서(자석 감지기)

가장 간단하면서도 널리 사용되는 센서는 스위치센서이다. 스위치센서의 종류로는 기계스위치·마그네틱 스위치·전선스위치 등이 있으나, 마그네틱 센서(자석 감지기)가 많이 사용된다.

마그네틱 스위치는 전원이 필요없고 구조가 간단하여 널리 사용되고 있으며, 주로 출입문이나 창문이 열리는 것을 감지하는 데 많이 사용된다.

▶ 마그네틱 센서(자석 감지기)

(2) 적외선 센서(감지기)

적외선 감지기는 적외선 빔(적외선 빛)을 발사하는 송신기와 이를 받아들이는 수신기로 구성되는데, 그 사이를 전달하는 빔이 침입자에 의해 차단될 때 경보가 발생하는 형태이다. 주로 창문, 벽, 울타리 등에 설치하여 사용된다.[19]

▶ 적외선 감지기

(3) 열선 감지기

열선 감지기는 침입자의 체온에서 방사되는 원적외선을 감지하여 경보 신호를 발생하며, 실내 감시용으로 많이 사용된다. 오작동 사례는 주로 쥐, 고양이, 강아지, 새 등과 같은 작은 동물로 인한 사례가 대부분이다.

▶ 열선 감지기(돔형 열선 감지기)

---

19) 정태황, 앞의 책, p.102.

(4) 유리(파손) 감지기

유리가 깨지는 것을 감지하기 위해 2가지 다른 방법을 사용할 수 있다. 하나는 유리창에 직접 붙여 깨질 때 진동을 감지하여 경보를 발하는 유리파손감지기 부착방법이고, 또 하나는 유리창 정면의 천장이나 벽면에 부착하여 유리가 깨질 때 나오는 높은 주파수를 감지하는 음향감지기가 있다. 유리감지기의 오작동은 접착불량이 대부분이며, 올바른 접착방법으로 오작동이 발생하지 않도록 주의해야 한다.

▶ 유리 감지기(유리파손 감지기)

(5) 충격감지기와 금고 감지기

침입자의 움직임으로 인해 발생하는 진동을 감지하여 경보신호를 발생시키는 방법으로, 그 종류로는 충격감지기와 금고감지기가 있다. 충격감지기는 출입문이나 창문 가까이 접근하는 침입자를 감지하는 방법이고, 반면 금고감지기는 금고에 대한 접근을 감지하기 위해 사용되는 진동감지기이다. 충격감지기는 바람이 심하게 불거나 문을 두드리거나 문을 찰 경우 오경보신호가 발생할 수 있고, 반면 금고감지기는 고객이 금고를 사용 중에 내부 배선의 단선이나 접촉으로 인하여 오작동이 발생하는 경우가 대부분을 차지한다.

▶ 충격 진동감지기

(6) 마이크로웨이브 센서(감지기)

마이크로웨이브 센서(감지기)는 송신기와 수신기 사이에 형성된 마이크로웨이브 빔 에너지가 침입자에 의해 차단될 때 경보신호를 발생시키며, 울타리 감지를 위해 많이 사용된다. 마이크로웨이브에너지[20]는 침입감지를 위해 빔 차단원리 외에 레이더원리를 적용하여 사용되기도 하는데, 이를 '마이크로웨이브 레이더센서'라 부른다. 마이크로웨이브센서는 내부용으로도 사용할 수 있으나, 외부에 주로 사용된다. 외부에 사용될 경우 경계지역의 최일선에 설치되어 침입자의 침입행위를 조기에 경보하는 역할을 수행한다.[21]

▶ 마이크로웨이브 감지기

---

20) 마이크로웨이브는 빛이나 열처럼 전자에너지이며, 음향에너지와 같은 다른 형태의 에너지와 구별된다. 마이크로웨이브에너지는 인공적인 빛을 만들 수 있듯이 인공적으로 만들 수 있다.
21) 정태황, 앞의 책, p.136.

2) 화재 감지기(센서)

(1) 의의

화재감지기 시스템은 화재발생을 감지하여 경보하거나 그 정보를 필요로 하는 사람에게 알림으로써 그 피해를 최소화 할 수 있는 역할을 수행한다. 침입감지시스템은 범죄예방 차원에서 개개인의 선택에 따라 설치·사용할 수 있으나, 반면 화재경보시스템의 사용은 일정규모 이상의 건물이나 특별한 장소인 경우 법적으로 의무화 되어 있다. 따라서 이러한 점에서 선택적인 침입감지시스템의 사용과는 차이가 있다. 화재감지기는 화재로 인해 발생하는 열, 연기, 화염 등을 감지하여 이것을 경보신호의 형태로 전달하여 신속한 대처를 할 수 있게 한다.

(2) 화제감지기의 종류

① 열감지기

열감지기는 차동식, 정온식, 보상식 감지기로 분류되는데, 각각 동작되는 특성에 따라 적용되는 장소가 달라진다.

차동식은 주위온도의 변화가 일정 상승률 이상(분당 7~8° 정도)이 되는 경우에 작동하는데, 거실·사무실 등 실내에 설치되는 감지기는 차동식이 대부분이다.

정온식은 주위온도가 일정한 온도이상이 되는 경우에 작동하며, 특성상 주방이나 보일러실과 같은 다량의 화기를 단속적으로 사용하는 장소에서 사용한다.

보상식은 차동식 감지기와 정온식 감지기의 방식을 모두 가진 감지기이다. 차동식 감지기는 천천히 온도가 상승하는 화재의 경우 화재감지가 불가능한데, 이런 단점을 보완한 것이 보상식이다. 그러나 보상식은 국내에서 판매 및 시공되지 않는다.

▶ 열 감지기(차동식 · 정온식)

차동식

정온식

② 연기 감지기

연기 감지기는 화재의 부산물인 빛, 열, 연기 중 연기로 화재를 감지하는 감지기이다. 연기감지기는 계단, 경사로 및 에스컬레이터 경사로, 엘리베이터 승강로, 복도 등 연기의 통로나 굴뚝과 같은 기능을 하는 곳에 주로 설치한다. 연기감지기는 감지원리에 따라 광전식과 이온화식으로 분류된다. 광전식 감지기는 연기가 빛을 차단하거나 반사원리를 이용한 것으로서 빛을 발산하는 발광소자와 빛을 전기로 전환시키는 광전소자를 이용한다. 연기의 짙음과 옅음에 따라 광전관이 작동된다. 광전식 감지기들은 모두 연기감지기라고 불리우며, 일반적으로 건물의 계단, 복도 등에 설치되는 흔한 연기감지기이다. 반면, 이온화식 감지기는 미량의 방사성 물질(방사성 원소인 아메리슘)로 공기를 이온화[22]하여 이온전류의 변화를 감지한다. 즉, 화재발생시 연기입자에 의해 이온전류의 양이 줄어드는 것을 감지하여 화재신호를 발한다.

---

22) 이온화는 물리적 과정을 통해서 원자나 분자에 전자나 다른 이온 입자를 제거하거나 더하여 이온이 되는 것을 말한다. 이때 원자는 양전하를 띠어 양이온이 되거나 음전하를 띠는 음이온이 된다. 원자는 중심에 있는 원자핵과 그 주위를 움직이는 전자로 이루어져 있는데, 전기적으로 중성인 원자 또는 원자단이 전기를 잃으면 상대적으로 양전하(+)가 많아지므로 양이온이 되고, 반대로 원자가 전자를 얻으면 상대적으로 음전하(-)가 많아지므로 음이온이 된다. 이처럼 전자를 잃어서 양전하(+)를 띠거나 전자를 얻어서 음전하(-)를 띤 입자를 「이온」이라고 한다.

▶ 광전식 연기 감지기

③ 화염감지기

화염감지기는 광학기술을 사용해 불꽃을 신속하게 감지한다. 따라서 화염감지기는 폭발성이 있거나 화재가 빨리 퍼질 수 있는 곳에서 사용된다. 화염감지기 종류로는 적외선식 감지기(화염에서 방출되는 적외선을 검출하는 감지기), 자외선식 감지기(화염에서 방출되는 자외선을 검출하는 감지기), 복합식 감지기(적외선과 자외선을 복합적으로 감지하는 감지기) 등이 있다.

제3절 영상정보처리기기(CCTV)의 활용

Ⅰ. 서설

1. 영상정보처리기기(CCTV)의 개념

영상정보처리기기는 공중파나 지상파를 활용하는 방송용 TV와 구분하기 위한 용어인데, 이것은 카메라와 모니터를 케이블(유선)로 연결한다는 것을 의미한다. 영상정보기기 중의 하나인 CCTV는 폐쇄회로 텔레비전을 말하며, 방송용 TV와는 구별된다. 우리가 말하는 보통TV는 불특정 다수에게 보여주는 방송용 TV를 뜻하는 것이고, 반면 CCTV는 특정목적을 위하여 특정인들에게 제공되는 폐쇄회로 TV라는 뜻이다. 종전의 개인정보보호법에서는 고정형 영상정보처리기기(CCTV)에 대한 규정만 있었으나, 2023.3.14. 개인정보보호법 전면 개정안이 공표되면서, 이동형 영상정보처리기기와 관련된 조항이 신설되었다. 따라서 영상정보처리기기의 범위는 고정형 영상정보처리뿐만 아니라 이동형 영상정보처리기기도 모두 포함하게 되었다.

1) 고정형 영상정보처리기기와 이동형 영상정보처리기기

(1) "고정형 영상정보처리기기"란 일정한 공간에 지속적으로 설치되어 사람 또는 사물의 영상 등을 촬영하거나 이를 유무선망을 통하여 전송하는 장치로서 다음의 장치를 말한다(개인정보보호법 제2조 제7호 및 개인정보보호법시행령 제3조 제1항).

① **폐쇄회로 텔레비전(CCTV)**: 다음의 어느 하나에 해당하는 장치

㉠ 일정한 공간에 설치된 카메라를 통하여 지속적 또는 주기적으로 영상 등을 촬영하거나 촬영한 영상정보를 유무선 폐쇄회로 등의 전송로를 통하여 특정 장소에 전송하는 장치

㉡ 위 ㉠에 따라 촬영되거나 전송된 영상정보를 녹화·기록할 수 있도록 하는 장치

② **네트워크 카메라**: 일정한 공간에 설치된 기기를 통하여 지속적 또는 주기적으로 촬영한 영상정보를 그 기기를 설치·관리하는 자가 유무선 인터넷을 통하여 어느 곳에서나 수집·저장 등의 처리를 할 수 있도록 하는 장치

(2) "이동형 영상정보처리기기"란 사람이 신체에 착용 또는 휴대하거나 이동 가능한 물체에 부착 또는 거치(据置)하여 사람 또는 사물의 영상 등을 촬영하거나 이를 유·무선망을 통하여 전송하는 장치로서 다음의 장치를 말한다(개인정보보호법 제2조 제7호의2 및 개인정보보호법시행령 제3조 제2항).

① **착용형 장치**: 안경 또는 시계 등 사람의 신체 또는 의복에 착용하여

영상 등을 촬영하거나 촬영한 영상정보를 수집·저장 또는 전송하는 장치

② 휴대형 장치: 이동통신단말장치 또는 디지털카메라 등 사람이 휴대하면서 영상 등을 촬영하거나 촬영한 영상정보를 수집·저장 또는 전송하는 장치

③ 부착·거치형 장치: 차량이나 드론 등 이동가능한 물체에 부착 또는 거치하여 영상 등을 촬영하거나 촬영한 영상정보를 수집·저장 또는 전송하는 장치

2) 개인정보처리자의 영상정보처리기기 설치·운영·제한

종전의 개인정보보호법은 고정형 영상정보처리기기에 대해서만 규제하였으나, 개정안 법률에 따라 신설된 이동형 영상정보처리기기도 또한 규제대상이다. 따라서 양자는 일정한 경우를 제외하고는 공개된 장소, 사생활 침해 우려가 있는 장소, 그리고 사생활 침해 가능성이 높은 공간에서의 영상정보기기의 설치·운영은 금지된다. 이에 따라 공개된 장소에서 법령에 규정된 경우를 제외하고 고정형 영상처리기기를 설치·운영한 자는 3천만원 이하의 과태료가 부과되며, 반면, 사생활 침해 우려가 있는 장소(교도소·정신보건시설 등은 제외)에 고정형 영상정보처리기기와 이동형 영상정보처리기기를 설치·운영한 자는 5천만원 이하의 과태료가 부과된다.

2. 경비원과 영상정보처리기기와의 관계

경비원과 영상정보처리기기와의 관계는 업무상 직접적인 관련성은 없으나, 시설경비업무를 수행하는 경비원일 경우에는 CCTV(폐쇄회로 텔레비전)에 대해 범죄예방과 통제적 측면에서 대강이나마 숙지해 둘 필요가 있다. 이하에서는 영상정보처리기기 중의 하나인 CCTV에 한정하여 기술하였다.

II. CCTV(폐쇄회로 텔레비전)

1. CCTV의 정의

개인정보 보호법에서 규정하고 있는 CCTV는 영상정보처리기기의 일종으로 일정한 공간에 지속적으로 설치되어 사람 또는 사물의 영상 등을 촬영하거나 이를 유·무선망을 통하여 전송하는 장치를 말한다. 따라서 차량 내부에 설치된 CCTV는 일정한 공간에 설치되어 일정한 공간을 촬영하기 때문에 영상정보처리기기에 해당되나, 반면 차량블랙박스와 같이 촬영범위가 수시로 변경되는 기기는 영상정보처리기기에 해당되지 않는다.

2. CCTV의 설치·운영의 법적근거

영상정보처리기기(CCTV)의 설치·운영에 관한 허용과 규제는 헌법과 법률에서 그 근거를 찾을 수 있다. 헌법 제17조는 "모든 국민은 사생활의 비밀과 자유를 침해받지 아니 한다"고 규정하고 있고, 이를 골간으로 구체화하여 입법화시킨 것이 「개인정보법」이다. 즉, 개인정보보호법 제25조(영상정보처리기기의 설치·운영 제한)와 동법 시행령 제3조(영상정보처리기기의 범위)가 바로 그것이다.

3. CCTV의 구성

CCTV시스템은 '영상감시를 목적으로 제한된 지역에서 폐쇄회로 TV를 구축한 것'으로 크게 촬상부, 전송부, 감시부 등의 장치들이 유기적으로 연결되어 작동한다.

1) 촬상부

촬상부는 영상을 촬영하기 위한 장치로 CCTV카메라와 렌즈, 하우징, 브래킷 등으로 구성된다. 카메라는 CCTV카메라의 방식에 따라 아날로그 카메라, 네트워크 카메라로 분류되고, 모양 또는 기능에 따라 박스카메라, 돔카메라, 적외선카메라, 스피드 돔카메라 등이 있다.

하우징은 카메라를 먼지나 습기로부터 보호하는 역할을 하고, 브래킷은 카메라 지지대라 생각하면 된다.

▶ **카메라, 렌즈, 하우징, 마운트**

카메라

렌즈

하우징

마운트

▶ 돔카메라 & 적외선카메라 & 스피드돔카메라

돔카메라   적외선카메라   스피드돔카메라

2) 전송부

전송부란 촬상부에서 형성된 전기신호(영상신호)를 감시부로 전송하는 장치로써, 전기신호 전달을 위해 유선매체인 동축케이블[23]이나 광케이블[24] 등이 널리 사용되지만, 이외에 무선매체[25]가 활용되기도 한다. 특히 최근에는 이동통신이나 인터넷이 매개체로 사용되면서 적용범위가 과거보다 더 넓어지고 있다.

3) 감시부(수상부)

감시부(수상부)는 촬상부에서 전송된 전기신호를 영상신호로 재생하여 사람이 실체의 상을 볼 수 있게 하는 역할을 하는데, 모니터가 이에 해당한다. 감시부는 영상을 녹화하는 장비인 녹화기(DVR, NVR)와 영상출력장치인 모니터 등으로 구성이 된다.

---

23) 동축케이블은 흔히 TV안테나선을 의미한다. 외부도체와 내부도체가 동심원을 이루고 있어 전기신호를 전송할 수 있는 데이터통신에 사용되는 전송선로의 일종이다.

24) 광케이블은 전기신호를 광선신호로 바꾸어 광통신에 쓰이는 머리카락 정도의 두께인 직경 0.1mm의 가느다란 유리섬유를 통하여 전달하는 케이블을 말하며, '광섬유케이블'이라고 한다. 광케이블은 에너지 손실이 적어 장거리송신과 다중통신이 가능하고 전자유도나 낙뢰에 의한 방해를 받지 않고 전송할 수 있다(정태황, 앞의 책, p.204).

25) 카메라와 모니터를 연결할 때 동축케이블을 설치하거나 실용적이지 못할 경우에 무선을 사용하기도 하나, 법적제한(전파법)이나 경제적인 이유로 제한적으로 사용된다.

4) CCTV와 부수적 장치

CCTV는 현장에 설치된 카메라와 모니터를 통해 현장상황을 감시하는 등의 장점도 있지만, 경비기기가 갖는 여러 가지 단점들이 존재한다. 이러한 단점을 보완하기 위해 여러 가지 종류의 주변기기를 활용하고 있다.

(1) 녹화기

영상녹화를 위해 DVR[26]이나 NVR이 주로 사용된다. DVR(디지털 비디오 레코더)은 아날로그 카메라영상을, NVR(네트워크 비디오레코더)은 네트워크 카메라영상을 저장하는 장치이다. 두 녹화기 모두 공통적으로 하드디스크 드라이브(HDD)에 녹화영상을 저장하고 분석하는 기능을 하는데, 오늘날 고화질 영상녹화 수요에 따라 대용량화되고 있다.

(2) 모니터

실시간 영상이나 녹화된 영상을 보려면 모니터가 필요하다. 컴퓨터에 사용되는 LED모니터를 녹화기에 연결하는 경우가 대부분이고, 큰 화면을 원할 경우에는 대형TV에 연결하면 된다.

(3) 움직임 경보장치(모션디텍션 장치)

CCTV 운용 시 근무자가 지루하기 때문에 모니터에 나타나는 영상변화를 놓치기가 쉽다. 이러한 문제점을 보완하기 위하여 모니터의 영상변화를 감지하여 근무자에게 경고하여 주는 움직임 경보장치를 활용하고 있기도 하다.

(4) 영상전환장치 및 영상분할장치

영상(화면)전환장치는 여러 대의 카메라에 보낸 영상을 하나의 모니터에

---

26) DVR은 영상신호를 디지털로 전환하여 영상신호저장은 물론 영상신호의 원거리전송을 용이하게 해 주는 장치이다. DVR은 하드디스크에 영상을 저장하므로 녹화된 영상을 재생하는 횟수가 증가하여도 깨끗한 화질을 얻을 수 있고, 녹화된 영상을 쉽게 검색할 수 있다는 장점이 있다.

서 일정한 시간 간격으로 영상을 하나씩 차례로 보는 방법이고, 반면 영상분할장치는 카메라의 수에 맞는 모니터가 필요하지만 여러 개의 영상을 분할하여 한 대의 모니터에 나타나게 하는 방법이다. 따라서 영상전환장치나 영상분할장치는 여러 대의 카메라 현상을 한 대의 모니터에서 보여주는 장치이다.

(5) 영상분배기

영상분배기는 한 대의 카메라에서 촬영한 영상을 여러 대의 모니터에 보내 줄 수 있는 장치를 말한다.

(6) 팬·틸트(Pan-Tilt)

방향이 고정되어 있는 카메라를 사용할 경우 근무자는 정해진 범위만을 감시할 수 있으므로, 움직이는 물체를 주시할 수 있는 시간이 짧아지게 된다. 이러한 단점을 보완하기 위하여 카메라를 상하좌우로 움직여 범인의 행동을 추적할 수 있고, 넓은 지역을 감시할 수 있는 것이 팬·틸트 장치이다.

4. CCTV의 기능

CCTV는 주로 감시장치의 한 형태로 널리 활용되고 있으나 그 이외에도 다목적용으로 이용이 가능하며, 다음과 같은 기능을 수행한다.

① CCTV는 경비목적뿐만 아니라 교통상황확인, 병원에서의 환자상태확인 등 다목적으로 이용할 수 있다.

② 실내에서 소수의 인원으로 비교적 사각지역 없이 감시할 수 있으며, 근무자가 위험에 직접 노출되는 것을 감소시킬 수 있다.

③ 침입감지장치시스템의 한 형태로 사용되며, 현장의 상황을 시각적으로 직접 확인함으로써 적절한 현장대응이 가능하다.

④ CCTV는 출입통제장치와 함께 사용하여 출입인원에 대해 원거리에

서 확인과 통제가 가능하며, 나중에 상황을 녹화하여 다시 볼 수 있다.

5. 장단점

1) CCTV의 설치는 범죄 예방과 억제효과, 범인 발견 및 체포의 용이, 범죄에 대한 두려움 감소, 경찰력 보완 등의 효과를 얻을 수 있다.

2) 공공장소에서의 CCTV 운용은 일반 시민들의 초상권 및 사생활 침해 등의 인권문제가 언제든지 발생할 소지를 내포하고 있다.

6. CCTV의 설치근거와 사생활보호문제

1) CCTV설치근거와 불법설치 금지

CCTV는 개인정보보호법에 근거하여 설치하여야 하며, 이에 근거하지 않는 설치는 불법이다. 개인정보보호법에 의해 CCTV설치가 의무화되고 있는 곳으로는, 자연공원, 도시철도, 사격장, 어린이집·유치원, 초등학교 등이다. 반면, 목욕탕, 탈의실, 공중화장실 등 사생활 침해 우려가 현저하게 높은 곳에서는 CCTV설치가 금지된다.

2) CCTV 열람방법

사생활이 녹화된 당사자가 녹화영상의 열람을 요구할 수 있을까?

본인 또는 본인이 소유한 물건이 촬영된 영상을 열람하는 것은 초상권을 가지는 정보주체로서 당연한 권리이므로 열람이 가능하다(개인정보보호법 제17조 제1항). 따라서 당사자가 자신이 녹화된 영상을 열람하기 위한 요청은 헌법에 명시된 기본권(사생활의 비밀과 자유)에 속하기 때문에, CCTV관리자가 이유 없이 거부하는 것은 불법이다. 다만, 반드시 자신의 모습이나 물건이 촬영된 부분만 공개할 수 있으며, 제3자의 모습이 함께 노출된 경우에는 모자이크 처리하는 등 철저히 가린 후에 열람시켜야 한다.

(1) 공공CCTV

경찰·지방자치단체·한국도로공사·도로관리청·공공기관 등에서 설치한 방범용, 불법투기 단속용, 교통정보수집용도의 CCTV는 본인이 직접 찾아가거나 정보공개포털사이트를 이용하여 CCTV가 녹화된 장소·날짜·시간·열람목적 등을 선택하여 공개를 요청할 수 있다. 이 경우 CCTV관리담당자가 해당 녹화본에 타인개인정보에 대한 보호조치를 취한 뒤 제공해 준다. 열람방법은 방문수령, 이메일 등의 방법이 있다.

(2) 사설CCTV

아파트, 상가, 쇼핑몰, 그 밖의 민간인이 설치한 CCTV 역시 본인 또는 본인이 소유한 물건이 촬영된 영상물에 한하여 열람이 가능하다.

예컨대, 신축공동주택(아파트)의 경우 CCTV관리는 아파트 관리소의 방제실(중앙통제실이나 보안실이라고 호칭하기도 함)에서 관리소장의 책임하에 보안팀장이 CCTV의 관리와 운영을 담당한다. 반면, 오래된 아파트인 경우에는 동 별로 설치된 경비실에 CCTV를 설치하여 동 별 경비원이 CCTV를 통하여 자기 동 관리를 하기도 한다. 공동주택 CCTV의 녹화기록물 보존기간은 30일 이상이다.

문제는 아파트관리소장이나 CCTV가 설치된 동 별 경비실 경비원이 민원인의 요청에 의한 CCTV 열람을 거부할 수 있는가 하는 점이다. CCTV에 대한 논쟁 중의 하나는 사생활침해 문제이다. 관례적으로 '사생활 침해'를 빙자하여 본인 또는 본인이 소유한 물건이 촬영된 영상물을 요구함에도 "CCTV공개가 원천적으로 불가능하며, 열람하려면 경찰관을 대동하라", 심지어 경찰이 오더라도 "영장 없이는 보여줄 수 없다"[27]고 하는 경우가 다반

사이다. CCTV에 촬영된 본인이나 본인소유물건에 대하여 촬영된 당사자는 경찰의 협조없이도 합법적으로 그 영상의 열람을 할 수 있다. 따라서 아파트관리소장이나 동 별 CCTV가 설치된 경비실에 근무하는 경비원, 또는 건물경비원(대부분 CCTV관리자가 건물경비원을 겸하고 있음)들은 개인의 사생활이 담겨있는 영상녹화물의 열람을 요청하는 경우 아래 내용에 따라 당사자에게 그 녹화물의 열람여부를 결정하여야 하며, 당사자가 영상의 사본을 요청하는 경우 이에 응하여야 한다. CCTV관리자가 이를 이유 없이 거부하는 경우 1천만원 이하의 과태료를 받게 된다.

「영상녹화물 열람요청시 결정 여부」

• 요청 당사자의 모습 또는 물건만 나와 있는 경우
  - 거부가 불가하며 영상 수정없이 당사자에게 보여주어야 한다.
• 요청 당사자의 모습 또는 물건과 함께 다른 사람의 모습이나 물건도 나와 있는 경우
  - 거부가 불가하며, 다른 사람의 모습이나 물건은 모자이크, 마스킹 처리를 한 뒤 당사자에게 보여주어야 한다.
• 요청 당사자의 모습 또는 물건이 없는 경우
  - 이 경우는 타인 개인정보 노출이기 때문에 거부가 가능하다.

Ⅲ. 출입통제시스템의 운영

1. 출입통제시스템의 개념

출입통제시스템은 인가된 사람과 인가되지 않은 사람을 구분하여 출입을 허용하거나 통제하는 시스템을 말하며, 과거와는 달리 최근에는 최첨단 인식장치에 의한 출입통제장치 등을 활용하고 있다.

---

27) 수사경찰이 경찰관서장의 수사자료 협조공문을 소지하고 영상녹화의 열람을 요구하는 경우 관리소장이나 경비원은 수사기관의 요청에 협조하여야 한다.

2. 출입통제장치의 구성

출입통제시스템은 인식 장치(확인) → 제어장치(통제) → 문잠금장치(문의 열림을 통제)로 구성되며, 그리고 출입상황의 관리·조회·통제 등을 위하여 관리서버를 운영한다.

출입통제시스템에서 가장 중요한 것은 인가된 사람을 식별하는 인식 장치이다.

3. 인식장치

출입통제시스템에 의해 출입이 허용되기 위해서는 여러 가지 수단들이 강구되고 있는데, 일반적으로 인가된 사람에게 주어지는 증표에 의한 방법(키[28]·버튼 누름식 번호키[29] 등)과 사람의 신체적 특징(지문·얼굴 등)을 이용하는 방법 등이 있다. 최근에는 위조 또는 복제의 위험성으로 인하여 아래와 같이 인간의 생체 특성을 이용한 인식방법을 많이 이용하고 있다.

1) 지문인식

지문은 사람마다 모두 다르고(만인부동의 원칙), 평생 변하지 않는(종생불변의 원칙) 특징을 갖고 있어 본인을 인증하거나 범죄현장에서 사람을 구별할 때 사용한다.

지문인식기는 인가된 인원만 등록하여 사용하고 있어 가장 많이 사용되지만, 손을 많이 사용하는 경우 지문이 닳아 희미해지거나 없어지기 때문에 센서가 지문을 인식하기 어려워 기기가 작동하지 않는다는 단점이 있다.

---

28) 키(Key)는 출입자를 확인하기 위해 사용되는 인식 장치 중 가장 널리 사용되고 있는 방법인데, 키는 분실, 도난, 복제에 의한 범죄 수단으로 사용될 수 있는 취약점이 있다.
29) 버튼 누름식은 키를 대신하여 간단한 숫자나 기호가 표시된 버튼 누름식 잠금장치를 말한다.

▶ 지문인식기

2) 홍채인식

홍채는 태어난지 1～2년 안에 모양이 만들어지며 평생동안 변하지 않는다. 홍채의 모양은 유전자와 상관없기 때문에 쌍둥이라도 형태가 다르고, 한 사람의 눈도 양쪽이 서로 다른 모양을 갖는 고유한 신체 암호이다. 홍채는 평생 변화하지 않고, 다른 사람과 동일한 확률이 0%에 이른다는 특징을 갖고 있다.

▶ 홍채

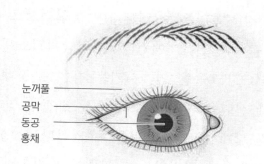

눈꺼풀
공막
동공
홍채

생후 18개월 이후 완성된 홍채는 평생 변하지 않는다.

3) 정맥(손바닥 정맥인식)

정맥은 사람 몸 안에 있어 외상이나 노화로 변형될 가능성이 적다. 정맥인식에는 손가락·손·손바닥 등이 사용되나, 최근에는 손바닥 정맥 인식이 주목받고 있다.

손바닥 정맥인식은 직접 장치를 접촉할 필요 없이 손바닥으로 센서 위를 한 번 스치면, 센서가 손바닥을 빠르게 촬영하여 인증된 정맥을 찾아내 인증한다.

손바닥은 인종에 관계없이 피부색이 비슷하고 털도 나지 않기 때문에 인식하기 쉽다는 장점이 있다.

4) 얼굴인식

얼굴인식기술은 주민등록증·여권 등 신원확인·범죄 용의자 감시뿐만 아니라, 디지털카메라나 스마트폰 등에도 얼굴 인식 기술이 이용되는 등 최근에는 얼굴인식이 비밀번호 대신 사용되고 있다.

Ⅳ. 정보통신기술과 기계경비의 연계와 통합적 운영

경비기기는 단독으로 사용하는 경우보다 서로 연계하여 통합적으로 운영될 때 그 효과는 배가 된다고 볼 수 있다. 예컨대, 침입감지시스템과 CCTV의 연결 또는 출입통제장치와 CCTV 등을 연계시키는 경우, 현장대응능력과 출입자 통제 시 보다 확실한 신원을 확인할 수 있다는 장점이 있다. 따라서 앞으로 첨단 정보통신기술과 기계경비를 접목시켜 운영한다면, 경비영역측면에서도 보다 경제적이고 효율적인 경비활동이 이루어질 것이다.

10

사고예방 대책

Theories of Field Business for private Security

당신이 이 세상을 떠날 때는 당신 혼자 미소짓고, 당신
주위의 모든 사람이 울도록 그런 인생을 사십시오.
-김수경 추기경 글 중에서-

제10장
사고예방 대책

제1절 사고예방 대책

Ⅰ. 안전사고의 개념

1. 안전의 의의

안전(安全)이란, 위험이 생기거나 사고가 날 염려가 없는 상태를 말한다. 안전한 상태란 위험 원인이 없는 상태 또는 위험 원인이 있더라도 사람이 위해를 받는 일이 없도록 대책이 세워져 있고, 그러한 사실이 확인된 상태를 뜻한다. 단지 재해나 사고가 발생하지 않는 상태를 안전이라고는 할 수 없으며, 숨은 위험의 예측을 기초로 한 대책이 수립되어 있어야만 안전이라고 할 수 있다.[1]

반면, 사고란 '뜻밖에 일어난 나쁜 일'을 의미한다. 즉, 평소 예상하지 못했던 상황이 일어나면서 발생하는 다양한 위해 상황이라고 말할 수 있다.

2. 안전사고예방 대책의 의의

안전사고란 안전수칙을 지키지 않음으로써 일어나는 사고를 말하며, 안

---

1) 재난 및 안전관리 기본법 제2조 제1호.

전사고예방대책이란 각종 사고 등의 위해상황이 발생하는 것을 사전에 방지하기 위한 제반활동이라고 할 수 있다. 예컨대, 건설현장에서 작업 중 발생하는 안전사고를 방지하기 위하여 안전칸막이, 안전통로, 안전장치 등을 설치하거나, 넓게는 지구 환경을 파괴하지 않도록 대책을 세우는 것도 안전예방대책의 일환이다.

3. (안전)사고예방 대책의 의미

(안전)사고예방 대책이란 각종 사고 즉, 개인의 안전(신체·재산)을 위협하는 자연재난(태풍·홍수 등)과 사회적재난(화재·폭발·정전·테러 등)에 대한 발생을 사전에 방지하기 위한 제반활동이라고 할 수 있다. 이하에서는 다양한 재난을 중심으로 각종 사고와 그 예방책을 기술하였다.

「안전제일」이라는 용어의 유래

흔히 "안전제일"이라는 말이 있는데, 이는 당초 미국 US Steels사의 사훈 "생산 제일, 품질 제이, 안전 제삼"(…)을 1906년에 한 오너가 "안전 제일, 품질 제이, 생산 제삼"으로 바꾸면서 유명해졌다고 한다. 물론 오늘날의 관점에서 보면 기존 사훈은 터무니없는 것이지만 일부에서는 안전을 그나마 3대 요소 중 하나로 끼워줬다는 것 자체가 이미 그때 관점으로도 안전 이슈가 공장 내에 무시할 수 없을 만큼 대두되었던 것을 뜻하는 게 아니냐고 해석하기도 한다.2)

---

2) Petak, William J, Emergency Management: A Challenge for Public Administration. Public Administration Review 45, 1985, pp.3－7.

Ⅱ. 재난의 개념과 분류

1. 재난의 의의

1) 사전적 개념으로서의 재난은 날씨 등의 자연현상의 변화 또는 인위적인 사고로 인한 인명이나 재산의 피해를 말한다.

2) 「재난 및 안전관리 기본법」은 "재난"을 자연재난과 사회재난으로 크게 분류하고 있다. 자연재난은 국민의 생명·신체·재산과 국가에 피해를 주거나 줄 수 있는 것으로 태풍·홍수·호우·강풍·풍랑·해일·대설·한파·낙뢰·가뭄·폭염·지진·황사·조수(潮水)·화산활동·자연우주물체의 추락·충돌, 그 밖에 이에 준하는 자연현상으로 발생하는 재난을 자연재해로 보고 있다. 반면, 사회재난은 화재·붕괴·폭발·교통사고(항공사고 및 해상사고 포함)·화생방사고·환경오염사고·다중운집인파사고 등으로 인하여 발생하는 대통령령으로 정하는 규모 이상의 피해와 국가핵심기반의 마비, 감염병 또는 가축전염병의 확산, 미세먼지, 인공우주물체의 추락·충돌 등으로 인한 피해가 발생하는 것을 말한다(재난및안전관리기본법 제3조).

2. 재난의 분류

1) 자연재난

자연재난은 천재(天災)라고 하여 인재(人災)에 상대하여 이르는 말이다. 태풍·홍수·호우·강풍·풍랑·해일·대설·한파·폭염·지진·화산활동 등 자연현상으로 인하여 발생하는 재해를 말한다. 자연재난은 속성상 인위적으로 완전히 근절시킬 수 없는 불가항력적인 요소를 지니고 있다.

2) 사회재난

사회재난이란 인재(人災)라고 하여 천재(天災)에 대응하여 사용되는 말이다. 사회재난은 사회적인 규모에서 발생하는 대규모의 재난이나 위험상황을 가리키는 재해를 말하는데, 이는 개인이나 지역단위가 아닌 사회전체에 영향을 미치는 재난이나 위험요소를 의미한다. 예컨대, 1994년 서울의 성수대교 붕괴사고는 개인이나 가정 수준에서 대처할 수 없는 대형 사회재난이므로, 이러한 사회재난은 범정부적 차원에서 대응해야 하는 문제로 귀결된다.

3. 재난관리와 안전관리의 정의

재난 및 안전관리 기본법은 "재난관리"와 "안전관리"의 용어를 분명하게 구분하여 정의하고 있다(재난및안전관리기본법제3조). "재난관리"란 재난의 예방·대비·대응 및 복구를 위하는 모든 활동을 말한다. "재난관리"는 재난에 대한 예방 및 대비 → 대응 → 복구와 관련된 정책들을 개발하고 집행하여 피해를 최소화하려는데 주안점을 둔다.

반면 "안전관리"는 그 밖의 각종 사고로부터 사람의 생명·신체 및 재산의 안전을 확보하기 위하여 하는 모든 활동이라고 정의하고 있다. 따라서 "재난관리"는 재난예방과 재난 발생 시 사후대책에 중점을 두는 반면, "안전관리"는 사람의 안전에 중점을 두는 활동이라고 볼 수 있다.

┌─ 제2절 재난의 종류와 대응방법

Ⅰ. 서설

자연재해·안전사고·비상사태는 그것들의 발생 가능성을 낮추려는 노력에도 불구하고 일어날 수 있다. 따라서 경비원들은 이러한 재난에 효과적으로 대응할 수 있는 사전적 지식과 대응방법 등을 숙지해 둘 필요가 있다.

Ⅱ. 자연재난과 대응방법

자연재난에 대한 행동요령 등은 행정안전부 국민재난 안전포털 내용을 그대로 인용하였음을 밝혀둔다.[3]

1. 태풍

태풍은 적도 부근에서 발생한 열대성 저기압 중에서 중심 최대풍속이 17m/s 이상(57.8km/h)되는 열대성 폭풍을 말하며, 강풍을 동반한 태풍인 경우 그 피해는 상상하지 못할 정도로 심각하다. 태풍 피해는 미리 대비하면 크게 줄일 수 있다.

1) 태풍 예보시

TV·라디오·스마트폰 등에서 태풍이 예보된 때에는 거주지역에 영향을 주는 시기를 미리 파악하여 이웃과 정보를 공유하면서 어떻게 대피할지 대응책을 강구하여야 한다.

---

3) 행정안전부 국민재난 안전포털 http://www.safekorea.go.kr

(1) 태풍의 진로 및 도달시간 파악

TV·라디오·스마트폰 등으로 기상상황을 사전에 파악하여(태풍의 진로 및 도달시간) 어떻게 할지를 준비한다.

(2) 주택·차량·시설물 등의 보호를 위한 조치

① 바람에 날아갈 위험이 있는 지붕·간판 등은 미리 결박하고, 창문은 창틀에 단단하게 고정한다.

② 침수가 예상되는 아파트 지하주차장·건물 등은 모래주머니·물막이판 등을 이용하여 침수를 예방할 수 있도록 준비한다.

③ 가정의 하수구나 집 주변의 배수를 미리 점검하고 막힌 곳은 뚫는다.

④ 하천이나 해변·저지대에 주차된 차량은 안전한 곳으로 이동한다.

⑤ 지역주민과 함께 공사장·축대·옹벽 등을 미리 점검한다.

(3) 비상용품 등 준비

응급용품·정전에 대비한 랜턴(손전등)·식수·비상식량 등의 생필품을 미리 준비한다.

2) 태풍 특보 중

(1) 외출 자제 및 지속적 정보 청취

가족·지인·이웃과 위험정보 등을 공유하고, 하천이나 해안가 등 급류에 휩쓸리는 지역이나 침수 위험지역에는 접근하지 말아야 한다.

(2) 건물·집안 등 실내에서의 안전수칙 준수

① 건물의 출입문·창문을 닫아서 파손되지 않도록 하고 창문이나 유리문에서 되도록 떨어져 있도록 한다. 특히 강풍이 불 경우에는 강풍으로 인한 피해가 발생하지 않도록 창문이 없는 방이나 집안의 제일 안쪽으로 이동하는 것이 안전하다.

② 감전 위험이 있는 집 안팎의 전기시설은 만지지 않도록 하고, 정전이 발생한 경우 양초를 사용하지 말고 랜턴·휴대폰 등을 사용한다.

(3) 위험지역 접근 금지·안전지역으로 대피

① 상습침수지역·저지대에 거주하는 경우 즉시 안전한 지역으로 대피하고, 공사장·전신주·지하 공간 등 위험지역에는 접근하지 않아야 한다.

② 건물의 간판 및 위험시설물 주변으로 걸어가거나 접근하지 않아야 하며, 천둥·번개가 칠 경우 건물 안이나 낮은 곳으로 대피한다.

3) 태풍 이후

(1) 태풍이 지나간 이후에는 파손된 시설물(주택·상하수도·축대·도로 등)은 가까운 시·군·구청이나 행정복지센터(주민센터)에 신고하는 한편, 파손된 사유시설을 보수 또는 복구할 때는 반드시 사진을 찍어 두어야 한다.

(2) 침수된 주택은 가스와 전기차단기가 내려가 있는지 확인하고, 한국가스 안전공사(1544 – 4500) 또는 전문가의 안전점검 후에 사용해야 한다.

(3) 태풍으로 피해를 입은 주택 등은 가스가 누출될 수 있으므로 창문을 열어 충분히 환기하고, 성냥불이나 라이터는 환기 전까지 사용하지 않아야 한다.

주요기관 연락처

- 위기상황, 긴급상황시 신고전화 ┌ 재난신고119, 범죄신고112, 민원상담110
  └ 행정안전부 중앙재난 안전상황실 044)205 – 1542~3

- 행정안전부 국민행동요령, 임시주거시설 등 안내
  – 행정안전부 홈페이지 http://www.mois.go.kr
  – 행정안전부 국민재난 안전포털 http://www.safekorea.go.kr

2. 호우

호우는 하천 범람·산사태·침수 등을 통해 인명피해와 재산피해를 발생시킬 수 있다.

1) 호우특보 예보시

태풍 예보시와 마찬가지로 호우특보가 예보된 때에는 호우 예보지역과 시간 등을 이웃과 정보를 공유하고 의논하여 이에 대비하여야 한다.

(1) 산간계곡·하천·방파제 등에서 야영이나 물놀이를 멈추고 안전한 곳으로 대피하고, 저지대나 상습침체지역·산사태 위험지역·지하 공간이나 노후주택·건물 등에서 안전한 곳으로 이동해야 한다.

(2) 하천이나 해변·저지대에 주차된 차량은 안전한 곳으로 이동시키고, 주택의 하수구와 집 주변의 배수구를 미리 점검하고 배수구를 뚫어야 한다.

(3) 침수가 예상되는 아파트 지하주차장·건물 등에서는 모래주머니와 물막이 판 등을 이용하여 피해를 예방하여야 하며, 공사장·주변의 배수로·비탈면·옹벽·축대 등은 미리 점검하여야 한다.

(4) 응급약품·손전등·식수·비상식량 등을 미리 준비해 두고, 침수시 피난 가능한 장소를 행정복지센터나 시·군·구청에 연락하여 알아둔다.

(5) 감전위험이 있는 전기시설은 만지지 않아야 하며, 특히 천둥·번개가 칠 경우 건물 안이나 낮은 지역으로 대피한다.

2) 호우 이후

(1) 호우가 지나간 이후에는 파손된 시설물(주택·상하수도·축대·도로 등)이 있을 경우에는 가까운 시·군·구청이나 행정복지센터에 신고를 하고, 특

히 파손된 사유시설을 보수 또는 복구할 때는 반드시 사진을 찍어 두어야 한다.

(2) 수돗물이나 저장되었던 식수는 오염 여부를 확인 후에 사용하고, 침수된 음식이나 재료는 식중독의 위험이 있으므로 사용하지 않아야 한다.

(3) 호우로 피해를 입은 주택 등은 가스가 누출될 수 있으므로 창문을 열어 충분히 환기하고, 성냥불이나 라이터는 환기 전까지 사용하지 않아야 한다.

(4) 호우에 관한 주요기관 연락처는 태풍의 경우와 동일하다.

3. 폭염

폭염은 열사병·열경련 등의 온열질환을 유발할 수 있으며, 심하면 사망에 이르게 된다. 뿐만 아니라 가축·수산물 폐사 등의 재산 피해와 여름철 전력 급증 등으로 생활의 불편을 초래하기도 한다. 더위가 잦은 여름에는 다음 사항을 숙지하여 피해를 사전에 예방할 수 있도록 미리 준비하여야 한다.

1) 폭염 발생시

TV·라디오·인터넷 등에서 폭염이 예보된 때에는 최대한 야외활동을 자제하고, 시설 내 거주하는 독거노인 등 건강이 염려되는 분들의 안부를 확인해야 한다.

(1) 일반 가정

① 야외활동을 최대한 자제하고, 외출이 꼭 필요한 경우에는 창이 넓은 모자와 가벼운 옷차림을 하고 물병을 반드시 휴대하여야 한다.

② 물을 많이 마시고 카페인이 들어간 음류나 주류는 마시지 않도록 하고, 냉방이 되지 않는 실내에서는 햇볕을 가리고 맞바람이 불도록 환기를 하여야 한다.

③ 현기증·메스꺼움·두통·근육경련 등의 증세가 보이는 경우에는 시원한 곳으로 이동하여 휴식을 취하고 시원한 음료를 천천히 마시도록 한다.

(2) 직장

① 휴식시간은 장시간 한 번에 쉬기보다는 짧게 자주 가지도록 하는 것이 좋고, 야외행사·스포츠 경기 등 각종 외부행사는 자제하는 것이 바람직하다.

② 냉방이 되지 않는 실내에서는 햇볕이 실내에 들어오지 않도록 하고, 환기가 잘 되도록 선풍기를 켜고 창문이나 출입문을 열어둔다.

③ 건설현장 등 실외 작업장에서는 폭염안전수칙(물·휴식 등)을 항상 준수하고, 특히 취약시간(오후 2~5시)에는 '무더위 휴식시간제'를 적극 시행하도록 한다.

④ 식중독·장티프스·뇌염 등의 질병예방을 위해 현장사무실·숙소·식당 등의 청결 관리 및 소독을 실시하도록 한다.

(3) 무더위 쉼터 이용

외부에 외출 중인 경우나 자택에 냉방기가 설치되어 있지 않은 경우, 가장 더운 시간에는 인근 무더위 쉼터로 이동하여 더위를 피한다. 무더위 쉼터는 안전디딤돌 앱, 시군구 홈페이지 등에서 확인하여 평소에 위치를 알아둘 필요가 있다.

(4) 폭염과 관련된 주요기관 연락처는 태풍·호우 등의 경우와 동일하다.

2) 폭염에 대한 특보기준과 응급상황시 대처요령

▶ 폭염특보

종류	주의보	경보
폭염	일 최고 기온 33℃ 이상인 상태가 2일 이상 지속될 것으로 예상될 때	일 최고 기온 35℃ 이상인 상태가 2일 이상 지속될 것으로 예상될 때

▶ 더위 질병 상식

종류	증상	자체대처요령
땀띠	땀을 많이 흘러 피부에 붉은색이나 무색의 좁쌀 같은 발진이 생기는 것을 말한다. 긁으면 땀구멍이 막혀서 피부상태가 나빠지고 화상이나 습진으로 악화될 수 있다.	일단 환자를 시원한 곳으로 옮기고, 땀에 젖은 옷을 마른 옷으로 갈아 입히고 상처부위를 잘 닦아 주어야 한다.
열경련	몸에 필요한 수분과 염분이 부족해서 생기는 것으로, 주로 근육 중심으로 경련이 일어나는 증상이다. 심하면 현기증과 구토를 유발한다.	환자를 그늘에서 쉬게 하고 소금을 물에 녹여 섭취하게 해 주어야 한다. 의사의 진료에 따라 조치한다.
열사병	고온다습한 환경에서 몸의 열이 발산하지 못하여 생기는 병으로, 높은 온도와 습도에 방치되거나 바람이 통하지 않는 뜨거운 방에 오래 있을 경우 발생될 수 있다. 열사병이 생기면 얼굴이 창백해지고 식은땀이 나며, 현기증이나 순간적으로 정신착란을 일으킬 수 있다.	즉시 119에 신고하고 환자를 그늘로 옮겨 겉옷을 벗기고, 미지근한 물로 몸을 적셔 체온이 내려가도록 한 후 의사, 의료기관 등의 지시에 따른다.
물열증	태양열 아래 오래 노출되었을 경우 체온은 매우 높지만 땀이 나지 않는 상태가 되고, 두통과 구토 증세를 동반하며 심할 경우 의식을 잃을 수 있다.	그늘로 옮겨 겉옷을 벗기고 미지근한 물로 옷을 적셔 물이 증발하며 체온을 낮출 수 있다. 의식이 있을 경우 물을 주고, 체온이 돌아오면 옷이나 담요로 몸을 따뜻하게 하여 냉기를 없애준다.
화상	태양열로 인해서 피부가 그을리거나 수포까지 발생할 수 있다. 신체의 3분의 2 이상이 화상을 입으면 생명이 위험할 수 있다.	그늘로 환자를 이동시켜 햇빛에 노출되지 않게 하고, 피부에 수포가 생긴 경우에는 거즈를 이용하여 덮어 주되 세균 감염 위험이 있으므로 수포를 터트려서는 안 된다.

4. 산사태

산사태는 여름철 태풍 또는 집중호우시 발생하여 인명과 재산에 막대한 피해를 주기 때문에, 이에 대한 사전지식과 산사태 대처 요령 등에 대하여 숙지해 둘 필요가 있다.

1) 산사태 징후

(1) 바람이 불지 않는데도 나무가 흔들리거나 넘어지고, 산울림이나 땅울림이 들리는 경우,

(2) 경사면에서 갑자기 많은 양의 물이 샘솟거나, 땅·포장도로·인도에 균열이 생기거나 비정상적으로 부풀어 오르는 경우,

(3) 수도관이나 땅속에 매설된 시설물에 균열이 발생하거나, 전신주·나무·벽·울타리 등이 기울어지는 경우,

(4) 계단이나 테라스 등과 같은 부속구조물이 떨어지거나 기울어질 때, 또 문이나 창문이 뻑뻑하거나 문설주·틀이 눈에 띄게 비틀어지는 경우 등의 현상이 일어난다.

2) 산사태 대처요령

(1) 방송·인터넷·모바일 등을 통해 기상예보 및 위험상황을 지속적으로 확인하여야 한다.

(2) 대피 경보가 발령되면 대피장소나 마을회관·학교 등 산지로부터 멀어지는 쪽으로 뛰어 대피하도록 한다.

(3) 산사태는 상부에서 하부로 발생하기 때문에, 대피 시 산사태 발생 방향과 수직방향의 가장 가까운 높은 곳으로 이동하여야 한다.

(4) 산사태 발생상황을 확인한 경우 즉시 신고하고 인명피해가 우려될 경우, 119 또는 1688-3119(산림항공구조대)로 구조를 요청한다.

5. 지진

1) 의의

지진은 지각의 지층이 어긋나면서 에너지가 한꺼번에 뿜어져 나오는 힘으로 땅이 흔들리는 현상을 말한다.[4] 지진의 대부분은 판과 판이 만나는 부분에서 일어나는데, 이렇게 지진이 많이 일어나는 곳을 '지진대'라고 부른다. 지구에서 일어나는 지진의 대부분은 태평양 주변의 땅 밑에서 일어나는데,[5] 이곳을 '환태평양지진대'라고 부른다.

2) 지진의 종류와 원인

지진의 원인은 자연적 원인과 인공적 원인으로 구분할 수 있다.

(1) 자연적 지진

자연적 지진은 지질학적 움직임에 따라 판구조의 이동·화산 활동 등으로 인한 자연발생적 지진을 말한다.

(2) 인공적 지진

인공적 지진은 지하수 개발·저수지·인공적 폭발·대형건물 붕괴 등 인간의 활동으로 인해 발생되는 지진을 말한다.

---

4) 나무젓가락을 부러뜨릴 때 양 끝을 잡고 힘을 주면 처음에는 나무젓가락이 휘어지다가 어느 순간 우두둑 소리를 내며 부러진다. 이때 우두둑 하는 소리가 들리는 이유는 나무젓가락에 쌓인 에너지가 갑자기 공기 중으로 나오면서 소리가 나는 것인데, 지진은 이와 같은 현상으로 간단하게 설명할 수 있다.

5) '환태평양지진대'는 태평양 주변의 땅 밑에는 화산이 띠 모양으로 화산대가 거의 겹쳐 있기 때문이다.

3) 지진의 규모

지진의 규모는 3.5~8.1 이상으로, 그 강도에 따라 피해 정도가 심각하다.

(1) 3.5는 지진계나 민감한 동물만이 느끼며, 4.5는 실내에서 진동을 느끼며 정지한 차가 흔들린다.

(2) 5.4는 나무가 흔들리고 의자가 넘어지는 등, 일반적인 피해를 초래한다.

(3) 6.5는 굴뚝·기둥이나 약한 벽이 무너지고, 6.9는 집이 무너진다.

(4) 7.3은 많은 빌딩이 파괴되고 철도가 휘고, 8.1 이상은 천재지변으로 완전히 주변이 무너진다.

4) 지진대처 요령

(1) 집안에서 지진을 느꼈을 경우

① 테이블·침대 밑에 숨어 테이블이나 침대 다리를 꼭 잡거나, 화장실이나 목욕탕으로 대피하는 것이 비교적 안전하다.

② 천장이나 선반에 떨어지는 물건에 머리를 다칠 수도 있으므로, 테이블 등이 없을 경우에는 방석 등으로 머리부터 보호해야 한다. 즉, 지진이 일어나는 경우 발 밑이 아니라 머리 위를 조심해야 한다.

③ 지진이 한창 일어나는 동안에는 밖으로 나가려고 섣불리 움직이지 말아야 한다. 지진이 일어나는 동안에는 건물간판이나 고층의 유리창이 떨어지는 등 밖으로 나가는 도중 낙하물에 다칠 위험이 크다. 지진이 멎은 후 공터나 운동장6) 등의 대피소로 이동하는 것이 좋다.

④ 지진이 발생했을 때 초기 소화가 중요하다. 작은 지진이라도 즉시 불

---

6) 넓은 운동장은 대체로 지진에 안전하다고 볼 수 있다.

을 끄는 습관이 몸에 베어 있어야 한다. 특히 대지진이 발생했을 때에는 소방차에 의한 화재진압이 어려울 수 있으므로, 개개인의 노력으로 화재피해를 줄일 수밖에 없다. 화재피해를 줄일 수 있는 방법은 아래와 같다.

 ㉠ 지진발생시 크게 흔들리기 전, 작은 흔들림을 느끼는 순간에 즉시 "지진이다. 불을 꺼라"고 소리쳐서 사용 중인 가스레인지·난로 등의 불을 끈다.

 ㉡ 이 기회를 놓쳤다면 두 번째로 큰 흔들림이 멈춘 후 "또 불을 꺼라"고 소리쳐서 불을 끈다.

 ㉢ 마지막으로 발화된 직후에도 1~2분 이내에 소화한다면 큰 위험을 막을 수 있다. 이를 대비해 소화기 등을 근처에 항상 비치해 둔다.

(2) 고층건물 등 빌딩 안에 있을 경우

 ① 아무리 높은 건물이라도 지진이나 화재 발생 시에는 엘리베이터를 이용하는 것은 금물이며, 비상계단을 이용해야 한다.

 ② 건물 안에 지진이 발생할 경우 책상·탁자 등의 밑으로 들어가 머리를 보호하는 것이 안전하다.

(3) 엘리베이터를 타고 있을 때

 ① 엘리베이터를 타고 안에 있다면 현재에서 가장 가까운 층을 시작으로 전체 층의 버튼을 누르고, 문이 열리면 빠르게 엘리베이터 밖으로 대피한다.

 ② 엘리베이터 안에 갇혔을 때에는 침착하게 인터폰으로 구조를 요청한다.

(4) 피난하는 경우

대피할 때에는 관계 공무원이나 경찰관 등의 안내에 따르고, 최소한의 소지품만을 지니고 자동차를 이용하지 않고 걸어서 가도록 한다.

Ⅲ. 사회재난

사회재난은 사회적 요소나 시스템의 문제로 인해 발생하는 재난으로, 사회구조·경제·문화·환경 등 다양한 영역에서 발생할 수 있다. 이하에서는 사회재난 중 화재와 테러에 한정하여 기술하였다.

1. 화재

1) 의의

화재란 인간이 의도하지 않은 또는 고의로 불을 낸 것을 의미하며, 소화시설을 이용해 끌 필요가 있는 화학적인 폭발현상을 말한다. 화재는 원인에 따라 방화·실화·자연발화·천재지변에 의한 발화·기타의 다섯 종류로 구분되고, 소실정도에 따라 전소·반소·부분연소로 분류할 수 있다.

2) 연소

(1) 의의

연소라 함은 산소가 다른 물질과 빠른 속도로 반응하여 열과 빛을 내는 현상을 말한다.[7] 즉, 공기(산화제) 중에 타는 것(가연물)에 불을 붙이면(점화원) 발열, 발광, 화학반응(산화반응)[8] 현상이 동시에 지속적으로 일어나는 것을 의미한다.

---

7) Richard Saferstein 저, 박성우·홍성욱 역, 「수사와 과학」, 서울: 한림원, 2005, p.287.
8) 산화반응이라 함은 산소가 다른 물질과 반응하여 새로운 물질을 만드는 것을 말한다.

(2) 불(연소)의 3요소 및 소화방법

① 불은 가연물(연료), 산소(공기), 점화원(열) 등 3가지 요소가 동시에 있어야만 연소가 이루어지는데, 이를 '연소의 3요소'라고 한다.

② 불을 끄는 데는 가연물·산소원·점화원 중 한 가지를 제거하면 연소를 막을 수 있다.

구분	내용	소화 방법
가연물 (연료)	• 불에 탈 수 있는 물질을 말하며, 이는 고체(종이·목재·고무 등), 액체(가솔린·경유·알코올 등), 기체(액화석유가스(LPG) 등)의 3가지로 구분된다.	• 제거소화법(가연물 제거) – 연소 확대시, 중간 가연물을 파괴하거나 산불시 맞불 등을 놓는 방법이 주로 사용된다.
산소 (공기)	• 가연물(물질)이 열을 받아 타려면 산소가 있어야 하며 (산화반응), 산소가 없으면 불이 일어나지 않는다. • 가연물이 연소하기 위하여 필요로 하는 최소 산소농도는 약 15% 정도이다.	• 질식소화법(산소차단) – 질식소화법은 산소를 차단하여 연소반응을 저해하는 방법이다. – 소화기·모래 등이 사용된다.
점화원 (열)	• 가연물이 연소하기 위해서는 가연물과 산소를 반응시킬 수 있는 에너지(불씨) 등이 필요하다. 즉, 연소반응을 일으킬 수 있는 최소의 에너지(라이터·담뱃재·전기 등) 등을 말한다.	• 냉각소화법 – 냉각소화법은 점화 에너지를 차단하여 소화하는 방법이다. – 물이나 이산화탄소(CO_2) 소화기를 사용한다.

(3) 소화기

소화기는 극히 초기단계에서 소화제가 갖는 냉각 또는 공기차단 등의 효과를 이용해서 불을 끄는 기구를 말한다. 소화기 종류와 소화기 사용법에 대해서는 제7장 장비사용법에서 이미 기술하였기 때문에, 여기서는 생략하였다.

3) 화재 대처방안

(1) 화재 경보가 울릴 때

① 비상소집을 한다.

자고 있을 때 화재 경보가 울리면 불이 났는지 확인하기보다는 소리를 질러 모든 사람들을 깨우고 모이게 한 후 대처방안에 따라 밖으로 대피한다.

② 대피방법을 결정한다.

㉠ 방문을 열기 전에 출입문 손잡이를 만져 보고 손잡이가 따뜻하거나 뜨거우면 문반대쪽에 불이 난 것이므로, 문을 열지 말고 다른 길을 찾아야 한다.

㉡ 연기가 들어오는 방향과 출입문 손잡이를 만져 본 후 상황을 판단하여 계단으로 나갈지 창문으로 구조를 요청할지 결정한다.

③ 신속히 대피한다.

대피할 때는 엘리베이터를 절대 이용하지 않고 계단을 통하여 지상으로 안전하게 대피한다.

④ 대피 후 인원을 확인해야 한다.

놀이터 등 사전에 약속한 곳으로 대피한 후 인원을 확인하고, 주변에 보이지 않는 사람이 있다면 출동한 소방관에게 알려주어야 한다.

(2) 불을 발견했을 때

① 화재를 발견한 최초 발견자는 '불이야'라고 크게 소리치거나, 화재경보 비상벨을 눌러 주변에 알리도록 한다.

② 불길이 천장에 닿지 않은 작은 불이라면 소화기나 물양동이 등을 활용하여 신속히 끄도록 한다.

③ 불길이 커져서 대피해야 할 경우 젖은 수건 또는 담요를 활용하여

계단을 통해 밖으로 대피한다.

④ 아래층으로 대피가 불가능한 때에는 옥상으로 대피한다.

(3) 119에 화재신고

① 침착하게 119번을 누르고 불이 난 것을 신고하고, 화재의 내용을 간단·명료하게 설명한다.

② 소방서에서 알겠다고 할 때까지 전화를 끊지 않는다. 휴대전화의 경우 사용 제한된 전화나 개통이 안 된 전화도 긴급신고가 가능하다.

(4) 화재진압

① 화재 규모가 작거나, 석유난로 등에 의한 화재일 때는 담요나 이불을 뒤집어 씌운다.

② 전기 스위치를 내려야 하며(분전반·차단기 등), 가스화재인 경우에는 용기의 밸브를 잠가야 한다.

③ ①, ②와 같은 기본적 조치가 완료된 후에 소화기 또는 소화전을 활용하는 것이 바람직스럽다.

④ 옷에 불이 붙었을 때

㉠ 옷에 불이 붙었을 때는 하던 일을 멈추고,

㉡ 얼굴(눈, 코, 입)에 화상을 입지 않도록 두 손으로 감싸고,

㉢ 바닥에 엎드린 후,

㉣ 몸을 뒹굴어서 불이 꺼지도록 한다.

⑤ 화재진압시 주의할 점은 기름 종류 화재인 경우 물을 사용하면 화재가 확대된다는 점에 유의하여야 하며, 또 전원이 연결된 기구에 물을 뿌리면 감전사 할 위험이 발생한다는 점도 염두에 두어야 한다.

▶ 옷에 불이 붙었을 때

| 1 멈춘다 | 2 눈과 코와 입 보호 | 3 엎드린다 | 4 뒹군다 |

4) 화상과 화상응급조치

(1) 화상의 의의

화상이란 불에 덴 상처를 말하며 고열이 피부에 작용하여 일어나는 국소적 및 온몸적 장애를 말한다. 화상은 온몸이 3분의 1 정도에 3도 화상을 입으면 약 50%가 사망한다.

(2) 화상의 4단계

① 1도화상: 표피에만 국한된 것을 말하며 물집은 형성되지 않으나 표피가 벗겨질 수 있다. 홍반성 화상이라고 한다. 특별한 약물의 사용여부에 관계없이 국소연고제만으로 효과가 있다.

② 2도화상: 진피 손상이 있으며, 진피 손상 깊이에 따라 얕은 2도와 깊은 2도로 나뉜다.

㉠ 얕은2도화상

홍반을 동반하고 아프며, 접촉에 벗겨지고 종종 물집이 생긴다. 1~2주 내에 치유되나, 치유 이후에 오랫동안 연한 변색이 나타나게 된다.

㉡ 중간2도 화상

표피와 진피의 3분의 1을 완전포함하여 중간 정도의 진피손상을 입는다. 2~3주의 치료기간이 필요하다.

ⓒ 깊은2도 화상

진피망상층 일부까지 손상되며, 대부분의 진피 3분의 2까지 화상을 입는다. 가피제거위해 수술적 시술을 요할 수도 있고, 심한 반흔이 생긴다.

③ 3도화상

표피와 진피 이외에 피하 지방층까지 손상이 파급되며, 괴사성 화상이라고 한다. 물집을 형성하지 않으며, 치유되면 심한 흉터가 남는다.

④ 4도화상

피부 및 그 하방의 조직이 탄화되는 것을 말하며, 피부 속까지 완전 타버린다.

(3) 화상 응급처지

① 화상이 진행되는 과정을 우선 멈추게 한다.
② 화상입은 부위를 시원한 물로 세척한다.
③ 화상부위로부터 모든 의복을 제거한다.
④ 깨끗하고 마른 옷이나 수건으로 덮어준다.
⑤ 화상전문병원으로 이송한다.

2. 테러 예방(테러 대응요령)

1) 테러의 개념

테러에 대한 보편적으로 일치된 정의는 없지만, 테러는 '국가 이하 규모의 집단 또는 비밀조직원이 비전투원을 표적으로 사전에 모의하고 정치적으로 동기화된 폭력을 저지르는 것'이라고 보는 미국 CIA의 정의가 널리 받아들여지고 있다.[9]

---

9) Graham Davis, Anthoy Beech 공저, 이봉건·이철원 공역, 「범죄수사 심리학」, 서울: 학지사, 2017, p.312.

2) 테러 대상의 다양화와 테러의 유형

(1) 테러의 다양화

오늘날 테러위협이 세계 곳곳으로 확산되면서 테러 대상과 테러 유형이 다양화되어 가고 있다. 과거에는 테러위협의 대상이 항공기나 선박납치, 그리고 각국의 주요 인사 및 외교관 등 특정 보호인물들에 한정되어 있었으나 지금은 불특정 다수인 일반시민과 민간시설(다중이용시설) 등에 대한 테러로 그 목표물이 확대되어 가고 있다. 따라서 일반시민이나 다중이용시설 등도 언제든지 테러의 대상이 될 수 있다는 점을 명심하여야 한다.

(2) 테러유형

테러는 주로 폭발물·총격테러·암살·인질납치·생물테러·화학테러·방사능테러·우편물테러 등의 형태로 행하여지고 있다.

3) 테러 대응요령

(1) 폭파위협 전화를 받았을 경우[10]

폭파위협 전화를 받았을 경우에는 다음과 같은 조치를 취하여야 한다.

① 즉시 상급자에게 보고하되 타인에게 일체 발설하지 않아야 하며, 장난전화일 것이라고 섣불리 무시하거나 묵살하지 않도록 해야 한다.

② 협박범의 성별·목소리 특성·억양·소음 등에도 주의를 기울이는 한편, 가능한 한 통화를 지연시켜 여러 가지 정보를 얻도록 노력하고, 협박범이 말한 내용을 하나도 빼지 말고 기록해 두어야 한다.

③ 경찰이 도착했을 경우 접수일시·협박내용·협박범의 특징 등 관련 정보를 최대한 지원하여야 한다.

---

10) 국가정보원, 「테러, 이럴 때 이렇게 하세요」, 2004, pp.9-23.

(2) 폭발물이 발견된 현장

① 폭탄으로 추정되는 물건이 발견될 시에는 경찰에 신고한 후 주변 사람들에게 알리면서 폭탄이 발견된 반대방향으로 즉시 대피하되, 엘리베이터는 절대 이용하지 말아야 한다.

② 휴대전화·라디오 등은 전자파가 기폭장치를 작동시킬 수 있으므로, 사용하지 않아야 한다.

③ 밖으로 빠져 나온 후에는 안전거리(붕괴: 건물높이 이상, 폭발: 500m 이상) 밖으로 대피한다.

④ 대피경로에는 제2의 폭발물을 설치할 수도 있으므로, 주변에 의심스러운 물체가 있는지를 확인한다.

⑤ 폭발음이 바로 옆에서 들리면 즉시 바닥에 엎드린 후 몇 분 정도 시간이 지나면 되도록 멀리, 큰 길의 한가운데 등 개활지 쪽으로 피한다.

(3) 총격현장

① 총격현장에서는 즉시 바닥에 엎드리거나 자세를 낮추어 몸을 숨길 수 있는 곳으로 이동해야 하고, 안전한 장소로 피한다고 갑자기 일어나 뛰면 표적이 될 수도 있다.

② 경찰·특수경비원의 대응사격에 방해가 되지 않도록 경찰·특수경비원의 지시에 따라야 한다.

(4) 생물테러 의심 물질이 발견된 현장

생물테러[11] 의심 물질이 발견된 현장에서는 ① 건드리지 말고 그대로 두면서 112, 1337로 신고하고, ② 손수건 또는 휴지를 여러 장 이용하여 입과코를 가리고 현장을 즉시 벗어나야 하며, ③ 현장을 벗어난 다음 손과 몸

---

11) 생물테러란 바이러스·세균·곰팡이 또는 생물체로부터의 독소 등을 사람·동물·식물을 죽이기 위해 의도적으로 또는 위협하기 위해 사용하는 것을 말한다.

을 비누로 씻고 옷을 갈아 입는다.

(5) 폭발현장

폭발현장에서는 ① 신체를 보호하기 위해서 즉시 바닥에 엎드려 양팔과 팔꿈치를 옆구리에 붙이고 손으로 귀와 머리를 감싸고, ② 2차폭발이 있을 수 있으므로 미리 일어나지 말고 이동할 필요가 있을 때에는 엎드린 자세로 이동하며, ③ 강당·로비 등 간격이 넓은 곳은 붕괴위험이 높으므로 이런 곳에서 벗어난다. ④ 유리·간판·전등 등의 비산, 낙하물이 없을 만한 곳이나 책상 등의 아래에 피신하고, 특히 휴대전화를 켜 놓아 붕괴·매몰 시 자신의 위치가 알려질 수 있도록 한다.

(6) 화학물질이 유포된 현장(화학테러)

① 주요 증상

화학테러의 경우[12] 신체적인 증상으로는 눈물·근육경련·피부가 화끈거림·호흡곤란·균형감각이 상실되고, 주변에는 동물·조류 등의 죽음, 나뭇잎 변화 및 나무고사 등의 현상이 보인다.

② 화학물질이 유포된 현장에서는 다음과 같은 조치를 취하여야 한다.

㉠ 즉시 방독면을 찾아 착용하거나 손수건 등으로 입과 코를 가리고, 단시간 내 오염지역에서 벗어나는 것이 중요하다.

㉡ 오염지역 내에 있을 때에는 바람이 불어오는 방향 또는 옆방향으로 신속하게 대피한다.

㉢ 오염지역을 통과하지 않고 건물에서 나올 수 없거나 맑은 공기를 마실 수 없는 경우에는 가능하다면 오염물질에서 멀리 떨어지거나 대피소로 이동한다. 대피소에 들어가서는 창문을 잠그고 에어컨·히터·환풍장치를 꺼야 한다.

---

12) 화학테러는 대량으로 사람과 동물을 살상하기 위한 유해성 화학물질을 누출·살포 또는 이를 이용한 위험을 말한다.

ⓔ 오염지역을 벗어난 경우 맑은 공기를 찾아 호흡하거나 샤워를 하고
옷을 갈아 입는다.

ⓜ 구토·피부의 변화 등 몸이 이상한 경우 화학물질에 노출되었다고 판
단하고 전문의에게 진료를 받아야 한다.

(7) 방사능 물질이 유포된 현장

방사능테러가 발생하였다면, ① 방독면을 쓰거나 코와 입을 손수건 또
는 휴지로 가리고 주변 사람들과 함께 오염되지 않은 곳으로 대피한다.

② 건물 안에 위치하였을 경우에는 건물이 방사능에 오염되었는지를 확
인하고, 오염되지 않았다면 외부로 나오지 말고 실내에 있는 것이 좋다.

③ 건물이 방사능 유출 경고가 있을 경우 코와 입을 손수건 등으로 가
리고, 외부로 나와 오염되지 않은 건물이나 대피소로 피신한다. 건물이나 대
피소로 피신한 경우에는 창문을 잠그고 에어컨·환풍기 등을 모두 끈다.

④ 방사능 물질에 노출되었다고 판단되면 신속하게 옷을 벗고 온몸을
비누로 깨끗이 씻는다.

(8) 우편물 테러 대처방안

서신이나 소포 속에 폭발물 혹은 치명적인 화약약품을 넣어 수취인이
이를 개봉하는 순간에 폭발 혹은 독가스의 누출을 유발하도록 하는 수법은
근대에 널리 유행되고 있는 테러의 유형이다. 검사를 거치지 않는 일체의
우편물은 일단 그 속에 폭약이나 화약약품이 들어 있을 수 있다고 간주하여
야 한다. 그리고 검사단계에서 일단 의심의 여지가 있다고 보이는 우편물에
대해서는 절대로 개봉을 하거나 물리적인 힘을 가해서는 안 되며, 즉시 경
찰에 연락을 취하여야 한다.13)

---

13) 이황우, 「테러리즘」, 서울: 법문사, 2010, pp.101-102.

① 우편물이 외형상 수상한 흔적이 보이는 경우

㉠ 알지 못하는 사람이 보낸 우편물로 발신인의 주소가 없는 경우,

㉡ 인편으로 직접 배달되거나 발송자나 소인이 없는 우편물,

㉢ 발신인의 이름이나 주소를 신문 혹은 잡지에서 오려서 붙은 경우,

㉣ 수취인이 불명확하거나, 테이프·포장·줄 등을 과다 사용하여 봉인한 경우 등은 일단 의심을 품어야 한다.

② 폭발물이 들어 있다고 간주되는 우편물

㉠ 내용물의 두께(우편물 크기)에 비하여 중량이 무겁게 느껴지는 것

㉡ 외부(포장지)에 기름자국이나 얼룩반점이 묻어 있는 것(폭약은 대개 습기에 젖어 있으므로)

㉢ 우편물에서 아몬드(almond) 냄새 같은 것이 느껴지는 것

㉣ 우편물을 만졌을 때의 촉감이 점토흙이나 접착제처럼 느껴지는 것

㉤ 속에 든 내용물이 한쪽으로 기울어져 있거나 중량이 한쪽에 치중되어 있는 것

㉥ 머리카락 모양의 스프링이나 동전 모양의 장치가 외부로 노출되어 있는 것 등은 폭발물이 들어 있다고 간주해야 한다.[14]

③ 생물테러 물질이 들어 있다고 간주되는 우편물

가루가 만져지는 우편물(포장지에 백색 가루 흔적 등 발견)이나, 가루가 새지 않게 비닐 등으로 이중 포장된 우편물은 일단은 생물테러 물질이라고 간주하고 즉시 경찰에 연락을 하여야 한다.

---

14) Nell C, Livingston, op, cit, p.217.

제3절 경비원의 자체사고

Ⅰ. 서설

자체사고란 경비원 근무수칙의 일탈, 사기의 저하, 근무체제의 불합리 등이 근본적 원인이 되어 경비원 자신들이 각종 사고를 발생시키는 것을 말한다. 경비원의 자체사고의 종류는 다양하지만, 본서(本書)에서는 성범죄, 절도, 폭행 등에 한정하여 기술하였다.

Ⅱ. 성범죄

1. 개념

성범죄는 성(性)과 관련된 범죄들을 말한다. 성폭력 또는 성범죄는 강간·준강간·강도강간·강제추행·통신매체이용음란죄·카메라등이용촬영죄·성희롱 등 성을 매개로 하는 모든 가해행위를 포괄하는 개념이다. 일각에서는 성폭력이라는 용어를 강간과 같은 뜻으로 사용하기도 하나, 이는 성폭행과 혼동하여 잘 못 사용되어지고 있는 경우이다. 일반적으로 성폭행이라 함은 성을 매개로 상대방의 의사에 반하여 이뤄지는 모든 가해행위를 뜻한다. 반면, 형법상의 성폭력은 강간, 강제추행 등 성을 매개로 하는 모든 범죄행위를 포괄하는 용어이다.

2. 확장개념

1) 형법상의 성폭력 범죄

성폭력이란 성을 매개로 가해지는 신체적·언어적 폭력을 말한다. 가장 빈번하게 발생하는 성폭력은 물리력을 동반한 신체적 폭력이다. 형법상 성폭행(강간·준강간·유사강간·강도강간)과 성추행(강제추행·준강제추행)이 성폭력 범죄의 대표적인 규정이다.

2) 성희롱

(1) 의의

성희롱은 확장된 성범죄개념속의 하나이지만, 아직까지 성희롱 기준에 대하여 명문화된 규정은 존재하지 않는다. 성희롱은 성에 관계된 말과 행동으로 상대방에게 불쾌감·굴욕감 등을 주거나 고용상에서 불이익을 주는 등의 피해를 입히는 행위를 가리킨다.

(2) 유형

성희롱은 육체적 유형, 언어적 유형, 시각적 유형으로 분류할 수 있다. 육체적 성희롱은 신체적 접촉, 즉 상대의 특정 신체부위를 만지는 행위로 불쾌감 등을 안기는 행위 등을 말한다. 언어적 성희롱은 음란한 농담이나 음담패설, 외모에 대한 성적인 비유나 평가, 성적인 내용의 정보를 의도적으로 유도하는 행위, 성적관계를 강요하거나 회유하는 행위, 음란한 내용의 전화통화 등이 이에 해당한다. 시각적 성희롱은 외설적인 사진·그림·낙서·음란출판물 등을 게시하거나 보여주는 행위, 직접 또는 컴퓨터 등 간접적 매체를 통하여 음란한 편지·사진·그림을 보내는 행위, 성과 관련된 자신의 특정 신체부위를 고의적으로 노출하거나 만지는 행위 등을 가리킨다.

(3) 성희롱 방지에 관한 규제

현행법 중 성희롱 방지를 위한 조항을 규정한 법률로는 「남녀고용평등과 일·가정 양립 지원에 관한 법률」, 「성발전 기본법」, 「국가인권위원회법」 등이 있다. 특히 「남녀고용평등과 일·가정 양립 지원에 관한 법률」에서는 사업주·상급자 또는 근로자가 직장 내의 지위를 이용하거나 업무와 관련하여 다른 근로자에게 성적 언어나 행동 등으로 성적 굴욕감 또는 혐오감을 느끼게 하거나, 성적 언동 또는 그 밖의 요구 등에 따르지 아니하였다는 이유로 고용에서 불이익을 주는 직장 내 성희롱의 금지 및 예방을 위한 규정을 명시하고 있다.

3. 경비원과 관련된 성범죄 경력조회

1) 경비업자는 경비원을 채용하는 경우 결격사유에 해당하는지를 확인하기 위하여 범죄경력조회를 요청할 수 있다. 범죄경력조회를 요청하는 경우 범죄경력조회신청서에 본인(취업대상)의 동의를 받아(범죄경력조회동의서) 경찰서장에게 제출하여야 한다. 이때 취업대상자의 성범죄경력조회도 당연히 포함된다.

2) 관할 경찰서장은 경비업자에게 취업대상자(경비원)이 결격사유에 해당하는지 여부만을 통보하여야 한다. 즉 "범죄경력회신서"상 취업제한 대상자 여부를 O·X만으로 표기하여 그 결과를 회신하게 된다.

3) 성범죄를 저지르고 집행유예나 실형을 선고받은 경우, 기존의 범죄자 취업제한에 더해 추가 취업제한이 붙는다. 예컨대, '미성년자 대상' 성범죄를 저질러 형을 선고받아 그 형이 확정되면 영구적으로 공무원 채용이 원천 봉쇄되고, '성인'에 대한 성범죄를 저질러 100만 원 이상 벌금형을 받으면 3년간 공무원 채용이 제한되고, 교육공무원인 경우는 원천봉쇄된다. 경

비원인 경우 재직 중에 성범죄를 저질렀다면 100% 해고나 파면에 해당되는 징계를 받는 것이 일반적인 경향이다.

Ⅲ. 경비원 사건사고

1. 서설

경비원의 자체사고 중 가장 빈번하게 발생하는 것이 절도행위 등과 같은 범죄이다. 이와 같은 범죄행위는 두 가지 측면에서 살펴볼 필요가 있다. 하나는 현직 경비원들이 업무 활동에서 알게 되는 인적 관계를 악용하여 자신이 범죄를 저지르거나, 심지어 범죄의도가 없었던 다른 동료 및 지인까지 범죄를 저지르게 하는 악순환 고리를 만들기도 한다. 또 하나는 재직 중의 경비원에 대한 경비업자의 관리·감독의 문제와 동료 간의 이상행동에 대한 모니터링의 부족도 한 원인이 된다. 경비업법은 경비지도사에게 경비원의 지도·감독·교육에 대한 계획수립과 실시 및 경비현장에 배치된 경비원에 대한 순회점검과 감독에 대한 사항을 규정하고 있다(경비업법 제12조). 또 경비업자는 경비원을 현장에 투입하는 경우 반드시 경비원 신임교육을 받은 자로 한정하고 있으며, 고용 후에도 직무교육을 받도록 명시하고 있다. 그러나 경비원 교육은 단순히 교육장에 참가하여 시간을 채우는 식으로 진행되어 내실 있는 교육이 되지 못하고 있는 측면도 부인할 수는 없다. 따라서 앞으로 경비원의 신임교육이나 직무교육시에 인성교육이나 직업관정립 등에 대한 정신교육이 무엇보다 중요하다고 생각되어진다.

2. 관련 사례

사례 1) 경비원 본인 근무지에서 절도 범죄 저질러 …

대형 건물 공사장에서 철근을 빼돌린 혐의(특수절도)로 변모(50) 씨와 공범인 경비원 문모(48) 씨, 안모(65) 씨가 형사입건되었다. 변 씨는 경기 광명시의 한 공사장에서 50여 회에 걸쳐 철근 50여 톤을 빼돌렸고, 빼돌린 철근을 수도권 일대 고물상에 팔아 넘겨 약 4,000만 원에서 5,000만 원 상당의 부당이득을 취하였다. 변 씨는 주로 늦은 밤 안면이 있던 경비원 문 씨, 안 씨 등이 공사장 문을 열어 주면 트럭을 몰고 공사장 안으로 들어가 철근을 싣고 나오는 범행을 저질렀다. 이 사례는 경비원 두 사람이 근무 중 또는 본인의 근무지에서 업무 활동 중에 알게 된 인적 관계를 악용하여 절도범과 공모하여 범죄를 저지른 것이다.

사례 2) 경비원 퇴직자 금고털이 범행 …

서울 수유동 새마을 금고에서 수천만 원을 훔쳐 달아난 새마을금고 털이범이 검거됐는데, 범인은 새마을금고 2곳에서 수천만 원을 훔친 강모(28) 씨였다. 경찰은 CCTV 녹화자료에 찍힌 모습이 강 씨와 비슷하다는 새마을금고 직원의 진술을 토대로 강 씨의 행적을 수사하여 강 씨를 검거하였다. 강 씨는 새마을금고의 사설 보안업체 직원으로 재직했던 경력을 가지고 있었다. 강 씨는 미리 보안시스템 감지기능을 무력화시키고 출입문 열쇠를 복제하는 등 사전에 치밀한 준비를 한 것으로 알려졌다. 이 사례는 경비원으로 직무를 수행하면서 습득하게 되는 업무지식을 악용하여 범죄를 저지른 경우이다.

사례 3) 경비원이 초등생 성추행 …

초등학교 숙직실에서 여학생을 성추행한 혐의로 경비원 임 씨가 성폭력범죄의 처벌 등에 관한 특례법위반 혐의로 징역 4년과 80시간의 성폭력치료프로그램 이수를 선고받았다. 학교 숙직경비원으로 일하던 임 씨는 서울의한 초등학교 숙직실에서 A(9)양을 성추행하고 신체 일부를 카메라로 촬영하였다. 임 씨는 학교 보안관에게 A양의 가정환경이 어렵다는 얘기를 들은 후밥을 먹고 가라고 환심을 산 뒤 이 같은 범행을 저질렀다. 최근 들어 경비업무와 무관한 경비원 범죄 등이 빈번하게 발생하고 있는데, 성추행사건 역시경비업무와는 직접적인 관련성이 없다. 2014년에 성범죄자 취업제한제도가시행되었는데, 이 제도는 성범죄발생예방에 크게 기여하고 있는 것 중의 하나이다. 취업제한제도는 아동·청소년들이 주로 활동하는 공간인 학원, 어린이집, 아동복지시설, 학교, 유치원, 체육시설, 의료기관 등 아동·청소년 관련기관에 성범죄자가 취업하거나 해당시설을 운영하지 못하도록 하는 적극적인 성범죄 예방조치이다. 문제는 경비원도 성범죄자 취업제한 제도가 적용되는가이다. 공동주택관리사무소와 경비업체(법인)는 성범죄자 취업제한제도가 적용되는 기관이기 때문에, 경비원도 당연히 성범죄자취업제한제도가 적용된다. 성범죄자의 취업제한 기간은 10년이다.

사례 4) 갈등으로 경비원과 입주민 쌍방 폭행

새벽시간 소음 문제로 서울 마포구의 한 오피스텔에서 경비원 염모(65)씨와 입주민 서모(56) 씨가 몸싸움을 벌여 경찰에 입건되었다. 경비원 염 씨는 10층에 사는 서 씨의 집에서 시끄러운 소리가 계속 난다는 이웃의 연락을 받고, 서 씨의 집을 방문한 것으로 확인됐다. 싸움의 발단은 서 씨가 자신의 집에 무단 침입했다고 항의하면서 시비가 붙었는데, 당시 현관문은 열려 있었던 것으로 확인되었다.

제4절　응급처치법

Ⅰ. 응급처치의 개념 및 목표

1. 응급처치의 개념

응급처치라 함은 전혀 생각지도 못한 장소나 시간 때에 발생한 외상이나 질환에 대해서 응급적으로 간단하게 치료하는 것을 말한다. 즉, 응급조치는 긴박한 응급상황에 전문지식을 가진 사람이 아닌 현장에 있는 사람이 구급차나 의료진이 도착하기 전까지 최초의 도움을 주거나 처치하는 것을 말한다.

2. 응급처치의 목표

응급처치는 생명보존, 현상유지, 부작용 억제, 빠른 회복을 돕는 것을 최고의 목표로 하고 있다.

3. 응급처치시 확인사항 및 일반원칙

응급처치에서 가장 중요한 것이 인공호흡과 심장마사지이다. 따라서 호흡과 맥박의 유무가 가장 중요하다.

1) 확인사항

응급처치 상황이 발생하면 경비원은 모든 일을 혼자서 처리하는 것보다 구조에 필요한 주위사람을 불러서 다음과 같은 사항을 확인한다.

(1) 의식의 유무를 확인한다.

(2) 의식은 없지만 호흡은 있는지 확인한다.

(3) 호흡은 있지만 맥박의 유무를 확인한다.

(4) 의식이 있으면 현재의 상태를 묻고 확인한다.

2) 일반원칙

(1) 긴급을 요하는 환자부터 처치를 한다.

(2) 응급구조시에 인계를 할 때까지 응급처치를 계속한다.

(3) 환자에게 손상을 입힌 화학약품, 약물, 잘못 먹은 음식과 구토물 등도 병원에 함께 가져가게 한다.

4. 환자의 동의와 법적문제

1) 동의

응급처치를 하기 전에 반드시 환자로부터 사전 동의를 받아야 한다. 동의 없이 신체를 접촉하는 행위는 위법행위에 해당한다. 따라서 반드시 환자 또는 보호자의 동의가 필요한데, 동의에는 명시적 동의·묵시적동의·비자의적 동의로 나눌 수 있다. 문제가 되는 것은 묵시적 동의와 비자의적 동의이다. 환자가 의식이 없거나 위급한 상황인 경우에는 동의를 구할 수 없기 때문에, 응급처치에 동의한 것으로 가정하여 응급처치를 해도 무방하다. 또한 응급처치를 시작할 때 거부하지 않으면 동의를 얻었다고 봐도 무방하다. 이를 묵시적 동의라고 한다. 한편, 아동이나 정신적으로 무능력한 성인이 생명이 위태로운 질환이나 외상환자인 경우, 부모나 보호자가 없을 때는 묵시적 동의에 근거하여 응급조치를 취할 수 있다. 이를 비자의적 동의라고 한다.

2) 선의의 응급치료에 대한 면책

생명이 위급한 응급환자에게 응급의료종사자가 아닌 자, 다른 법령에 따라서 응급처치 제공의무를 가진 자가 아닌 자(선원법에 따른 선박의 응급처치 담당자, 119·구급에 관한 법률에 따른 응급처치 제공의무를 가진 자가 아닌 이외의 자를 말함), 응급의료종사자 및 응급처치 제공의무를 가진 자가 업무 수행중이 아닌 때에 각각 의료 또는 응급처치를 제공하여 발생한 재산상 손해와 사상(死傷)에 대하여 고의 또는 중대한 과실이 없는 경우 그 행위자는 민사책임과 상해에 대한 형사책임을 지지 아니하며 사망에 대한 형사책임은 감면된다(응급의료에 관한 법률 제5조의2). 이러한 조항은 '선한 사마리아법'[15]에 의해 보호되는 응급처치의 역사에서 그 기원점을 찾을 수 있다.

II. 소생술

1. 의의

소생술이란 인체의 기능이 매우 저하되어 생사의 기로에 있을 때 회생

---

15) 고대국가의 사마리아인은 이스라엘 민족의 한 분파이다. 역사적으로 적대관계에 있는 사마리아인이 강도를 만나 거의 죽게 된 유대인을 같은 유대인 제사장이 못본 채 지나가는 것을 보고 그 유대인을 구출한데서 시작되었다(누가복음 제10장 30절 이하). '선한 사마리아인의 원칙'이란 "타인의 생명이나 신체에 중대한 위험이 발생하고 있음을 목격한 사람이 자신에게 특별한 부담이 생기지 않음에도 불구하고 그 구조에 나서지 않는 경우에 처벌한다"는 것이다. 즉 도덕적인 의무를 법으로 강제하는 것이라고 할 수 있다.

시키는 기술을 말한다. 인간의 모든 기능을 조절하는 뇌는 산소가 3~4분 이상 공급이 중단되면 뇌기능이 손상되기 시작하여 의식이 없어지고, 호흡과 맥박이 중단되어 사망하게 된다. 따라서 호흡과 맥박이 없으면 즉시 119로 긴급사항을 알리고 응급처치에 들어가야 한다. 맥박이 짚일 경우에는 인공호흡을 계속하고, 짚이지 않을 경우에는 즉시 심장마사지를 시작한다.

2. 심폐소생술 및 자동심장충격기(AED)

1) 심폐소생술

(1) 의의

갑작스런 심장마비나 사고로 인해 폐와 심장의 활동이 멈추게 되었을 때 인공호흡으로 혈액을 순환시켜 조직으로 산소를 공급함으로서, 뇌의 손상 또는 사망을 지연시키기 위해 현장에서 신속하게 실시하는 기술을 말한다.

(2) 기본 심폐소생술의 흐름도

심폐소생술의 순서는 ① 반응확인(반응이 없는 환자 발견) → ② 119신고 및 자동제세동기(AED) 요청 → ③ 30회 가슴 압박 실시 → ④ 2번 인공호흡 실시 → ⑤ 30(가슴압박):2(호흡불어넣기) 반복해서 실시하기 순서로 진행한다.

① 반응확인

환자를 평평한 곳에 바로 눕힌 후 양쪽 어깨를 가볍게 치면서, 숨을 정상적으로 쉬는지를 확인한다.

② 119신고 및 자동제세동기 요청

주변 사람에게 119신고를 부탁하고, 자동제세동기(AED)[16]를 요청한다. 환자의 호흡을 확인하여 그르렁 소리가 난다면 기도나 식도에 이물질이

---

16) 자동제세동기(ADE)라 함은 심장리듬을 자동으로 분석하여 필요한 경우 제세동(잔떨림 제거)을 실시할 수 있도록 유도하여 주는 의료장비를 말한다.

있다는 뜻이므로, 119의 안내에 따라 이물질을 제거한다.

③ 심장 압박하기

㉠ 시술자의 어깨는 환자의 흉골이 맞닿는 부위와 수직이 되게 한다.

㉡ 양쪽 어깨 힘을 이용하여 명치에서 3cm 움푹 들어가는 부분인 흉골의 아래쪽 절반 부위에 양손을 깍지 낀 상태로 손바닥을 위치시킨다.

㉢ 분당 100~200회 정도의 속도로 5cm 이상 깊이로 강하고 빠르게 30회 정도 눌러주되 팔꿈치가 수직이 되도록 유지한다.

④ 숨 불어넣기

㉠ 한 손으로 턱을 들어 올리고, 다른 손으로 머리를 뒤로 젖혀 기도를 열어준다.

㉡ 머리를 젖힌 손의 검지와 엄지로 코를 막고, 가슴 상승이 눈으로 확인될 정도로 1초 동안 인공호흡을 2회 실시한다.

㉢ 심정지 초기시에는 가슴압박만을 시행하는 가슴압박 소생술과 인공호흡을 함께하는 심폐소생술의 효과는 비슷하다. 따라서 구조자가 인공호흡을 모르거나 능숙하지 않은 경우에는 인공호흡을 제외하고, 지속적으로 가슴압박만을 시행한다.

⑤ 가슴압박과 인공호흡의 반복

30회의 가슴압박과 2회의 인공호흡을 119 구급대원이 도착할 때까지 30:2를 반복해서 시행한다.

(3) 자동심장충격기 사용법

자동심장충격기(AED)란 심실세동(심장의 박동에 의해서 심실의 각 부분이 불규칙적으로 수직하는 상태) 환자에게 극히 짧은 순간에 강한 전류를 심장에 통과시킴으로써, 심실세동을 종료시키고 심장이 다시 정상적으로 박동하도록 하는 전기충격치료이다.

심폐소생술 시행 중에 자동제세동기가 도착하면 지체 없이 심정지 환자

에게 적용하여야 한다. 자동제세동기 사용 순서는 ① 전원켜기 → ② 패드부
착 → ③ 분석하기 및 제세동 시행 → ④ 심폐소생술 실시 순으로 한다.

① 전원켜기

자동제세동기를 심폐소생술에 방해가 되지 않도록 환자 머리 옆에 위치
시키고, 전원 버튼을 눌러 전원을 켠다.

② 두개의 패드 부착

음성 메시지에 따라 정확한 위치에 두 개의 패드를 부착한다. 패드 하나
는 오른쪽 빗장뼈(쇄골) 바로 아래, 또 다른 하나는 왼쪽 젖꼭지 바깥쪽 아
래에 패드를 부착한다.

③ 심장리듬 분석

㉠ "분석 중"이라는 음성 메시지가 나오면 심폐소생술을 멈추고 환자에
게 손을 떼고 물러난다. 자동심장충격이 필요 없는 경우에는 "환자의 상태
를 확인하고, 심폐소생술을 계속하십시오"라는 음성지시가 나온다.

㉡ 제세동이 필요한 경우 "제세동이 필요합니다"라는 음성메세지와 함
께 자동제세동기가 스스로 설정된 에너지로 충전을 시작한다면, 사람들에게
제세동을 시작한다는 사실을 알리고 환자에게 떨어져 있는지 다시 한번 확
인한다.

㉢ 제세동이 필요한 경우에만 제세동 버튼이 깜박이기 시작하며, 깜빡
일 때 제세동 버튼을 눌러 제세동을 시행한다. 즉, "쇼크 버튼을 누르십시
오"라는 음성지시가 나오면 점멸하고 있는 쇼크버튼을 눌러 자동심장충격을
시행한다. 시술자는 제세동 버튼(쇼크버튼)을 누르기 전에 다른 사람이 반드
시 환자에게서 떨어져 있는지 확인하여야 한다.

㉣ 자동심장충격을 시행한 뒤에는 즉시 가슴압박과 인공호흡 비율을
30:2로 심폐소생술을 다시 시행한다. 자동심장충격기는 2분마다 심장리듬
분석을 반복해서 시행하며, 자동심장충격기 사용과 심폐소생술 시행은 119

구급대가 현장에 도착할 때까지 지속되어야 한다.

ⓗ 제세동이 필요 없는 경우 "제세동이 필요하지 않습니다"라는 음성메시지가 나오면 즉시 심폐소생술을 다시 시작하여야 한다.

④ 심폐소생술 다시 시행

제세동을 실시한 후에는 지체없이 2분간 가슴압박 소생술을 다시 시작하여, 환자가 소생되어 움직이거나 119 구조대가 도착할 때까지 지속하여야 한다.

Ⅲ. 기도폐쇄

1. 의의

기도폐쇄는 공기가 폐로 통하는 통로가 폐쇄된 현상을 말한다. 기도폐쇄를 유발하는 원인으로는 이물질(특히 음식물)·알레르기 반응·화상·화학물질의 흡입 등을 들 수 있다.

기도가 폐쇄되면 나타나는 증상으로 부분적인 기도 폐쇄인 경우에는 환자가 의식이 있고 말을 할 수도 있으며, 기침을 하지만 숨 가쁜 증상을 보인다. 반면 완전기도 폐쇄인 경우에는 말을 할 수가 없고, 청색증 현상(산소결핍으로 인해 손톱, 입 등의 피부색이 검프르게 된다)이 나타나는데 급히 치료하지 않으면 사망할 수 있다.

2. 의식이 있는 성인과 소아의 기도폐쇄 응급조치요령

1) 의식이 있는 성인(하임리히법)

하임리히법[17]은 이물질이 목에 걸려 기도가 막혔을 경우 질식상태를 해결하기 위해 실시하는 응급처치법(복부 밀쳐 올리기)이다.

(1) 환자를 세운 후 환자 뒤에 서서 환자의 허리를 팔로 감고 한 손은 주먹을 쥔다.

(2) 주먹 쥔 손을 환자의 명치 부위에 올리고 남은 한 손으로 주먹 쥔 손을 감싼다.

(3) 주먹 쥔 손과 감싼 손을 이용하여 환자의 명치를 위쪽으로 올리면서 눌러준다. 이때 몸 속으로 주먹이 들어가는 느낌으로 눌러준다.

(4) 복부 밀쳐 올리기는 이물질이 제거되었거나 환자가 의식을 찾을 때까지 반복한 후, 119에 신고한다.

(5) 복부 밀쳐 올리기는 내장 손상을 입힐 수 있으므로 환자가 불편 없이 호흡을 하게 된 후에도 반드시 의료기관을 찾아가서 장기손상 여부를 확인해 보아야 한다.

2) 영아(1세 미만)의 완전 기도 폐쇄(의식이 있는 경우)

1세 미만의 유아의 경우는 몸이 작기 때문에 하임리히법도 성인과 다른 응급조치요령이 필요하다. 1세 미만의 영아는 45도 각도로 하여 위로부터 안듯이 잡아야 하며, 등을 압박한 상태에서 유아의 몸을 뒤집어 준 후 손바닥 밑 부분으로 등의 중앙을 세게 5회 정도 때려준다.

---

17) 하임리히법은 환자의 복부에 힘을 가하여 밀어내기를 통한 방식을 개발한 헨리 하임리히라는 박사의 이름을 따 하임리히법이라고 부르고 있다. 이 응급처치법으로 인해 많은 사람들이 응급상황에 대처할 수 있었고, 이후 미국의 공공보건기관과 항공사, 식당 협회 등에서 사용하여 널리 알려졌다.

저자약력

김형중

[약력]

경북대학교 문리대 사학과 졸업, 건국대학교 대학원 행정학 석사, 부산경성대학교 대학원 **행정학 박사** (1996), 부산동의대학교 대학원 **법학 박사**(2004)

[경력]

(전) 총경(경찰간부후보) · 제주지방경찰청 수사과장, 경남지방경찰청 형사과장 · 경비교통과장, 부산지방 경찰청정보과장 · 보안과장 · 외사과장, 부산지방경찰 청 사하서 · 부산진서 · 연산서 · 남부경찰서장
(전) 부산 외국어대학교 법 · 경찰학부 교수
(현) (사)대한민국 경비협회 부산지방협회장

[포상]

치안본부장(1983) · 내무부장관(1984) · 총무처장관 (1989) · **대통령표창**(1990) · 경찰청장(2000) · **녹조근 조훈장**(2002) · **황조근조훈장**(2016) 외 23회, 기타 부산외국어대학교 강의우수상(2011) · 부산외국어대학 교 연구상(2014)

[연구실적]

· 고려시대 경찰관료제에 관한 연구(1996. 행정학 박사논문)
· 행정경찰기능에 관한 법 · 제도사적 연구(2004. 법학 박사논문)
· 고조선 시대의 경찰기능에 관한 연구, 한국경찰학 회보 제13권 2호(2011.06)
· 고려전기 금오위의 조직과 기능에 관한 연구, 한국 경찰연구 제10권 3호(2011.09)
· 동의대사건 등 희생자의 명예회복 및 보상에 관한 연구, 경찰학논총 제6권 2호(2011.11)
· 한군현시대의 경찰조직과 기능에 관한 연구, 한국 공안행정학회보 제47호(2012.04)

· 고려전기의 감옥조직과 그 기능에 관한 연구, 교정 연구 제57호(2012.12)
· 고려 국초 순군부(徇軍部)의 실체에 관한 연구, 경 찰학연구 제13권 1호(2013.03)
· 고려 무신정권기의 경찰조직과 그 기능에 관한 연 구, 한국공안행정학회보 제52호(2013.07)
· 고려 전기의 왕실호위제도의 조직과 기능에 관한 연구, 한국경호경비학회 제36호(2013.08)
· 한국 형벌문신의 발전사와 현대적 의미에 대한 小 考, 한국경찰학회보 제15권 3호(2013.06)
· 한국과 일본의 형벌문신에 대한 역사와 사회 · 문화 · 법제도적 측면에 대한 비교연구, 한국경찰연구 제 12권 4호(2013. 12)
· 조선초기의 순군만호부의 조직과 기능에 관한 연 구, 역사와 경계 90(2014. 03)
· 조선시대 다모의 실체에 관한 小考, 한국공안행정 학회보 제59호(2015. 06) 외 다수

[저서]

「한국고대경찰사」 (수서원, 1991)
「한국중세경찰사」 (수서원, 1998)
「객관식 경찰행정법」 (경찰공제회, 2007)
「경찰학개론」 (청목출판사, 2009)
「범죄수사총론」 (청목출판사, 2012)
「범죄학」 (그린, 2013)
「새로쓴 경찰학총론」 (형지사, 2014)
「새로쓴 경찰학각론」 (청목출판사, 2014)
「새로쓴 경찰행정법」 (박영사, 2014)
「한국경찰사」 (박영사, 2016)
「일반경비원 현장실무론」 (수정판, 박영사, 2020)
「한국경찰사」 (전면 개정판, 박영사, 2020)
「경찰행정학」 (개정판, 박영사, 2021)

제3판
일반경비원교육 이론과 실무

초판발행   2019년 7월 30일
수정판발행   2020년 1월 31일
제3판발행   2024년 4월 3일

지은이   김형중
펴낸이   안종만·안상준

편 집   윤혜경
기획/마케팅   박부하
표지디자인   이영경
제 작   고철민·조영환

펴낸곳   ㈜ **박영사**
             서울특별시 금천구 가산디지털2로 53, 한라시그마밸리 210호(가산동)
             등록 1959. 3. 11. 제300-1959-1호(倫)

전 화   02)733-6771
f a x   02)736-4818
e-mail   pys@pybook.co.kr
homepage   www.pybook.co.kr
ISBN   979-11-303-1999-5 93350

정 가   19,000원